社会主义新农村建设书系

浙江省社会科学界联合会社科普及课题成果

网上开店卖农产品 200 问

胡华江　李丛伟　编著

ZHEJIANG UNIVERSITY PRESS

浙江大学出版社

图书在版编目（CIP）数据

网上开店卖农产品 200 问 / 胡华江，李丛伟编著.
—杭州：浙江大学出版社，2013.4
ISBN 978-7-308-10946-8

Ⅰ．①网… Ⅱ．①胡… ②李… Ⅲ．①农产品－电子
商务－问题解答 Ⅳ．①F724.72-44

中国版本图书馆 CIP 数据核字（2013）第 000535 号

网上开店卖农产品 200 问

胡华江　李丛伟　编著

丛书策划	阮海潮（ruanhc@zju.edu.cn）
责任编辑	何　瑜（wsheyu@163.com）
封面设计	十木米
出版发行	浙江大学出版社
	（杭州市天目山路 148 号　邮政编码 310007）
	（网址：http://www.zjupress.com）
排　　版	杭州好友排版工作室
印　　刷	杭州杭新印务有限公司
开　　本	787mm×1092mm　1/16
印　　张	13.5
字　　数	337 千
版 印 次	2013 年 4 月第 1 版　2013 年 4 月第 1 次印刷
书　　号	ISBN 978-7-308-10946-8
定　　价	28.00 元

版权所有　翻印必究　印装差错　负责调换

浙江大学出版社发行部邮购电话(0571)88925591

前　言

近年来,农产品烂在地里无人收购的新闻屡见不鲜,海南连续发生香蕉喂猪、西瓜养牛的事件,更有因为卷心菜价格跌至 8 分钱一斤而导致菜农自杀的惨剧发生,可以说,菜贱伤农在当下已经是一个普遍现象。农产品为什么卖不出去? 该怎么解决? 这是农民朋友亟待解决的问题。

解决农产品"买难卖难"问题,采用电子商务方式是有效的方法之一。中国的电子商务发展至今,已经有不少农民和农村企业从中受益,利用网络来销售农产品实现脱贫致富。根据知名咨询机构 IDC 的调查显示,截至 2011 年末,淘宝上每 10 位卖家中就有 1 位是农民网商。提高农民的网上卖农产品能力,有助于缓解农产品的流通难问题,提高农产品销量,促进农民持续增收,用键盘敲开致富门,对全面建设社会主义新农村和早日实现小康社会具有十分重要的意义。

目前市场上关于网上开店的书籍很多,但专门面向农民在网上卖农产品的培训图书市场还是空白。而寥寥几本有关农产品电子商务的图书都是侧重于宏观和中观层面的理论研究,缺少实际操作指导,书中内容与农民生产及生活联系不够紧密,且晦涩难懂,影响农民朋友学习的积极性。在此背景下,推出一本专门面向农民朋友的有关网上卖农产品的科普图书显得尤为必要。

近年来,我们对省内普通农民、农村创业青年及农产品中高级经纪人进行调查,将他们在网上卖农产品过程中遇到的 200 多个典型问题,经过整理归纳成网上开店准备、网店运营、运作技巧三大类内容,在内容编写上充分考虑广大农村读者需求,贴近农民群众实际需要,力求通俗易懂,便于操作掌握,真正让农村读者"看得懂、用得上、能致富"。通过两年的努力,《网上开店卖农产品 200 问》读本终于和农民朋友见面了。

全书共分 12 章,以农民网上卖农产品的过程为主线,按照"先易后难"的原则将问题划分为准备篇、运营篇、技巧篇,主要内容包括农民网上开店准备、市场调研、产品拍摄、网店装修、发布产品、网店推广、产品促销、订单处理、售后服务、客服技巧、业绩评估、卖家防骗等。书中案例与农民朋友的生活、生产息息相关,并以"一问一答"、图文并茂的形式介绍网上开店卖农产品的基础知识和操作技能,帮助农民有效缓解农产品"买难卖难"的瓶颈问题,启发农民朋友利用电脑和网络创造美好富裕的生活。

本书由金华职业技术学院胡华江、李丛伟老师编写,其中,胡华江负责整体策划和统稿,并撰写第一章;李丛伟负责撰写第二至十二章。

本书在编写过程中得到了浙江大学出版社阮海潮副编审的具体指导以及王丹、杨甜甜等同事的热情帮助,在此一并表示感谢。

本书是浙江大学出版社2012年"服务'三农'重点出版物出版工程"的《社会主义新农村建设书系》之一,也是浙江省社会科学界联合会社科普及课题成果。本书的出版,希望能对农民朋友网上销售农产品、促进农民持续增收、提高生活水平等方面有所裨益。

由于编者水平有限,书中若有不当之处,恳请广大读者和专家批评指正。

编　者

2013 年 3 月

目　录
CONTENTS

准备篇

第二章　明察秋毫——市场调研 ································· 29

第三章　好图说话——产品拍摄 ································· 45

第四章　视觉呈现——网店装修 ………………………………… 57

运营篇

第五章　轻松上架——发布产品 …… 77

第六章　运筹帷幄——网店推广 …… 91

第七章　王婆卖瓜——产品促销 ………………………………… 115

第八章　有条不紊——订单处理 …………………………………… 129

技巧篇

第十一章　精打细算——业绩评估 ···················· 176

第十二章　魔道较量——卖家防骗 ···················· 192

准备篇

第一章　蓄势待发——开店准备

案例导读

　　王刚是浙江省临安市的农民,家里承包了 25 亩地,主要种植山核桃、番薯、竹笋等。两个月前,他从报纸上看到一则关于淘宝网店的报道:"截至 2011 年末,淘宝网每 10 位卖家中就有 1 位是农民网商。"他感到很震惊,原来农民也可以开网店,自己为什么就不可以呢? 于是他跃跃欲试,当他听说郑州大学 MBA 硕士研究生杜千里回山沟开网店带动群众致富的故事,更是坚定了网上开店的信心,他也要和村民们一起通过网络致富,希望凭着自己的干劲在电子商务舞台上走出属于自己的一片天地。

　　然而,王刚只会上网看新闻看电影,没有任何网上开店的经验,有很多问题不了解。于是,他上网搜索农民网上开店的书籍,发现关于网上开店的书很多,但专门指导农民在网上卖农产品的科普读物却几乎没有。因此,他在网上向网店方面的专家和淘宝大卖家虚心请教,终于明白了网上开店要做哪些准备。以下是王刚与专家关于开店准备方面的问题与解答。

📺 问题 1. 我想在网上开店,需要做哪些准备工作?

　　网上开店的前期准备工作必不可少,按照产品的特点选择提供服务的网站、物品售卖前的注册和不可或缺的创业工具,这些准备工作避免创业者临时"抱佛脚",也使创业之路更加平坦。

　　网上开店具有风险小、投资少、门槛低等诸多优点,但在具体开网店时,切不可有任何轻视心理,而应该精心做好各项准备,既包括硬件投入上的准备,也包括心理准备。作为一个新手,总有很多的不明白之处。而不懂不要紧,最可怕的是不去问不咨询,不做好充分的准备。很多人在开店之初信心百倍,可新鲜感过后,遭遇方方面面的困难,发现生意不好而心灰意冷,最后放弃。所以说,只要我们做好各方面的准备工作,并坚持理想,持之以恒,一定能将网店生意打理得红红火火!

问题 2. 网上开店之前,需要准备哪些硬件设备?

开网店虽然不用去租门面、选地段、找仓库,但也需要具备相应的硬件条件,否则网上生意是难以顺利开展的。

◆ **工作场所。** 首先,必须要有一个固定的工作地址,这个地址可以是自己家里,也可以是自己租住的房子,写上自己详细的联系地址,这样才能让顾客更加信任你。

◆ **电脑。** 网上开店,拥有一台能够正常上网的电脑是必不可少的,网店经营者要通过电脑来上传图片和其他所有商品信息,同时要用电脑通过网络来与客户取得联系,进行沟通,因此首先要置办一台电脑(如图 1.1 所示)。

◆ **数码相机。** 数码相机也是开网店必需的一个硬件设备,因为,开网店需要把大量关于商品的图片上传到网络上,这样才能让顾客更清楚地看到商品,才能更好地吸引顾客(如图 1.2 所示)。

◆ **电话。** 方便客户联系的移动电话、座机电话,最好都要具备,这样才能与网络相互配合,以做到更加方便地与顾客联系。

◆ **传真机、打印机。** 如果条件具备的话,可以配备一台传真机和打印机。传真机一般用于收发合同等,而打印机则可用于打印一些电子文档。目前市场上有不少的打印、传真、复印一体机,价格从高到低一应俱全,可以根据自己的具体情况来选用。

图 1.1　台式电脑　　　　　　图 1.2　数码相机

问题 3. 作为新手卖家,需要熟悉哪些软件?

在经营打理网店的过程中,一些常用软件同样也是必不可少的。

◆ **电子邮箱。** 网上开店做生意,电子邮件是比较重要的一种沟通方式,因此,网上卖家要能够熟练收发电子邮件,要拥有自己的电子邮箱。在挑选电子邮箱时,应该综合去考虑信息的安全性、能否长久使用、收发速度、防病毒能力、反垃圾邮件的效果、邮箱容量及允许的附件大小、使用是否方便等多种因素。一般而言,一些大型门户网站的邮箱是比较好用的。

◆ **网上即时通讯工具**。卖家经营网店主要是通过各种网上即时通讯工具来与顾客进行交流、洽谈,因此,也要拥有一个甚至多个即时通讯软件。目前,淘宝旺旺和腾讯QQ是卖家常用的网上通讯工具。

◆ **图片处理软件**。目前最好用的图片处理软件,莫过于 Photoshop,这是美国个人电脑软件公司 Adobe 公司推出的一款图片处理软件,是一款功能全面、强大的图片处理软件。在网店经营过程中,需要经常用到的制作图案、修整照片图片、加水印等,均可借助此软件来实现。Photoshop 具有强大的功能,但同时也存在一些缺陷。首先是软件较大,正式版要占用 300 多兆的存储空间。另外,这一软件过多的功能对于初学者来说,也具有一定的难度。

问题 4. 在网上卖农产品,是不是很容易赚到钱?

网上开店虽然具有独特的优势,但同样存在着很多不可预知的困难与挑战,不管是卖农产品,还是卖其他产品,都是如此。因此要求淘宝卖家一定要调整好心态,并做好相应的心理准备。马云曾如此告诫淘宝卖家:"大家肯定都对自己的生意的成交量很关切,对每个月能在淘宝上赚多少钱很在意,可是今天要想从网上赚出大钱来很难,但请相信网上赚钱一定会是明天的趋势。"因此,卖家对于网上开店,一定要抱以一颗平常心,既要做好成功的准备,同时也不要妄想一夜暴富。

问题 5. 在网上开店,应该保持怎样的心态?

在经营网店的过程中,保持下列心态是必要的。

◆ **不着急,有耐心**。在网络经济日益高涨的今天,网络上大大小小的店铺浩如烟海,如果你新开的网店没有什么特色,很有可能从一开始就被埋没在"芸芸众店"当中,所以,网店经营者首先要做好店铺开张一两个月卖不出去一样东西的准备。网络商店与实体店一样,开店的过程肯定都不会是一帆风顺的,都存在卖不出去东西的可能。网上开店要学会淡然处之,千万不要因为第一个月没有成交,就像一只泄了气的皮球而灰心丧气。

◆ **不急不躁**。面对自己店铺的宝贝长时间无人问津;明明被拍下的商品,买家却迟迟不肯成交;面对顾客恶意欺骗而无奈亏钱;面对顾客没完没了的讨价还价,最终竟然没有成交。网店经营者要能够做到冷静面对,不急不躁,仔细分析其中的原因,以作改进。

◆ **虚心向优秀店主学习**。"三人行必有我师",在开网店中也是非常重要的,虚心向有经验的店主学习,可以使自己少走很多弯路。

◆ **把开网店作为一种乐趣**。有很多人在网上开店完全是为了获得一种乐趣,他们通常是出于个人的兴趣爱好,在个人情操得到陶冶的同时,也往往能够赚到钱。

问题 6. 与传统购销相比,网上卖农产品有何优势?

◆ **地点不受限制**。农户只需要拥有一台能上网的电脑就可以在农产品专业网站上查看市场行情、发布买卖信息、洽谈业务或经营自己的网店,无需前往特定的农产品交易中心。

◆ **时间不受限制**。传统农产品市场的营业时间一般为 8~12 小时,网上农产品交易市场延长了传统市场的营业时间,一天 24 小时、一年 365 天不停地运作,无须专人看守都可照常营业。同时,网上农产品交易的营业时间不受限制,消费者可以在任何时间登录选购。交易时间上的全天性和全年性,使得交易成功的机会大大提高。

◆ **购销规模不受限制**。传统农产品交易规模受仓储的限制较大,有多大仓库就只能摆放多少农产品,生意大小经常被店面限制。而在网上,即便在地面上只有一个小铺位,或者干脆就没有门面,生意却可以照样做得很大。

◆ **广泛的客户群**。网上购销所面向的是全国乃至全球的顾客,这个潜在市场是单个商铺甚至是大型专业农产品交易市场都无法相提并论的。只要产品有特色,经营得法,网上商店将带来成千上万的客流量,大大增加销售机会。

◆ **投入少,无需占用资金**。传统的农产品购销多集中于农产品专业市场,租门面、囤货物、办营业执照等前期准备需要投入一定资金。而网上销售不需要租门面、囤货物、办营业执照,许多农产品专业网站都提供免费服务,可以在有了订单的情况下再去组货。

问题 7. 与一般网店相比,农产品网店有何不同?

◆ **淘宝网对食品类产品**(大部分农产品属于食品类)有着较为严格的要求。从 2012 年 8 月起,为了贯彻落实《食品安全法》、完善食品安全管理,在相关行政部门的指导下,淘宝网将对卖家发布平台做优化,食品类目下新发布的包装商品,要求卖家填写资料中的品名、厂名、厂址、联系方式、保质期、生产日期、进货日期、数量、供货商、规格、包装方式、产地、配料表、食品添加剂等十四个字段,未按要求填写的商品将被系统排查警告不予销售。

◆ **并非所有农产品都适合在淘宝网上销售**。在淘宝网上销售的农产品大部分都是干货类、速食类农产品或农副食品,许多诸如"蔬菜超市"等的生鲜农产品店面,仅限于同城销售。

◆ **物流费用较高**。高额的物流费用是农产品网络销售最大的障碍。"姜农微博卖姜"的博主王哲并不打算开网店,因为"散单物流费用太高,10 千克生姜运费要 15 元左右,甚至高于生姜自身的种植成本"。

◆ **淘宝对农产品网店认证较严格**。淘宝要求农产品网店提供营业执照,才能在天猫(淘宝商城)上开店。这就限制了一般农户只能以个体卖家身份在淘宝网上注册,但刚申请的个人网店信用级别太低,消费者很难搜索到。

问题 8. 与一般网店相比,农产品网店怎样突出特色?

◆ 农产品网店靠"土气"赚钱。"靠山吃山,靠水吃水",农产品经纪人范伟的网店就是这样"空手套白狼"的。2011 年 8 月,当桃子挂满树时,范伟看到许多城里人特意跑来摘桃、买桃,他想,如果把桃子放到网上卖会不会有人买?于是,他就直接跑到田间地头和当地的农民谈价钱、求合作,然后拍了最新鲜的平谷大桃的照片放到淘宝网上,没想到在没打广告、没做宣传的情况下,图片一上线,便有了生意。在大桃旺季,这个刚起步的淘宝卖家月毛利就达到了一万多元,几乎赚出了农民一亩桃地一年的收益。

◆ 农产品网店靠"新鲜"取胜。新鲜,也许就是范伟的成功秘诀。在每个商品的页面里,范伟几乎都把最真实、最土气的图片放上,并承诺有时间的顾客可来小店的货源地亲自采摘,无形中给不少持怀疑态度的顾客吃了一颗定心丸。比如桃子,他都是在发货前两小时到果园去摘桃,而且保证每个桃子都套着袋子,没有农药和防腐剂。

问题 9. 我没有注册公司和工厂,能在淘宝上开店吗?

自 2011 年起,淘宝网分拆为淘宝网(http://www.taobao.com/)(如图 1.3 所示)和天猫(淘宝商城:http://www.tmall.com/)(如图 1.4 所示)。淘宝网上主要是个人所开设的店铺,目前个人可以在淘宝上申请开店,并不需要注册公司和工厂。而天猫(淘宝商城)主要是企业和商家所开设的店铺,在淘宝商城上开设店铺,需要提交公司相关证件才能申请开店。因此,农民朋友没有注册公司和工厂,是可以在淘宝网上开立个人店铺的。

图 1.3 淘宝网首页

图 1.4 天猫首页

问题 10. 听说网上开店不容易学,我只有初中文化,能学得会吗?

网上开店跟学历无关。虽然很多人向往读大学,多掌握一些知识,但是学历并不能代表什么。只要店主掌握基础的电脑知识,就可以在淘宝网上开设店铺。

目前,在淘宝大学众多优秀的讲师中,整体学历水平不是很高,甚至有相当多的是没有读过大学的。其中,吴佳杰(淘宝昵称:小朋友娃)(如图1.5所示)是淘宝大学红带讲师、淘宝大学企业级导师,特困家庭摆地摊出生,初中学历。2008年,他开始淘宝创业,曾经历多次坎坷,曾担任女鞋类目多家网店店主;目前团队运营两年,公司成员四十余人。他已实现财富自由和时间自由。

讲师风采

图1.5 淘宝大学资深讲师

被外界冠以"淘宝第一村"称号的义乌青岩刘村(如图1.6所示),通过近几年的快速发展,青岩刘村集聚的网商数量已经从2008年的100多家,发展到2011年的2300多家。网商的营业额也从2009年的8亿元增加到了2011年的30多亿元。值得注意的是,义乌青岩刘村的大部分网店店主都没有读过大学。

图1.6 义乌青岩刘村

因此,农民朋友们只要肯吃苦耐劳,勤奋好学,就一定能掌握网上开店的基础知识和操作技巧,实现网络致富。

问题11. 我是一个种山核桃的农民,在网上卖山核桃能成功吗?

根据知名咨询机构互联网数据中心(IDC)的调查显示,国内中西部地区的特色食品,如新疆的大枣、内蒙古的奶酪、四川的特色小吃等,超过 70% 都是通过电子商务平台销往外省。截至 2011 年末,淘宝上每 10 位卖家中就有 1 位是农民网商。

郑州大学 MBA 硕士研究生杜千里回山沟开网店的故事,可谓其中的典型案例。杜千里出生在河南辉县上八里镇杨树庄,他从小家庭贫困,为了给母亲治病,一度负债累累。现在,杜千里的网店"山之孕土特产"(如图 1.7 所示)已经由当初的一人单干发展到目前的 7 人团队,带动村民们一起开网店。2011 年,网店销售收入达到 150 万元。通过网店的生意,村民们也由最初的基本维持生活水平,一举提升到现在的年收入 3 万元。

图 1.7 杜千里的"山之孕土特产"网店

山核桃是浙江特产,是深受广大网民喜爱的美食小吃,只要农民朋友们经营有道,网店生意定会蒸蒸日上!

💻 **问题 12. 我在淘宝上卖山核桃是不是要交税?**

网店(企业网店)向国家照章纳税是必然趋势,目前征税也主要针对的是规模较大的企业网店,对个人网店还没有严格执行。

如果是淘宝网个人网店卖家,目前是不用交税的。但部分省市工商行政部门要求淘宝卖家开店前必须到工商部门注册,为以后征税奠定基础。

如果是天猫商家,如果没有销售额,进行零申报就可以了。如果有销售额,按 3% 缴纳增值税,这是一定要缴纳的,因为商城的支付宝只能提现到公司账户。

💻 **问题 13. 在淘宝上开店卖山核桃要向淘宝交费吗?**

淘宝网上主要是个人所开设的店铺,目前不用交纳任何费用。但是如果要应用淘宝网的一些高级功能,则需花钱购买。一般来说,淘宝网个人店铺主要收费项目有三个:

◆ **加入消费者保障计划**(如图 1.8 所示)。卖家交纳 1000 元押金,可以随时退出,淘宝到时会返还 1000 元。淘宝消费者保障计划为消费者网络购物提供全面保障。申请加入"消费者保障服务"的店铺,在通过淘宝网的资格审核后,将和淘宝网签署"消费者保障服务协议"，并缴纳诚信押金,若卖家对自己申请的服务承诺不能履行,则买家有权依据相关规则向淘宝发起投诉,淘宝将依据相关规则处理,以保障消费者合法权益。打个比方,七天无理由退换,即是当买家在你这里买宝贝时,他可以在七天之内申请退款,如果你不同意退款,淘宝会从你的保证金里面扣除一点补偿金给买家。

◆ **淘宝直通车**(如图1.9所示)。第一次投入至少500元。淘宝直通车是为淘宝卖家量身定制的,按点击付费的效果营销工具,实现宝贝的精准推广。它是一种全新的搜索竞价模式,竞价结果不仅可以在雅虎搜索引擎上显示,还可以在淘宝网(以全新的图片＋文字的形式显示)上充分展示。

◆ **加入旺铺**(如图1.10所示)。淘宝旺铺是淘宝开辟的一项增值服务和功能,是一种更加个性豪华的店铺界面。它使得顾客购物体验更好,更容易产生购买欲望。卖家信用在1颗钻以内可以免费用旺铺扶植版,但1钻以上需要购买旺铺功能,如旺铺标准版需缴纳30元/月的费用。

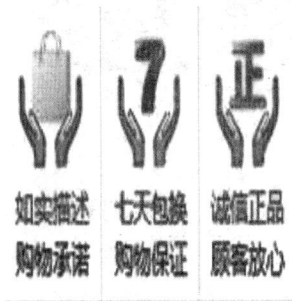

图1.8　消费者保障计划　　　图1.9　直通车展示位　　　图1.10　旺铺标准版

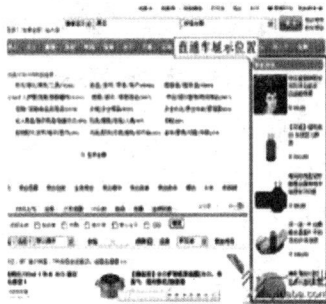

而天猫(淘宝商城)主要是企业和商家所开设的店铺,店主需要交纳保证金、服务费。不管是旗舰店、专卖店和专营店,至少要交纳16万元以上费用。

问题14. 网上开店需要去工商部门办理营业执照吗?

目前在网上开店所遵照的规定是中华人民共和国国家工商行政管理总局制定的《网络商品交易及有关服务行为管理暂行办法》,该办法已于2010年7月1日起开始实施。对于个人网上开店是否要办理营业执照的问题,该办法是这么规定的:

"通过网络从事商品交易及有关服务行为的自然人,应当向提供网络交易平台服务的经营者提出申请,提交其姓名和地址等真实身份信息。具备登记注册条件的,依法办理工商登记注册。"

从规定可以看出两点:(1)真实身份信息由网络交易平台服务经营商来验证,也就是说你只要在网络交易平台上通过申请即能合法进行网络商品交易;(2)办法并没有规定所有从事网络商品交易的自然人都要办理工商登记注册,如果你并没有实体店铺,觉得自己"不具备登记注册条件",那就不必去办理营业执照。

当然,"具备登记注册条件的"这句话是比较模糊的,政策在将来有可能会发生变化。

问题 15. 听说产品图片拍摄很重要,我该怎么选购数码相机呢?

一张好图胜千言。同样的商品,不同的图片,对买家的吸引力绝对是差异巨大的。而商品图片尽管也可以通过后期处理修补,但原始素材才是后期完美输出的关键,因此商品图片好坏,90%取决于商品实物的拍摄(如图 1.11 所示)。

商品图片清晰度与数码相机的像素大小、光圈大小、ISO 感光度等有关。

图 1.11 好图胜千言

◆ 对于一般用户而言,如果仅限于家庭娱乐,同时又非常关注实用性的话,强大的功能及耐用性带来的高性价比是首选因素。

◆ 如果要将商品拍摄得精致化,外形设计与亮点功能的紧密结合是首选标准。小巧的外形、亮丽的颜色以及舒适的手感是必备的,而某些亮点功能如微距拍摄功能则更为此类产品锦上添花。

在选购数码相机时,应避免最大的误区:像素越高越好。商品图片与像素大小有一定关系,但选择相机时不要被最大像素所蒙蔽,300 万～500 万像素就够了。一般来说,如果拍摄是用于在电脑屏幕上显示,或应用在网页上设计,那么选择如 640×480 等分辨率的经济实用型相机就可以了;如果想输出影像,要求照片相对清晰、逼真,则应选择中档以上分辨率的相机(如 1024×768)机型(如图 1.12 所示);如果您是专业摄影师或编辑记者,对图片质量要求较高,则应选择高分辨率的(如 1620×1200)机型(如图 1.13 所示)。

图 1.12 普通数码相机

图 1.13 单反相机

问题 16. 我的村庄附近没有快递公司,应该找谁来给买家送货?

由于国内快递公司发展时间不长,导致快递公司布局不合理,大部分网店都集中在城区,而在农村的网店稀少。在广东、浙江等沿海省份的农村,大部分快递公司都可以全境派送。如果您所在农村没有全境派送的快递公司,您还有如下选择:

◆ 用 EMS 给买家送货。但是 EMS 快递(如图 1.14 所示)普遍收费较贵,尤其是专门为淘宝网物流成立的 E 邮宝(如图 1.15 所示),不仅贵,而且速度比较慢。

图 1.14   EMS特快专递   图 1.15   E邮宝经济快递

◆ 与乡镇的快递公司网点合作。顺丰速运(如图 1.16 所示)、申通快递(如图 1.17 所示)、韵达快运(如图 1.18 所示)等大部分快递公司在乡镇上设有营业网点,农户可以将产品仓库设在快递网点附近,方便运输。如果每天的订单量很大,也可以让快递公司到仓库里或家里上门取件。这是最好的送货方式,不仅价格便宜,而且送货速度比 E 邮宝快。

图 1.16   顺丰速运   图 1.17   申通快递   图 1.18   韵达快运

问题 17. 如果买家购买了山核桃,我要准备哪些包装材料?

开店的卖家需要准备以下包装材料:内包装、包装纸箱、纸盒,气泡膜、海绵、泡沫、胶袋、封箱胶带,等等。

◆ **内包装**。它是最接近于你销售的商品本身的那层包装材料,包括 OPP 自封袋、PE 自封袋(如图 1.19 所示)、热收缩膜等。如果是包装山核桃等农产品,建议选择 PE 自封袋。它可以防潮防水、防止物品散落,材质柔软、韧性好、不易破、可反复使用,且封口处有一条红色的凹凸带子,轻轻一按或撕开就能闭合。

◆ **中层包装(填充层)**。中层包装就是产品距离箱子之间的空隙的填充材料。据了解大多数淘宝卖家使用的是报纸、纸板等。除了气泡膜、珍珠棉和海绵外,我们还有很多填充物可以选择,最廉价的就是报纸,一份 0.5 元钱的报纸可以填充好多个箱子了,也是不错的选择,建议各店长根据自己的商品特色来选择,利润大的可以选稍微高档点的材料,利润少的可以选报纸、纸板,只要装整齐了,就没有难看的。这里特别提一个小方法,就是包水果的那种网格棉,也是不错的填充物。

◆ **外包装**。

(1)纸箱。纸箱分为瓦楞纸箱(如图 1.20 所示)和无瓦楞纸箱,瓦楞纸箱又分为三层、五层、七层甚至更多,纸类分为 K、A、B、C,邮局邮政和淘宝上销售的绝大多数纸箱都是瓦楞纸箱。

图 1.19　PE 自封袋　　　　　　　　　图 1.20　瓦楞纸箱

(2)袋子。作为外包装的袋子一般有布袋、编织袋及邮政复合气泡袋三种。

纯棉白布袋优点是韧性好、美观,适合装不怕压的东西,比如书、衣服、抱枕等,但一定要注意布袋是不防水的,所以还需要给商品加个内包装。

编织袋又称蛇皮袋,很结实。编织袋适用于装大件柔软的东西,邮局、快递、物流都能使用,但需要注意的是去邮局的话,编织袋必须和布袋一样缝起来,不然不准寄。

邮政复合气泡袋是最高档的一类外包装袋子,里面是非常厚的气泡,防震效果不错,外观也很美观,很上档次,相应的价格也比较贵,因为是邮局出品,所以在邮局使用一般都不会受到什么阻碍。

◆ **辅助包装**。一般来讲上面三步就已经完成了一个商品的包装,但是要想在激烈的竞争中区别于对手,就需要花一点心思来完善或者说提升自己的商品形象,这就是商品的延伸价值。

(1)名片。一张设计得具有个性的名片让买家体会到你的用心,多寄两张名片给你的顾客,很可能下一位顾客就是他的朋友。

(2)带提示语的白色封箱胶带(如图1.21所示)。如果是发快递,而所发的东西比较容易压坏,那么在内包装使用了气泡膜的同时,还可以考虑使用带提示语的白色封箱胶带,在提示快递员轻拿轻放的同时,更能让买家感觉到卖家工作的细致。

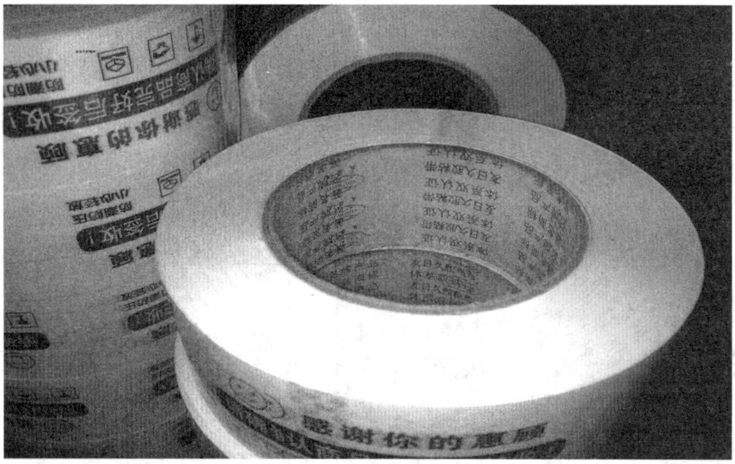

图1.21　带提示语的封箱胶带

问题18. 到哪里能买到最实惠的包装材料呢?

在网上开店,需要店主自备纸箱、胶带等包装材料。有以下途径可以购买到这些包装材料:

◆ **到纸箱厂或包装材料批发市场购买**。一般是批发采购,不针对零售,量越大越便宜;

◆ **到邮局或者快递公司购买**。虽然方便,但是价格昂贵;

◆ **在淘宝网店上直接买是最便宜的**(如图1.22、1.23所示)。淘宝上卖纸箱等包装材料的网店比比皆是,各种规格和款式的包装材料都有,建议开店的朋友考虑在淘宝上购买。

图 1.22　淘宝网店出售纸箱 　　　　图 1.23　淘宝网店提供纸箱订做服务

问题 19. 在网上开店的全部过程中,要掌握哪些方面的操作?

(1)首先要开张银行卡。目前淘宝差不多支持所有银行卡,同时银行卡需为借记卡,卡的开户名需要与支付账户姓名一致。

(2)必须注册一个邮箱,且容量比较大。

(3)在淘宝注册一个旺旺。很多卖家起了英文名字,但个人觉得起中文名字比较好,特别旺旺的昵称是自己的店名,这样人家一看就知道是卖啥的,无意中做了广告。旺旺昵称注册之后就不能再改了,因此大家在开店前一定要想个好名字。

(4)您还需要去进行支付宝认证,支付宝会汇几分钱到您的银行账户,把这个数字填好了就可以通过认证了。

(5)开店前先上传 10 件商品,把所有信息填清楚。关键属性不要弄错,属性弄错了东西会下架,这样没人看得到您的商品。

(6)商品上传好了之后,您就可以开店了。登录"我的淘宝"——"我是卖家"——"免费开店",进行店铺开设操作。所有操作完成后,您就会拥有属于自己的淘宝店铺和相应地址。这个过程中,您也需要给自己的店铺取个好名字,要让人容易记住,这样别人想买东西的时候就会想起您的店了。

(7)店铺装修,并加入旺铺。进行店标的制作和店铺的分类,将店铺装修得更有吸引力。加入旺铺的好处是在首页可以显示更多的宝贝,图片更大,还可是设置促销区域,还有 5 个自定义页面,让店铺更专业。这项功能是收费的。

(8)宣传和推广。"万事俱备,只欠东风",商品都上传完毕,店铺也装修一新,就等买家上门咨询和购买了。因此,要采用多种推广手段,不断地宣传自己的网店,让看到的朋友进入您的店里购买商品。

问题 20. 我想在淘宝上开店卖山核桃、小番薯,大概有哪些步骤?

在淘宝上开农产品网店,一般要经历以下步骤(如图 1.24 所示):

(1)注册。卖家需要注册成为淘宝网和支付宝的会员。

(2)安全措施。为了防止密码被盗,有必要将淘宝网登录密码、支付宝登录密码、支付宝支付密码等设置为较高的安全强度。另外,为了防止忘记密码,需要设置找回密码的问题及答案。

(3)认证。成为淘宝的卖家前,必须要进行支付宝实名认证。这有助于提高网上交易的可信度和安全度。

(4)申请数字证书。通过实名认证后,要及时申请并安装数字证书,才能完成开店前的基本准备工作。

(5)淘宝开店。卖家将山核桃、小番薯等农产品上传到淘宝网,并宣传和推广网店。

(6)交易成功。卖家热忱接待买家,在买家付款后,将优质的商品发给买家,买家收到货后对交易进行评价,并将款项划入卖家的支付宝账户。

(7)提取资金。卖家可以将支付宝账户里的资金提取出来。

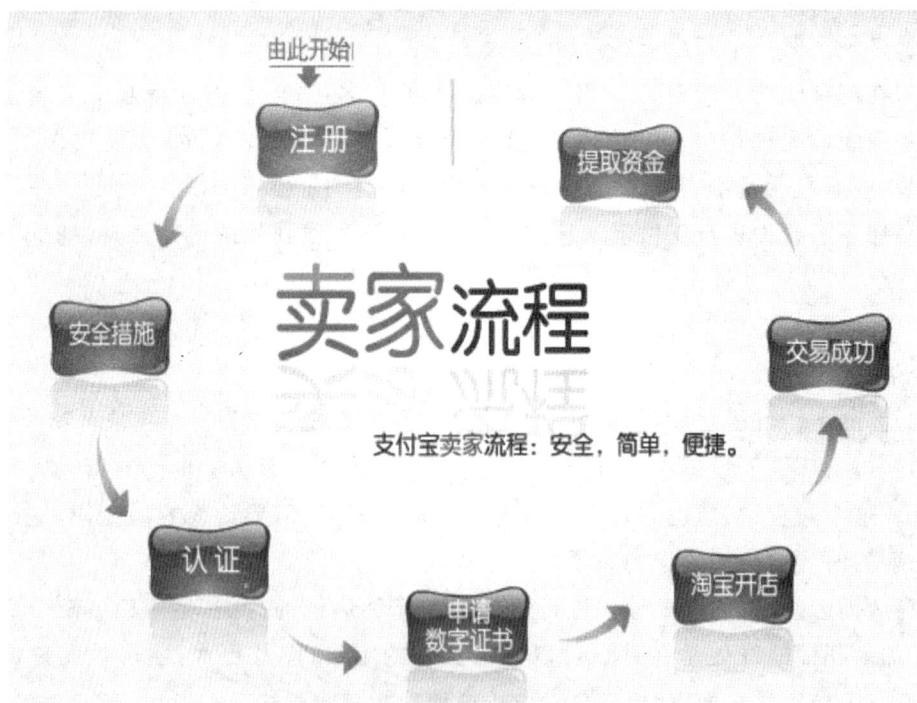

图 1.24   淘宝开店的基本步骤

问题 21. 怎么样成为淘宝网的卖家?

淘宝网的卖家必须要在淘宝网和支付宝上注册,具体步骤如下:

(1)在 IE 浏览器地址栏里输入 www.taobao.com,登录淘宝网,在页面右上角单击"免费注册"(如图 1.25 所示)。

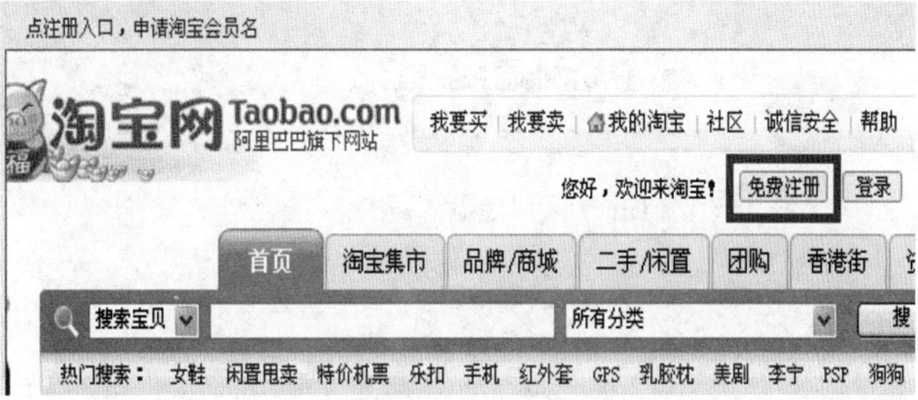

图 1.25　淘宝网首页

(2)在注册页面填写个人信息,并同意服务条款(如图 1.26 所示)。

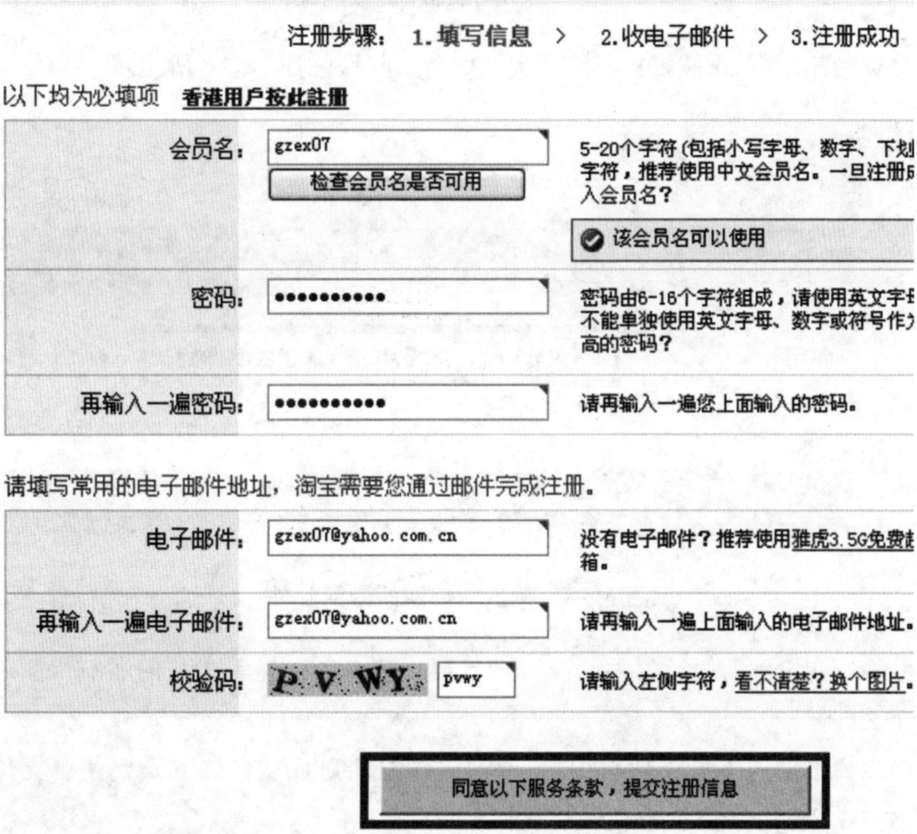

图 1.26　填写个人信息

(3)在收取邮件页面,单击邮箱链接网址(如图1.27所示)。

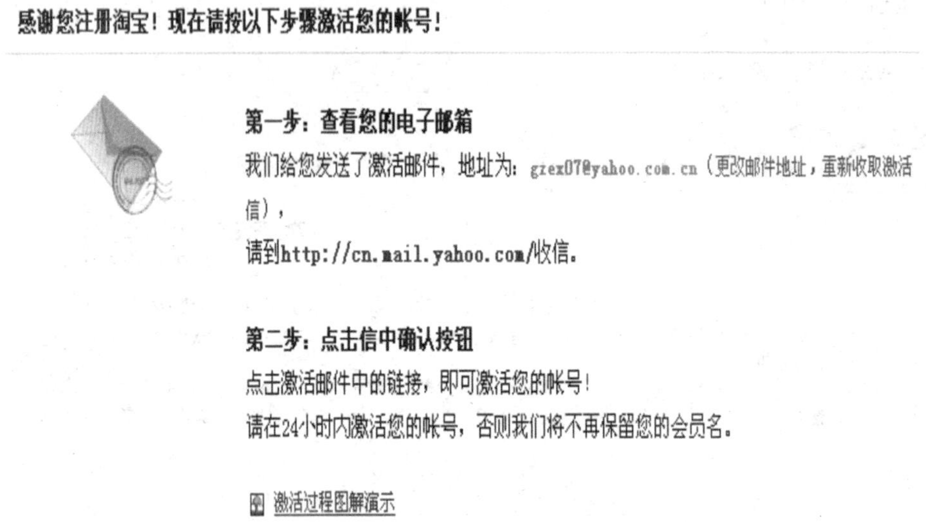

感谢您注册淘宝!现在请按以下步骤激活您的帐号!

第一步:查看您的电子邮箱

我们给您发送了激活邮件,地址为:gzex07@yahoo.com.cn(更改邮件地址,重新收取激活信),

请到http://cn.mail.yahoo.com/收信。

第二步:点击信中确认按钮

点击激活邮件中的链接,即可激活您的帐号!

请在24小时内激活您的帐号,否则我们将不再保留您的会员名。

激活过程图解演示

图1.27　单击邮箱链接网址

(4)登录邮箱,在收件箱里单击淘宝网的激活邮件(如图1.28所示)。

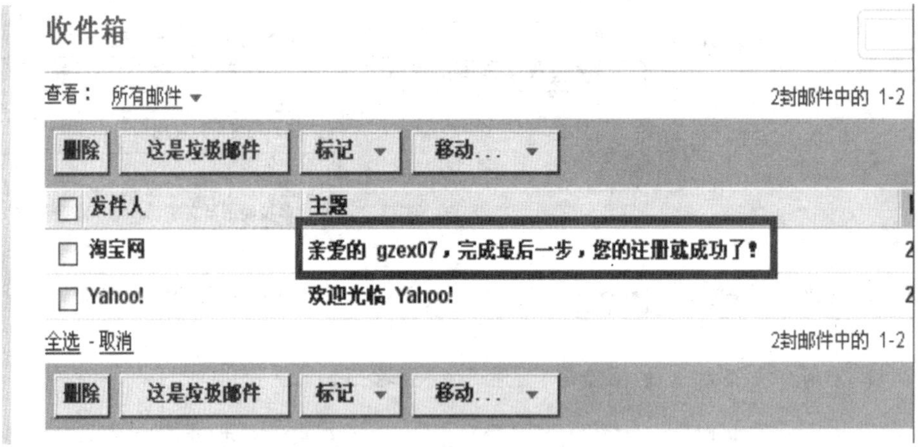

收件箱

查看: 所有邮件▼　　　　　　　　　　　　　　　　2封邮件中的 1-2

| 删除 | 这是垃圾邮件 | 标记 ▼ | 移动... ▼ |

发件人	主题
淘宝网	亲爱的 gzex07,完成最后一步,您的注册就成功了!
Yahoo!	欢迎光临 Yahoo!

全选 - 取消　　　　　　　　　　　　　　　　　2封邮件中的 1-2

| 删除 | 这是垃圾邮件 | 标记 ▼ | 移动... ▼ |

图1.28　单击淘宝网的激活邮件

(5)打开淘宝网的激活邮件,并单击"重要!请点击这里完成您的注册",注册完成(如图1.29所示)。

(6)在弹出来的注册成功页面,显示淘宝账户注册成功。接下来要注册支付宝账户,单击图1.30右下角的"点此激活支付宝账户"。

(7)在弹出来的支付宝注册页面,填写个人信息和支付宝账户信息(如图1.31所示)。

(8)激活成功,成为支付宝会员(如图1.32所示)。

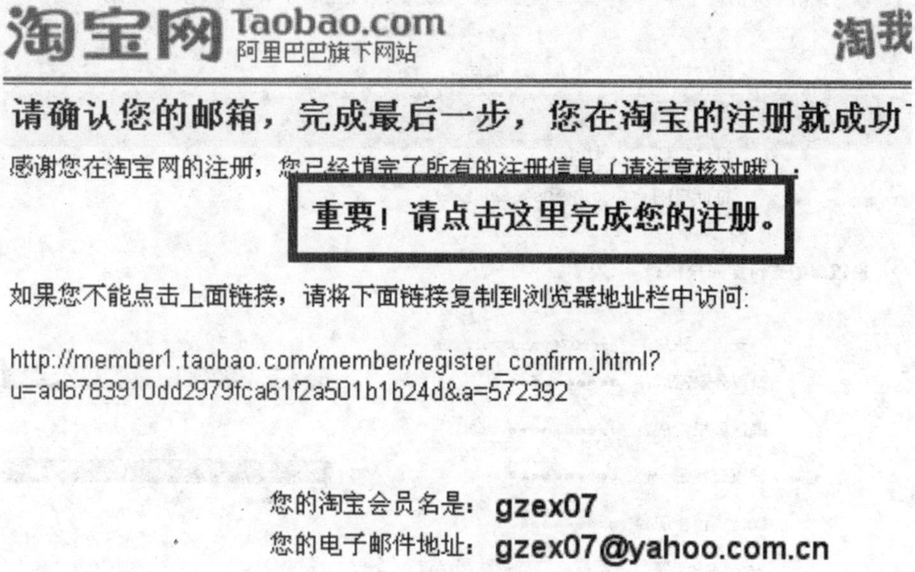

淘宝网Taobao.com
阿里巴巴旗下网站

淘我

请确认您的邮箱，完成最后一步，您在淘宝的注册就成功

感谢您在淘宝网的注册，您已经填写了所有的注册信息（请注意核对哦）

重要！请点击这里完成您的注册。

如果您不能点击上面链接，请将下面链接复制到浏览器地址栏中访问：

http://member1.taobao.com/member/register_confirm.jhtml?
u=ad6783910dd2979fca61f2a501b1b24d&a=572392

您的淘宝会员名是： **gzex07**
您的电子邮件地址： **gzex07@yahoo.com.cn**

图 1.29　完成注册

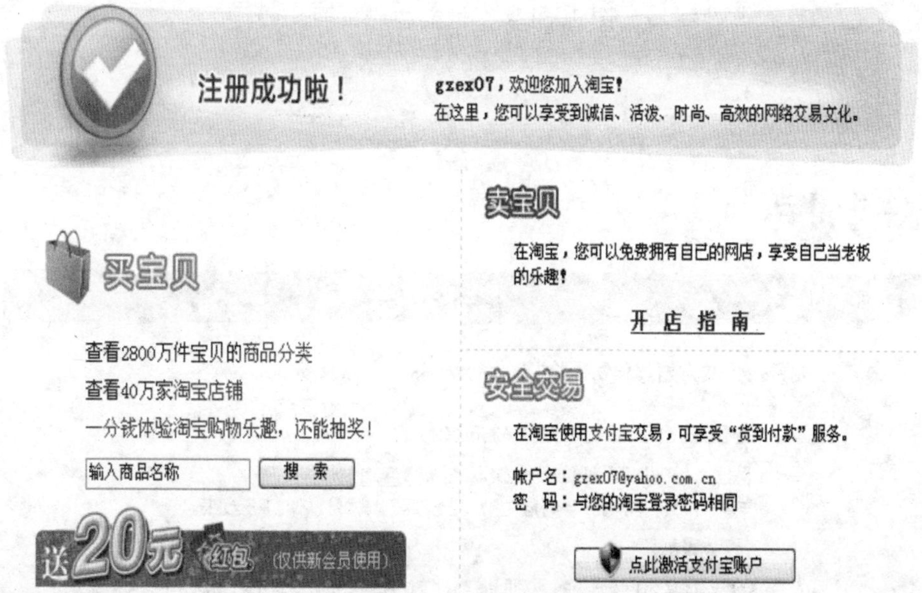

注册成功啦！　gzex07，欢迎您加入淘宝！
在这里，您可以享受到诚信、活泼、时尚、高效的网络交易文化。

买宝贝

查看2800万件宝贝的商品分类
查看40万家淘宝店铺
一分钱体验淘宝购物乐趣，还能抽奖！

[输入商品名称]　[搜 索]

送**20**元 红包 (仅供新会员使用)

卖宝贝

在淘宝，您可以免费拥有自己的网店，享受自己当老板
的乐趣！

开 店 指 南

安全交易

在淘宝使用支付宝交易，可享受"货到付款"服务。

帐户名：gzex07@yahoo.com.cn
密　码：与您的淘宝登录密码相同

[点此激活支付宝账户]

图 1.30　激活支付宝账户

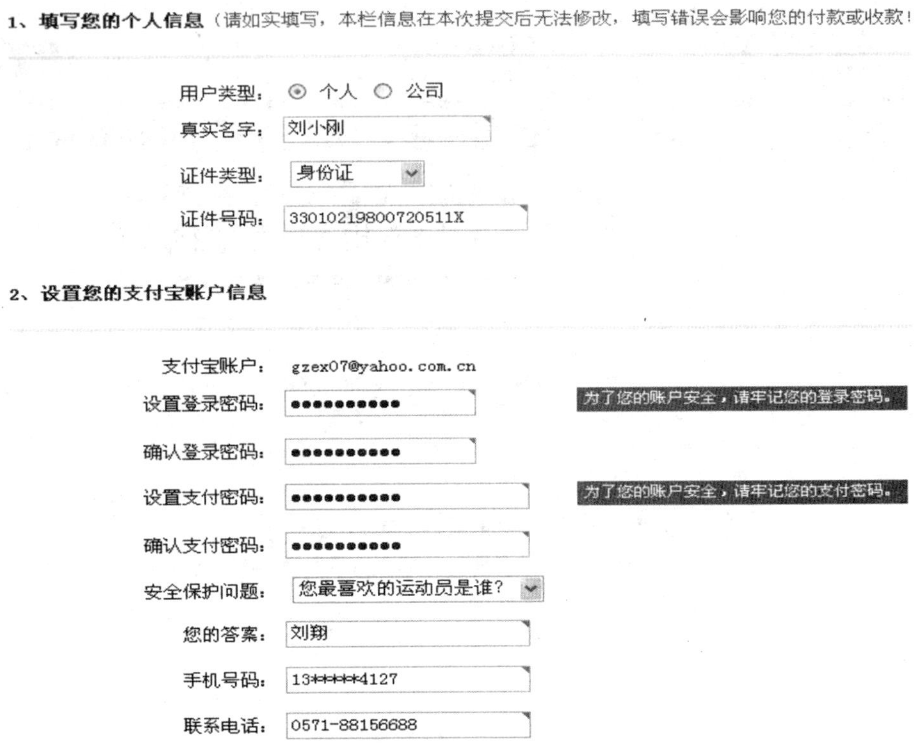

1、填写您的个人信息（请如实填写，本栏信息在本次提交后无法修改，填写错误会影响您的付款或收款！

用户类型： ⦿ 个人 ○ 公司
真实名字： 刘小刚
证件类型： 身份证 ▽
证件号码： 33010219800720511X

2、设置您的支付宝账户信息

支付宝账户： gzex07@yahoo.com.cn
设置登录密码： ●●●●●●●●●●　　为了您的账户安全，请牢记您的登录密码。
确认登录密码： ●●●●●●●●●●
设置支付密码： ●●●●●●●●●●　　为了您的账户安全，请牢记您的支付密码。
确认支付密码： ●●●●●●●●●●
安全保护问题： 您最喜欢的运动员是谁？ ▽
您的答案： 刘翔
手机号码： 13*****4127
联系电话： 0571-88156688

图 1.31　支付宝注册页面

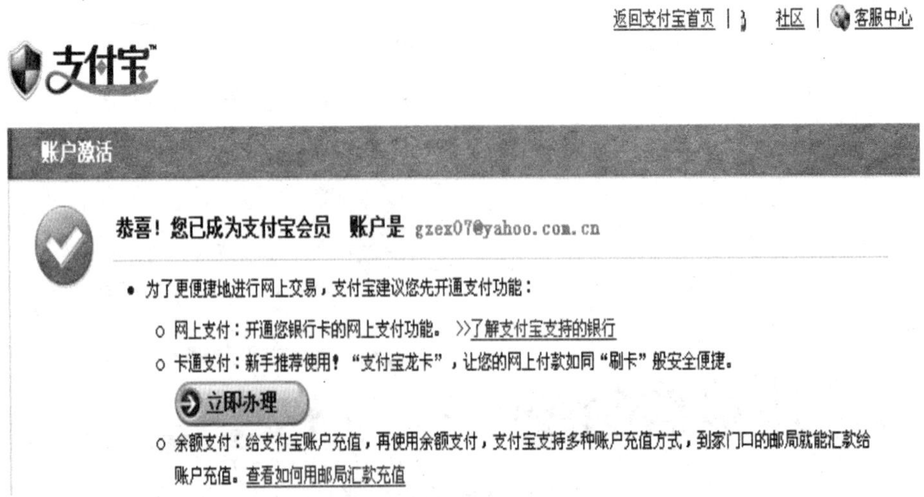

返回支付宝首页 ｜} 社区 ｜ 🌐客服中心

🛡支付宝

账户激活

✓ 恭喜！您已成为支付宝会员　账户是 gzex07@yahoo.com.cn

• 为了更便捷地进行网上交易，支付宝建议您先开通支付功能：

○ 网上支付：开通您银行卡的网上支付功能。 >>了解支付宝支持的银行

○ 卡通支付：新手推荐使用！"支付宝龙卡"，让您的网上付款如同"刷卡"般安全便捷。

▶立即办理

○ 余额支付：给支付宝账户充值，再使用余额支付，支付宝支持多种账户充值方式，到家门口的邮局就能汇款给账户充值。查看如何用邮局汇款充值

图 1.32　支付宝账户激活成功

🖥 **问题 22. 乡镇里只有中国邮政储蓄银行,我能不能开通网上银行?**

随着农村经济的发展,现在很多银行都在乡镇里建立营业网点,如中国农业银行、中国建设银行、中国银行、中国工商银行等。这些银行规模大,网点多,实力雄厚,且较早开展网上银行业务。如果您所在乡镇有这些银行,可以考虑选择其中一家开通网上银行。

如果您所在乡镇只有中国邮政储蓄银行,就到其营业网点开通网上银行。

◆ **开通方式**

(1)网上自助注册开通。进入个人网上银行登录界面进行注册,注册成功后成为网上注册客户,您可办理查询、挂失。

(2)营业网点注册开通。您可以在任何一家中国邮政储蓄银行营业网点轻松开通网上银行服务,注册成功后,除了查询、挂失、定活互转交易外,还可实现您在营业网点选择开通的各项账户交易功能。

◆ **开通条件**

(1)证件要求:您要有申领卡、有效身份证件,如身份证、护照、军官证等。

(2)账户要求:您需要注册中国邮政储蓄银行规定的账户类型,包括留密存折、借记卡、信用卡。

您需要注意的是,留密存折是指本币结算账户、外币活期一本通、外币定期一本通;借记卡包括普通绿卡、本外币绿卡。

🖥 **问题 23. 开网店一定要开通支付宝吗?如何将淘宝账户绑定支付宝账户呢?**

在淘宝网上,用户一般会选择开通支付宝。如果在购物时,不开通支付宝也可以。但如果要在淘宝上开网店,就必须要开通支付宝。

通过以下步骤,实现淘宝会员名与支付宝账户绑定:

(1)进入淘宝官方网站(www.taobao.com),点击淘宝首页右上角的"免费注册",显示新会员注册页面,填写基本信息,包括会员名、密码、邮箱等信息(如图1.33所示)。

(2)登录淘宝的注册邮箱,点击邮件中的激活链接,激活淘宝账户,淘宝账户注册成功(如图1.34所示)。

(3)点击我的淘宝——支付宝专区——您还没有设置您的支付宝账户(点击设置),来设定支付宝账户。

(4)输入支付宝账户名及支付宝登录密码,点"设定"(如图1.35所示)。

图 1.33　淘宝网账户注册页面 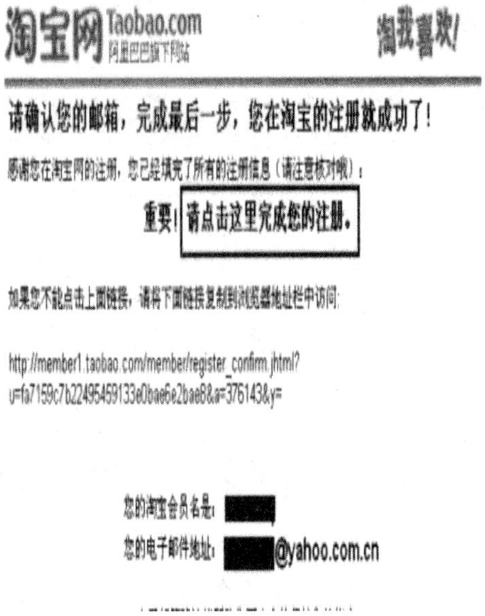　　　　　图 1.34　淘宝账户激活信息

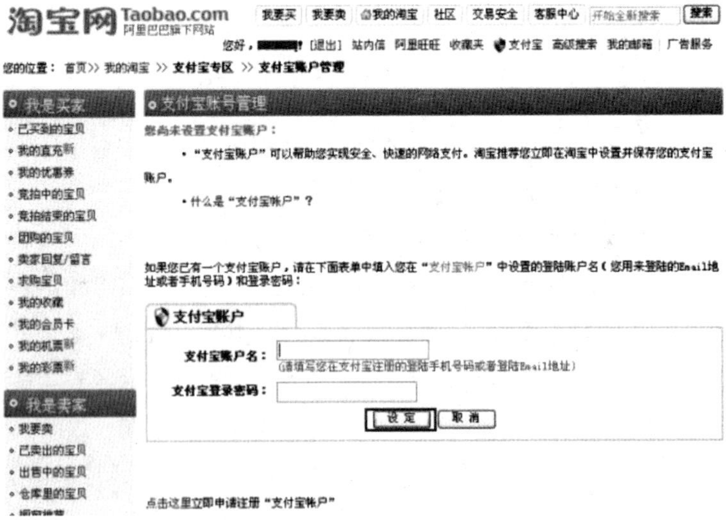

图 1.35　设置支付宝账户

(5)支付宝账户与淘宝账户绑定成功,尽情享受购物的乐趣吧(如图 1.36 所示)。

问题 24. 我忘记了淘宝的登录密码,怎样才能找回密码?

(1)通过登录界面单击"忘记密码?"(如图 1.37 所示)。

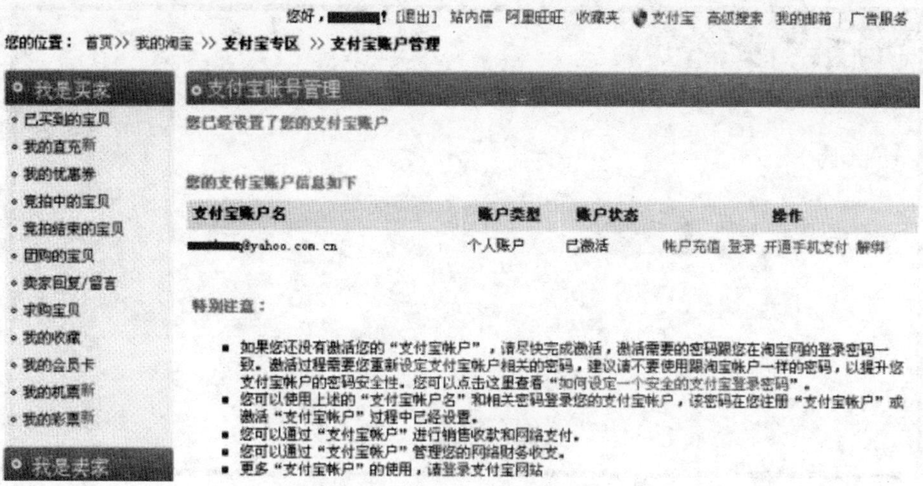

图 1.36 绑定成功

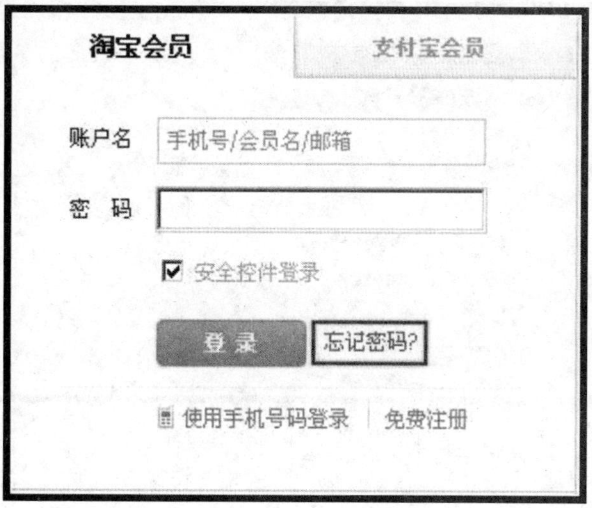

图 1.37 淘宝登录界面

(2)进入安全中心,输入账户名和验证码,再单击"下一步"(如图 1.38 所示)。

(3)验证身份,选择验证方式。验证方式根据登录环境而定,分为身份验证、邮箱、手机、密保问题、密保卡,获取验证码,单击"下一步"(如图 1.39 所示)。

(4)重置密码,输入您的新密码,单击"提交"(如图 1.40 所示)。

(5)密码成功设置,重新登录淘宝网即可(如图 1.41 所示)。

问题 25. 淘宝是不是必须要实名认证呢?如何通过认证?

成为支付宝会员是可以充钱购买商品的,不需要实名认证,但如果您是网上开店卖东西,就必须通过实名认证。简单地说,买东西是不用实名认证的,卖东西是必须要实

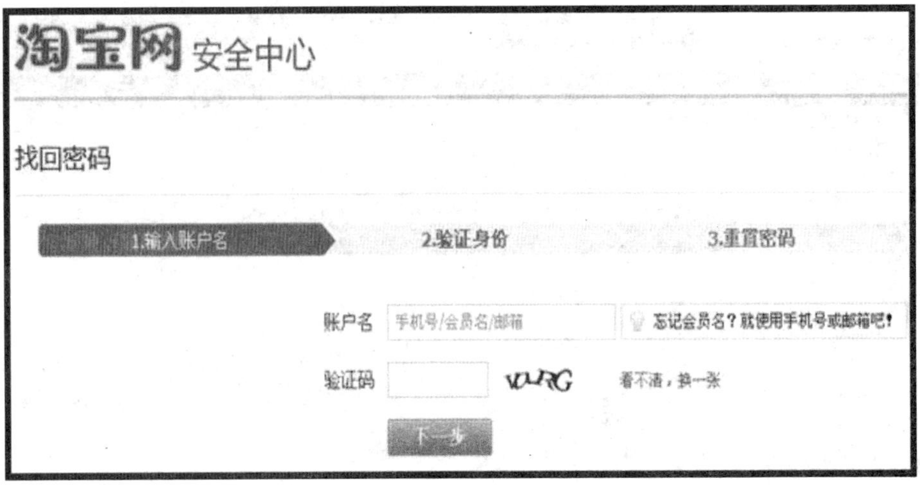

图 1.38　输入账户名

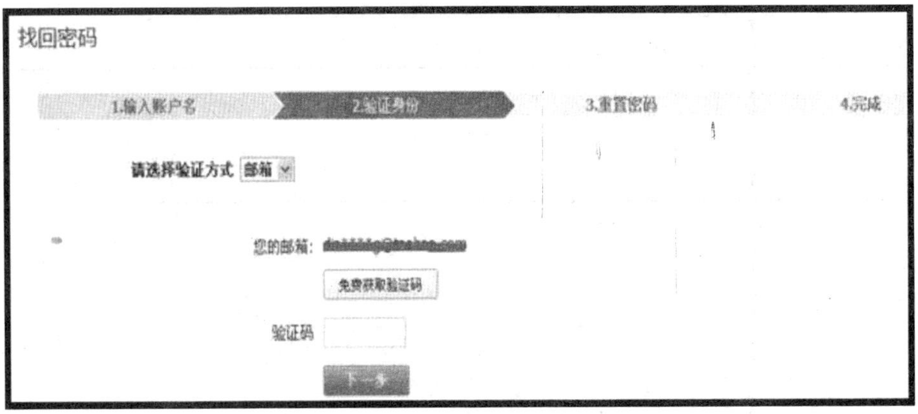

图 1.39　选择验证方式

图 1.40　重置密码

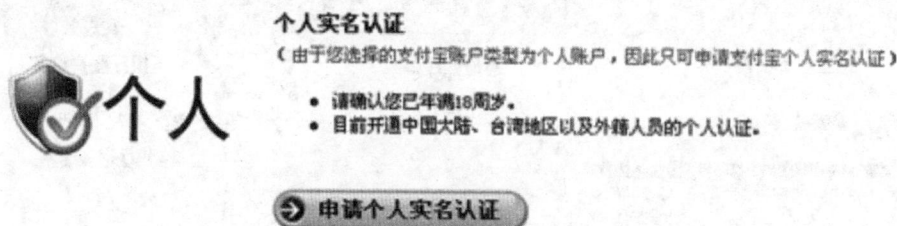

图 1.41　密码设置成功

名认证的。

通过以下步骤可通过实名认证：

(1)登录淘宝账户，点击"申请认证"，选择"个人实名认证"（如图 1.42 所示），并同意支付宝认证服务协议。

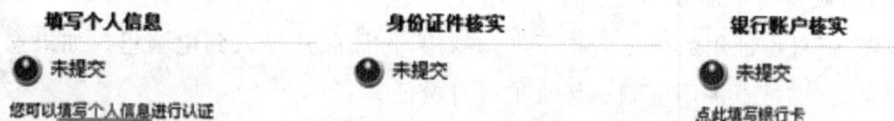

个人实名认证

（由于您选择的支付宝账户类型为个人账户，因此只可申请支付宝个人实名认证）

- 请确认您已年满18周岁。
- 目前开通中国大陆、台湾地区以及外籍人员的个人认证。

➡ **申请个人实名认证**

图 1.42　申请个人实名认证

(2)然后依次填写个人信息、上传身份证信息、提交银行账户信息（如图 1.43 所示）。

填写个人信息	身份证件核实	银行账户核实
未提交	未提交	未提交
您可以填写个人信息进行认证		点此填写银行卡

图 1.43　填写相关认证信息

(3)等待支付宝公司给账户汇款，然后输入汇款金额（如图 1.44 所示）。

(4)如果金额正确，则认证成功（如图 1.45 所示）。

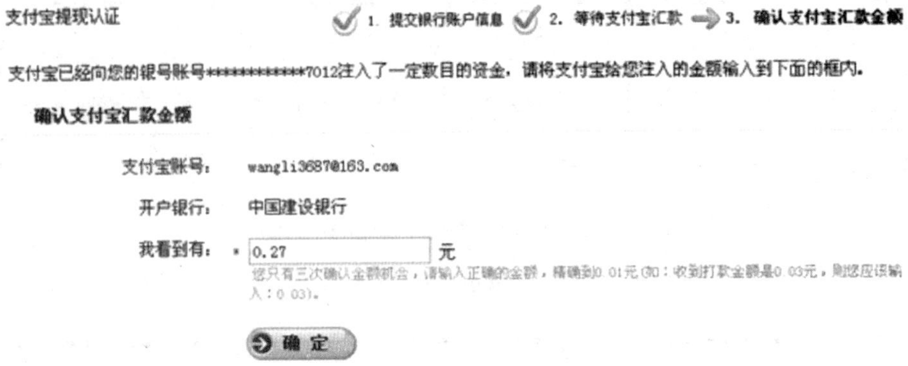

支付宝提现认证   ✓ 1. 提交银行账户信息 ✓ 2. 等待支付宝汇款 ➡ 3. 确认支付宝汇款金额

支付宝已经向您的银号账号************7012注入了一定数目的资金，请将支付宝给您注入的金额输入到下面的框内。

确认支付宝汇款金额

支付宝账号： wangli3687@163.com

开户银行： 中国建设银行

我看到有 * [0.27] 元

您只有三次确认金额机会，请输入正确的金额，精确到0.01元(如：收到打款金额是0.03元，则您应该输入：0.03)。

➡ 确 定

图 1.44　输入汇款金额

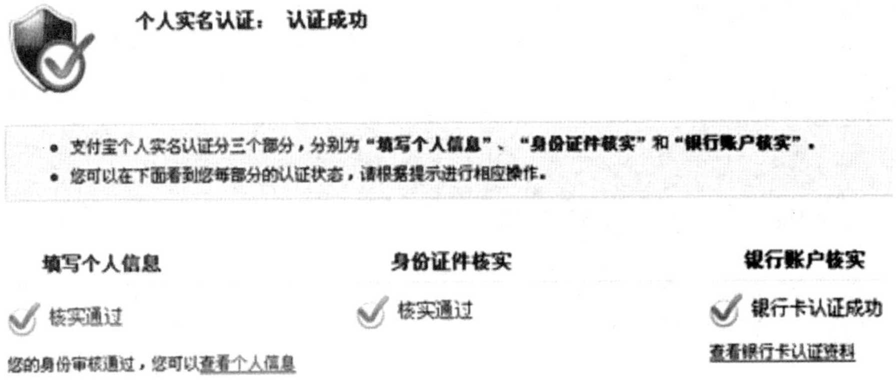

个人实名认证：　认证成功

● 支付宝个人实名认证分三个部分，分别为"**填写个人信息**"、"**身份证件核实**"和"**银行账户核实**"。
● 您可以在下面看到您每部分的认证状态，请根据提示进行相应操作。

填写个人信息	身份证件核实	银行账户核实
✓ 核实通过	✓ 核实通过	✓ 银行卡认证成功
您的身份审核通过，您可以查看个人信息		查看银行卡认证资料

图 1.45　实名认证成功

问题 26. 我在支付宝实名认证时，支付宝要求上传身份证照片，怎么办？

现在支付宝实名认证是必须要上传身份证，在身份证件提交时需要注意以下几点：

(1)在线上传图片大小须控制在 2M 以下；

(2)IC 版身份证需要提交正反两面。

首先，将身份证用数码相机拍下来，并将身份证照片导入到电脑里。如果您的电脑装有摄像头，也可直接用电脑摄像头拍摄身份证。

然后，在上传身份证照片的页面，将身份证照片上传即可(如图 1.46 所示)。

问题 27. 我在确认支付宝汇款时输错金额，该怎么办呢？

(1)如果连续两次输错汇款金额，两次失败后需要重新提交银行账户进行审核。等待 1~2 天后，再重新输入汇款金额。

(2)登录支付宝账户，请点"申请认证"进入确认汇款金额页面(如图 1.47 所示)。

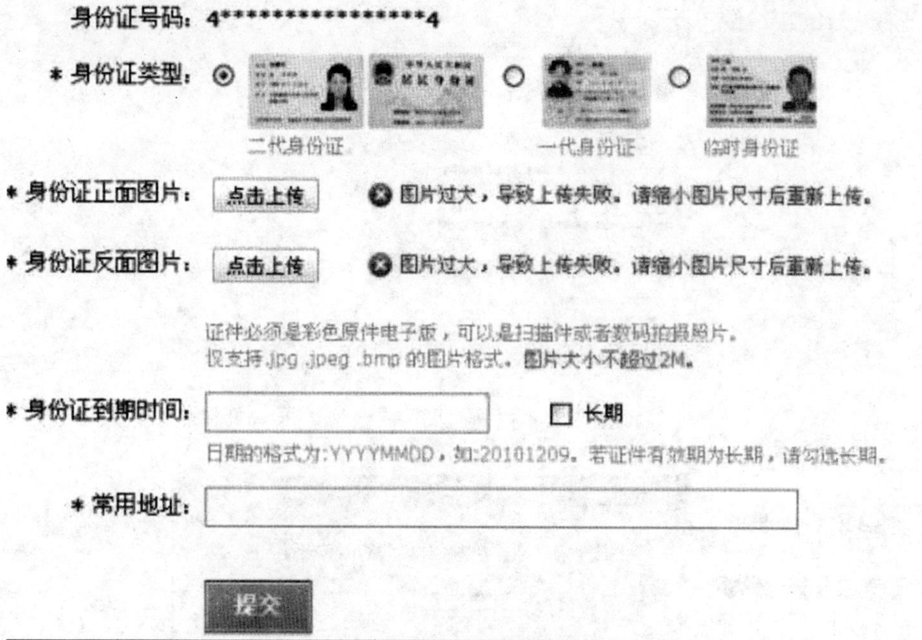

图 1.46　上传身份证照片

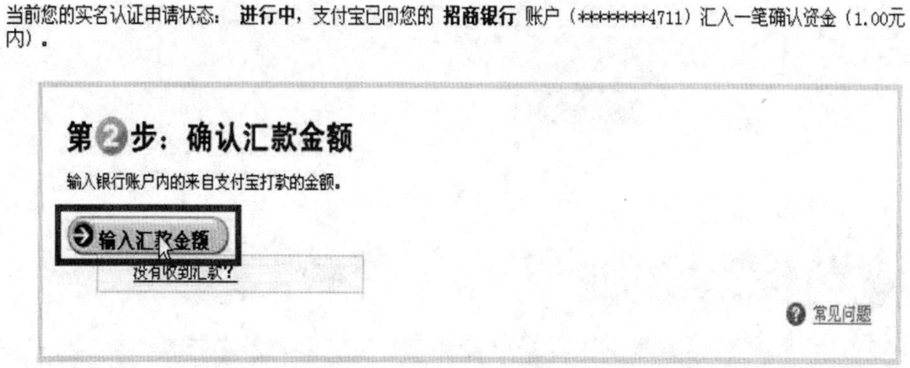

图 1.47　输入汇款金额页面

（3）登录支付宝账户，请点"申请认证"进入确认汇款金额页面（如图 1.48 所示）。

（4）输入您收到的准确金额，点"确定"继续完成确认。您有两次输入的机会，请正确填写您收到的准确金额，两次失败后需要重新提交银行账户进行审核（如图 1.49 所示）。

（5）耐心等待两秒钟，即可通过实名认证（如图 1.50 所示）。

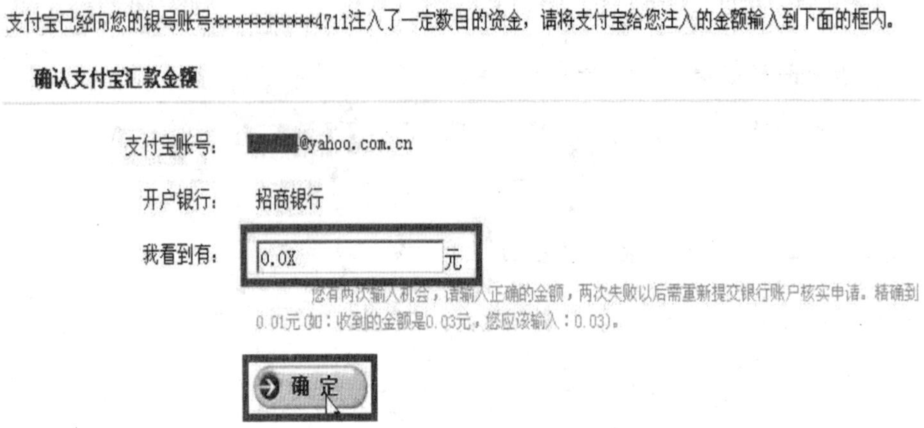

支付宝已经向您的银号账号**********4711注入了一定数目的资金，请将支付宝给您注入的金额输入到下面的框内。

确认支付宝汇款金额

支付宝账号：　　▆▆▆▆@yahoo.com.cn

开户银行：　招商银行

我看到有：　　| 0.0X | 元

您有两次输入机会，请输入正确的金额，两次失败以后需要重新提交银行账户核实申请。精确到
0.01元(如：收到的金额是0.03元，您应该输入：0.03)。

→ 确定

图 1.48　确认汇款金额

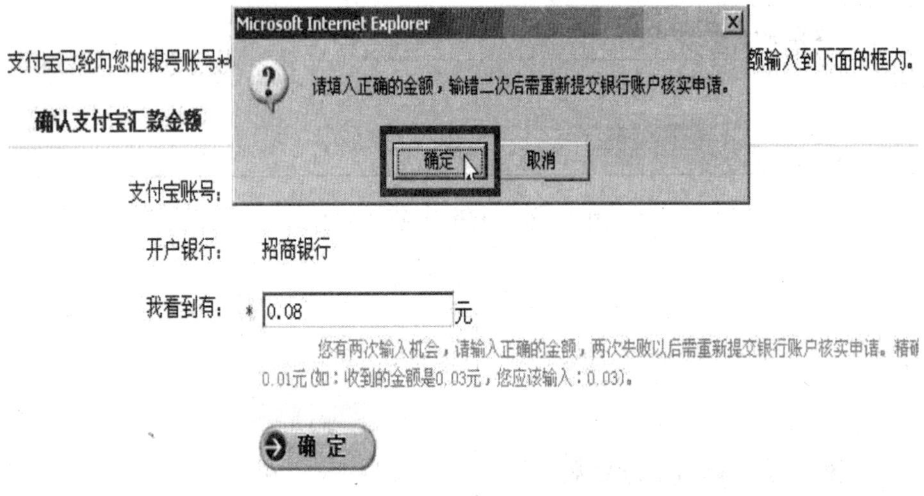

Microsoft Internet Explorer

支付宝已经向您的银号账号**▆▆▆▆▆▆▆▆▆▆▆▆▆▆▆▆▆▆▆▆▆▆额输入到下面的框内。

? 请填入正确的金额，输错二次后需要重新提交银行账户核实申请。

确定　　取消

确认支付宝汇款金额

支付宝账号：

开户银行：　招商银行

我看到有：　* | 0.08 | 元

您有两次输入机会，请输入正确的金额，两次失败以后需要重新提交银行账户核实申请。精确
0.01元(如：收到的金额是0.03元，您应该输入：0.03)。

→ 确定

图 1.49　输入准确金额

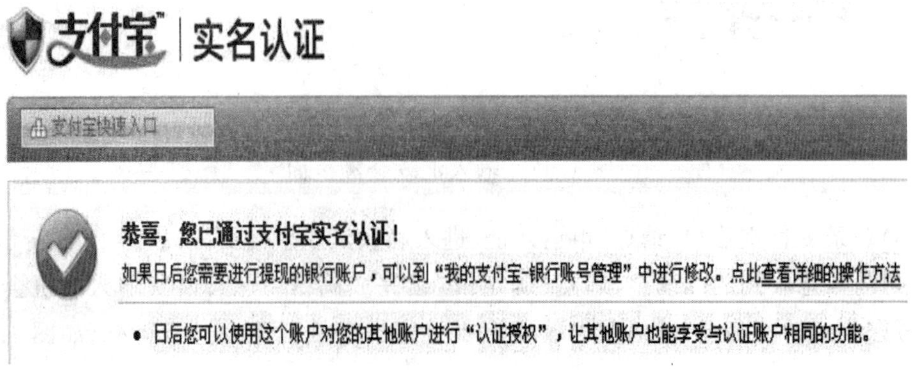

支付宝™ | 实名认证

⌂ 支付宝快速入口

✓ **恭喜，您已通过支付宝实名认证！**
如果日后您需要进行提现的银行账户，可以到 "我的支付宝-银行账号管理" 中进行修改。点此查看详细的操作方法

- 日后您可以使用这个账户对您的其他账户进行 "认证授权" ，让其他账户也能享受与认证账户相同的功能。

图 1.50　实名认证成功

💻 **问题 28.** 能不能用中国邮政储蓄银行给支付宝充值？

可以。为了方便用邮政卡给支付宝充值，中国邮政储蓄银行推出了"邮政网汇 e"业务，无须网银，只需用现金或邮政绿卡在邮政汇兑联网网点办理汇款业务，并设定汇款密码，即可凭汇票收据和设置好的汇款密码给任意支付宝账户充值（如图 1.51 所示），"邮政网汇 e"给支付宝充值的步骤如图 1.52 所示。

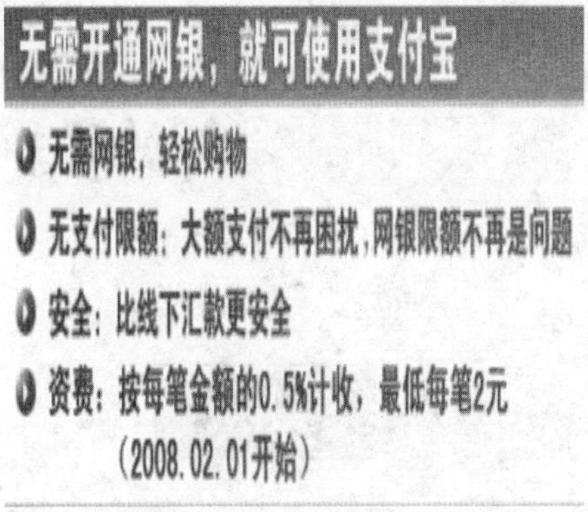

无需开通网银，就可使用支付宝

- 无需网银，轻松购物
- 无支付限额：大额支付不再困扰，网银限额不再是问题
- 安全：比线下汇款更安全
- 资费：按每笔金额的 0.5% 计收，最低每笔 2 元（2008.02.01 开始）

1. 邮政储蓄所柜台汇款。在邮局填写网汇 e 汇款单，并设置取款密码。

↓

2. 给支付宝帐户充值。

↓

3. 购物、使用支付宝付款。

图 1.51　"邮政网汇 e"的优点 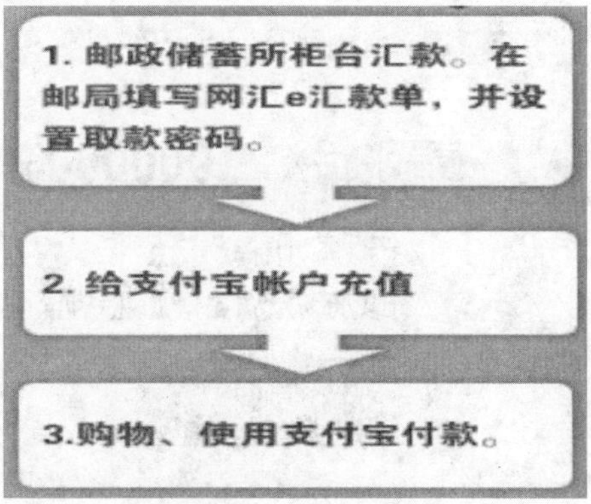　　　　图 1.52　"邮政网汇 e"给支付宝充值步骤

如果安装了数字证书，每天可以没有限制地用"邮政网汇 e"给支付宝充值（如图 1.53 所示）。

一天使用邮政网汇 e 充值次数的使用规则

账户类型	充值次数
普通账户	1 次
绑定手机	3 次
已安装数字证书的账户	没有限制

图 1.53　使用"邮政网汇 e"充值的次数

💻 **问题 29.** 我的资金不多，在淘宝上卖山核桃能申请小额贷款吗？

国家为了扶持"三农"发展，在条件许可的情况下，对资金不足的农民给予小额贷款。中国人民银行印发的《农村信用社农户小额信用贷款管理暂行办法》规定了农民可以向当地信用社申请小额信用贷款。

此外，中国最大的电子商务平台阿里巴巴于 2010 年联合复星集团、银泰集团、万向集团成立浙江阿里巴巴小额贷款股份有限公司，这是我国首家电子商务领域小额贷款

公司。如今,"信用"可以像财务报表、抵押物一样成为贷款指标。到2011年底,阿里巴巴集团已为8.3万家客户提供了56亿元贷款,其贷款客户数超过部分国有银行的中小企业贷款客户数。

个人卖家可以"订单贷款"和"信用贷款"两种方式向淘宝网申请小额贷款,最高贷款金额为100万元(如图1.54、1.55所示)。

图1.54　订单贷款

图1.55　信用贷款

问题30. 我的文化水平不高,如何通过淘宝开店的考试?

根据淘宝对2010年网店惩罚原因统计发现,网店卖家违规受到处罚的一个重要原因是:不熟悉淘宝规则。而且,很多的卖家在被处罚后还不知道自己为什么被处罚。

因此,淘宝网开店规则中增加了开店需要考试的规定,目的是让准备开网店的卖家先熟悉在淘宝网上经营需要遵守的规则,做到守规经营,避免违规,以免让辛辛苦苦做好的网店受到处罚,错过了在淘宝淘金的机会。

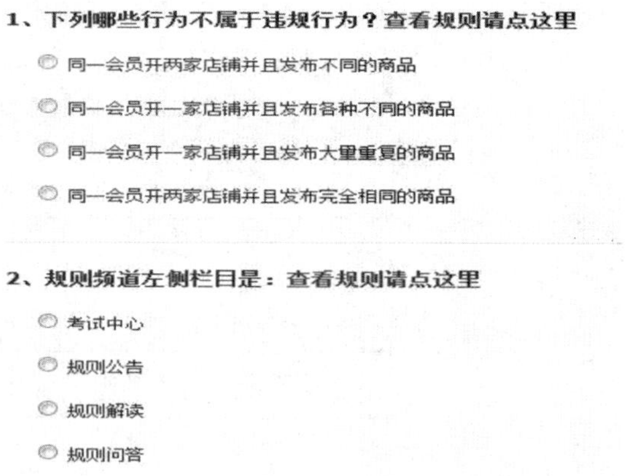

图1.56　淘宝开店考试页面

您可以操作以下步骤进入考试页面(如图1.56所示):第一步,进入"我的淘宝",点击"我是卖家";第二步,在"店铺管理",点击"我要开店",进入考试系统点"参加考试"。

考试共计20道题,一道5分,只要60分就能通过了。考试的目的在于学习和熟悉规则,所以考试是开卷的,希望大家可以认真、仔细学习规则。考试次数没有限制。若您未通过考试,需要您再加把劲认真学习《淘宝规则》,只有通过开店答题考试方可创建店铺。

第二章　明察秋毫——市场调研

案例导读

在淘宝大卖家和专家的解答下,王刚已经做好了充分的思想准备、硬件准备和软件准备,进一步坚定了网上开店卖农产品的信念。可是,他还是觉得心中没底,比如,网上卖山核桃、小番薯和笋干的人多吗? 能不能赚到钱? 竞争是否激烈? 网上卖农产品生意最好的店铺是哪些? 除了淘宝网外,还有哪些网络平台可以卖农产品呢? 怎样全面地知晓农产品的网上供求信息? 网上的农产品价格高吗? 如何快速地查看全国农产品的价格行情?

他觉得这些问题必须要搞清楚,才能放心大胆地开店。正所谓"知己知彼,百战不殆",如果没有深入地对网上农产品销售进行调查,做到明察秋毫,网店生意就不可能一帆风顺。

问题 31. 山核桃适合在网上卖吗? 好不好卖?

山核桃的果实由于具有极高的营养价值和独特的口感风味,得到了消费者的认可,逐渐成为一种广受欢迎的高档坚果。山核桃保存方便,保质期较长,便于包装与运输,非常适合在网上销售。

(1)您可以在淘宝网里搜索关键词为"山核桃"的网店(如图 2.1 所示)。

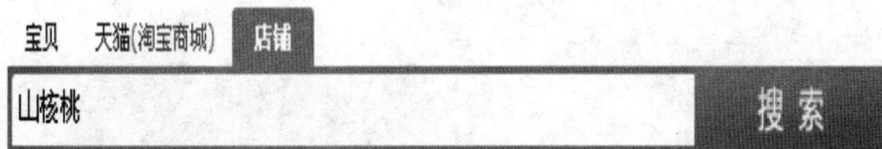

| 宝贝 | 天猫(淘宝商城) | 店铺 |

| 山核桃 | | 搜　索 |

图 2.1　淘宝首页搜索"山核桃"的网店

(2)从图 2.2 中可以得知,截至目前有 2758 家的网店都在卖山核桃,说明山核桃网上销售非常红火。

淘宝网

| 宝贝 | **店铺** |

山核桃

品牌: 谷的福(72) 逸鼎亨(55) 新农哥(36)

找到相关店铺 **2758** 家

图 2.2 淘宝网销售山核桃的网店数量

问题 32. 除了山核桃,我还能在网上卖哪些农产品?

原则上说,除了新鲜且易腐烂的产品(例如虾、螃蟹等水产)不适合网上销售外,其他农产品都可以在网上销售。

但是,近年来随着区域电子商务的快速发展,服务于当地城乡居民的农产品网站开始出现,如上海的"菜管家"、宁波的"乐活厨房"等农产品网站,由于只在当地进行配送和销售,所以易腐烂和过期的农产品,如葡萄、香蕉等水果和虾、螃蟹等水产品都可以在网上销售。

上网买衣服、上网买零食、上网买汽车……网购一族们习惯不出门,在网络上添置生活中所需要的一切。现在,随着电子商务的发展,网购一族们又有了更多的选择:树上长的黄桃、水里养的大闸蟹,只要鼠标点点,均会在第一时间送上门(如图2.3所示)。

图 2.3 区域化的农产品网站

问题 33. 山核桃的网上销售渠道有哪些?

农产品网上交易平台有多种,您可以根据自身实际情况来选择一种或综合多种网上销售渠道。

◆ **综合性的网络零售平台**。包括 B2C 电子商务和 C2C 电子商务两种类型的网站,如淘宝网、天猫、拍拍网等。

◆ **综合性的网络批发平台**。主要是 B2B 电子商务网站,如阿里巴巴网站、敦煌网等。

◆ **综合性的团购网站**。如拉手网、团购网等,可以吸引大批山核桃爱好者团购(如图 2.4 所示)。

图 2.4　拉手网的山核桃团购信息

◆ **专业性的农产品网上市场**。如中国农产品交易网(如图 2.5 所示)、中国农产品销售网等,这些网站是农产品交易的集散地。

◆ **专业性的农产品交易系统**。如浙江农民信箱(如图 2.6 所示),利用互联网技术和通信技术,通过全省农民的实名制注册,让农民借助电脑和手机短信进行网上双向交流,快速、便捷地获得各类免费科技、市场信息和系统提供的服务,构筑农民网上社会。

问题 34. 网上卖山核桃去哪里最好?

目前,在网上卖山核桃有批发和零售两种方式。如果是山核桃数量不是非常大,适合网上零售,可以考虑在淘宝网或天猫上开店。如果山核桃数量很大,适合网上批发,

您搜索的关键字"山核桃",本次搜索共找到 [22] 条结果:

临安手剥山核桃/小核
￥24.15元

恒信食尚乐园散装25
￥19.5元

山核桃
￥42元

山核桃
￥9.7元

图 2.5   中国农产品交易网的山核桃交易信息

图 2.6   浙江农民信箱首页

可以考虑在阿里巴巴上发布供应信息。

淘宝网成立于 2003 年 5 月 10 日,由阿里巴巴集团投资创办。目前,淘宝网是亚洲第一大网络零售商,其目标是致力于创造全球首选网络零售商。截至 2011 年底,淘宝拥有注册会员超过 2 亿,注册用户还在不断增长!据统计,淘宝网 2009 年的交易额为

2083 亿元人民币,2010 年则高达 4000 亿元人民币。2011 年,淘宝网分拆为淘宝网和天猫两个网站。因此,网上零售最好的平台是淘宝网和天猫(如图 2.7、2.8 所示)。

图 2.7　淘宝网标识　　　　　　　　　　图 2.8　天猫标识

阿里巴巴(如图 2.9 所示)在 1999 年成立于中国杭州市,协助世界各地数以百万计的买家和供应商从事网上生意。如果是做国内贸易卖山核桃,可选择诚信通会员。此外,阿里巴巴也在国际交易市

图 2.9　阿里巴巴标识

场上设有一个全球批发交易平台,为规模较小、需要小批量货物快速付运的买家提供服务。所有交易市场形成一个拥有来自 240 多个国家和地区、超过 6100 万名注册用户的网上社区。

问题 35. 村里有 5 吨山核桃,怎样在网上快速卖掉?

2012 年 6 月 10 日,一批新疆吐鲁番的哈密瓜在淘宝团购聚划算平台上开卖,短短三天时间,总共卖出 15000 多只,共计约 20 吨。在我们身边,已有不少网购族从网购服饰开始向产地或农民直接网购各类农产品(如图 2.10 所示)。

图 2.10　阿里巴巴发布山核桃供应信息

　　5 吨山核桃数量较大,如果要在网上快速卖掉,建议选择网络批发或团购的模式。

　　网络批发山核桃,可选择在阿里巴巴上发布供应信息,下图是在阿里巴巴上发布的山核桃批发信息。

　　以网络团购形式卖山核桃,可选择国内著名的团购网站,如聚划算(http://www.juhuasuan.com)、美团网(http://www.meituan.com)、拉手网(http://www.lashou.com)等,图 2.11 是在美团网上发布的山核桃团购信息。

图 2.11　美团网发布山核桃团购信息

问题 36. 250 克山核桃在淘宝网一般卖多少钱?

　　正所谓"知己知彼,百战不殆",要摸清竞争对手的基本情况,其中统计竞争对手的价格就是最重要的一个方面。

　　(1)首先登录淘宝网,在 IE 地址栏输入 www.taobao.com,在淘宝搜索框选择"宝贝",并输入"山核桃"关键字,点击搜索(如图 2.12 所示)。

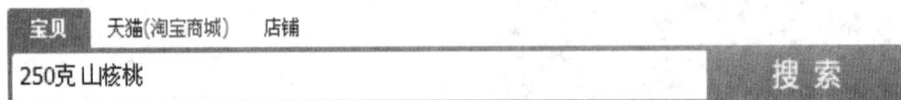

图 2.12　淘宝网搜索山核桃商品

　　(2)在弹出页面的搜索框下方点击"销量",这样就会按照销量从高到低显示搜索结果(如图 2.13 所示)。

　　(2)从图 2.14 可以看出,销量最好的 250 克山核桃的价格范围是 16～20.25 元。

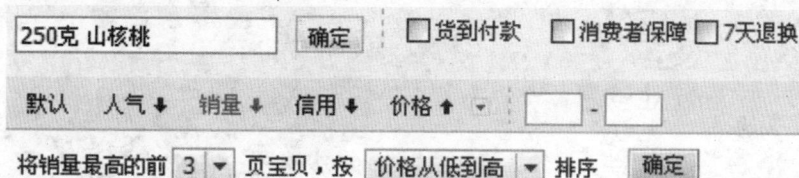

图 2.13　按销量排序搜索结果

图 2.14　250 克山核桃的价格

问题 37. 怎样知道农产品的市场价格行情？

可以查询农产品市场行情的网站有很多，您可以在百度里搜索"农产品市场行情"关键字，会搜到很多查询市场行情的网站，如中国农业信息网、阿里巴巴农业资讯频道、食品商务网、新农网等。

(1)登录全国农产品批发市场价格信息网(http://pfscnew.agri.gov.cn)，点击"价格行情"模块(如图 2.15 所示)。

图 2.15　全国农产品批发市场价格信息网

（2）在价格行情页面，依次选择"省份"、"市场"、"品种大类"、"品种名称"，即可知道某种农产品的即时市场行情。图 2.16 是猕猴桃的市场价格行情。

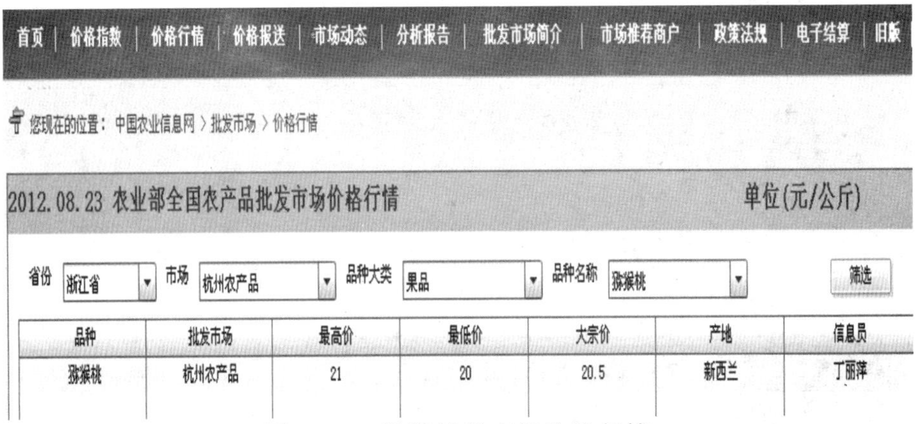

图 2.16　猕猴桃的市场价格行情

问题 38．哪里能查到山核桃的供求信息？

可以上中国农业信息网查看山核桃的供求信息。

（1）打开 IE 浏览器，在地址栏中输入 http://www.agri.gov.cn/index2.htm，打开中国农业信息网首页。点击在网页中部的"供求一站通"栏目中（如图 2.17 所示）。

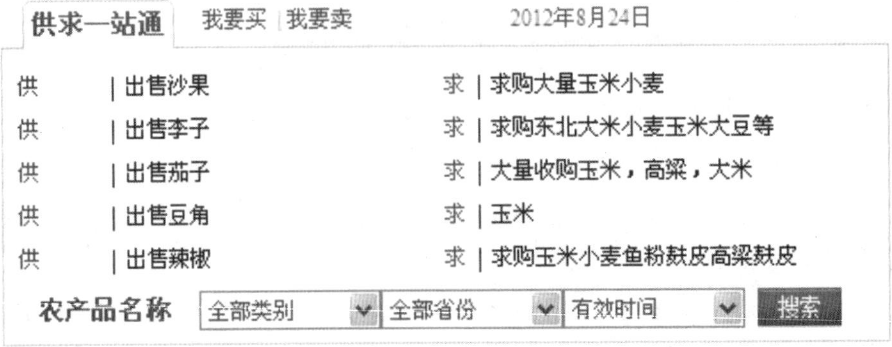

图 2.17　供求一站通页面

(2)在打开如图 2.18 所示的“一站通商机服务”页面中，可以查看国内各类农产品的供求信息，注册会员还能够发布供求信息、网上开店，发布预供求、参与论坛讨论、开设博客等。在“关键词”栏中输入“山核桃”，进行搜索。

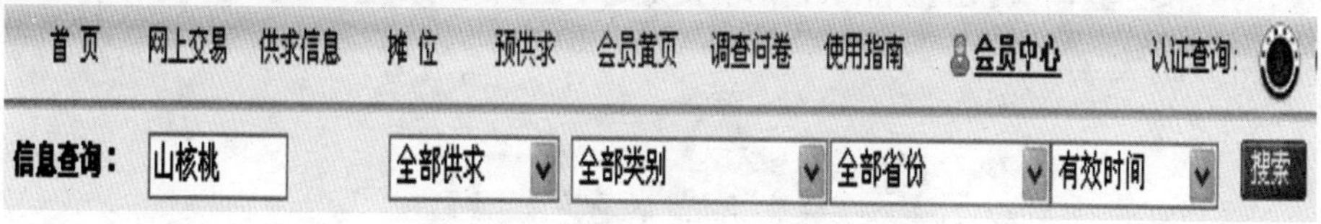
首页
网上交易
供求信息
摊位
预供求
会员黄页
调查问卷
使用指南
会员中心
认证查询:
信息查询:
山核桃
全部供求
全部类别
全部省份
有效时间
搜索

图 2.18　一站通商机服务

(3)搜索结果即为截至当日有效的国内山核桃的供求信息(如图 2.19 所示)。

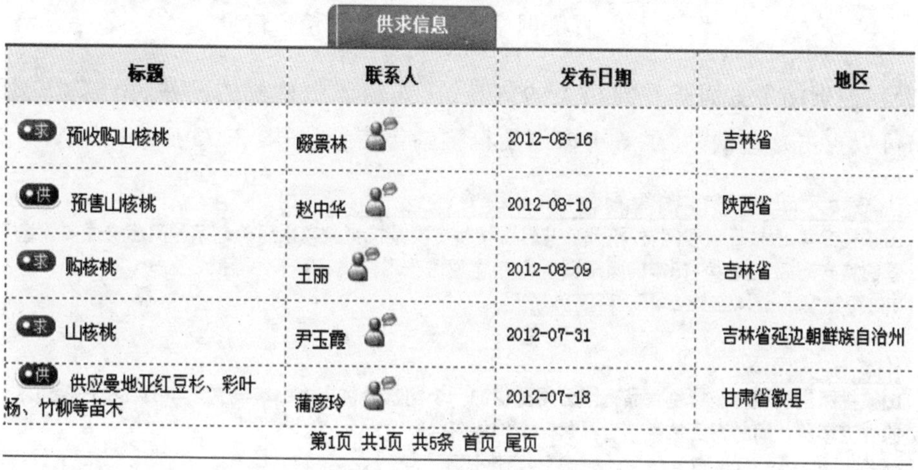
供求信息

标题	联系人	发布日期	地区
求 预收购山核桃	啜景林	2012-08-16	吉林省
供 预售山核桃	赵中华	2012-08-10	陕西省
求 购核桃	王丽	2012-08-09	吉林省
求 山核桃	尹玉霞	2012-07-31	吉林省延边朝鲜族自治州
供 供应曼地亚红豆杉、彩叶杨、竹柳等苗木	蒲彦玲	2012-07-18	甘肃省徽县

第1页 共1页 共5条 首页 尾页

图 2.19　山核桃供求信息

(4)点击标题，查看供求详情，联系询价、采购(如图 2.20 所示)。

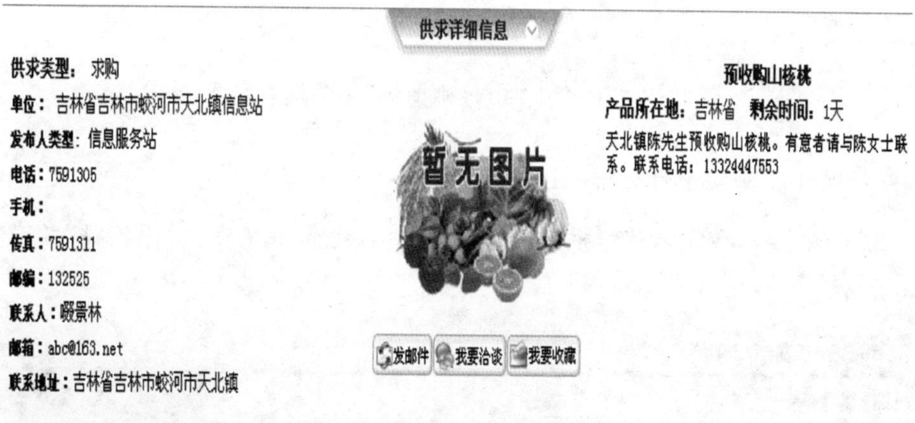
供求详细信息
供求类型：求购
单位：吉林省吉林市蛟河市天北镇信息站
发布人类型：信息服务站
电话：7591305
手机：
传真：7591311
邮编：132525
联系人：啜景林
邮箱：abc@163.net
联系地址：吉林省吉林市蛟河市天北镇
暂无图片
发邮件
我要洽谈
我要收藏
预收购山核桃
产品所在地：吉林省　剩余时间：1天
天北镇陈先生预收购山核桃。有意者请与陈女士联系。联系电话：13324447553

图 2.20　供求详情

问题39. 如何在网上搜索山核桃销售信息？

以全球最有影响力的中文搜索引擎百度网为例，搜索山核桃销售信息。

（1）在搜索栏里输入"山核桃销售"等关键字（如图2.21所示）。

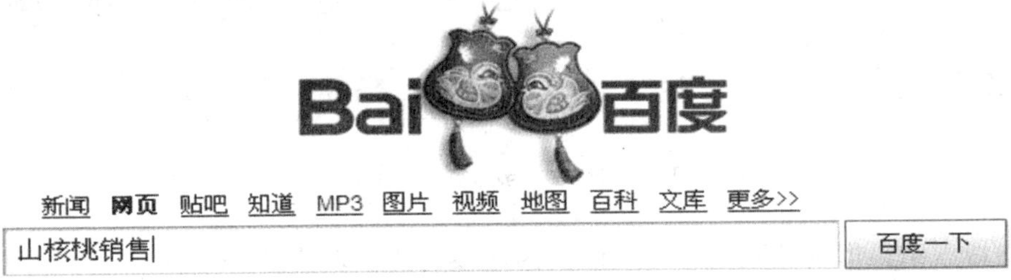

图2.21   百度网站上搜索山核桃销售信息

（2）在搜索结果页面查看到相关的信息，比如销售山核桃的网站、山核桃交易平台等。您可以点击这些网站，了解更多的山核桃销售信息（如图2.22所示）。

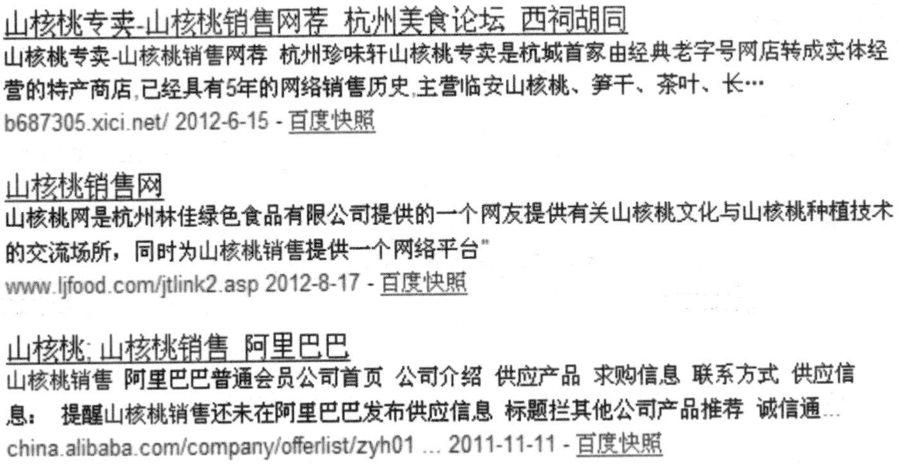

山核桃专卖-山核桃销售网荐 杭州美食论坛 西祠胡同
山核桃专卖-山核桃销售网荐 杭州珍味轩山核桃专卖是杭城首家由经典老字号网店转成实体经营的特产商店，已经具有5年的网络销售历史，主营临安山核桃、笋干、茶叶、长…
b687305.xici.net/ 2012-6-15 - 百度快照

山核桃销售网
山核桃网是杭州林佳绿色食品有限公司提供的一个网友提供有关山核桃文化与山核桃种植技术的交流场所，同时为山核桃销售提供一个网络平台"
www.ljfood.com/jtlink2.asp 2012-8-17 - 百度快照

山核桃: 山核桃销售 阿里巴巴
山核桃销售 阿里巴巴普通会员公司首页 公司介绍 供应产品 求购信息 联系方式 供应信息: 提醒山核桃销售还未在阿里巴巴发布供应信息 标题栏其他公司产品推荐 诚信通…
china.alibaba.com/company/offerlist/zyh01 … 2011-11-11 - 百度快照

图2.22   百度上"山核桃销售"相关搜索结果

问题40. 淘宝上什么样的山核桃最好卖？

（1）登录淘宝网，在淘宝搜索框选择"宝贝"，并在搜索框里输入"山核桃"关键字（如图2.23所示）。

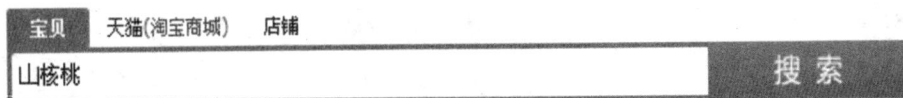

图2.23   淘宝搜索框里搜索山核桃宝贝

（2）在弹出的页面中点击"销量"，按销量排序（如图 2.24 所示）。

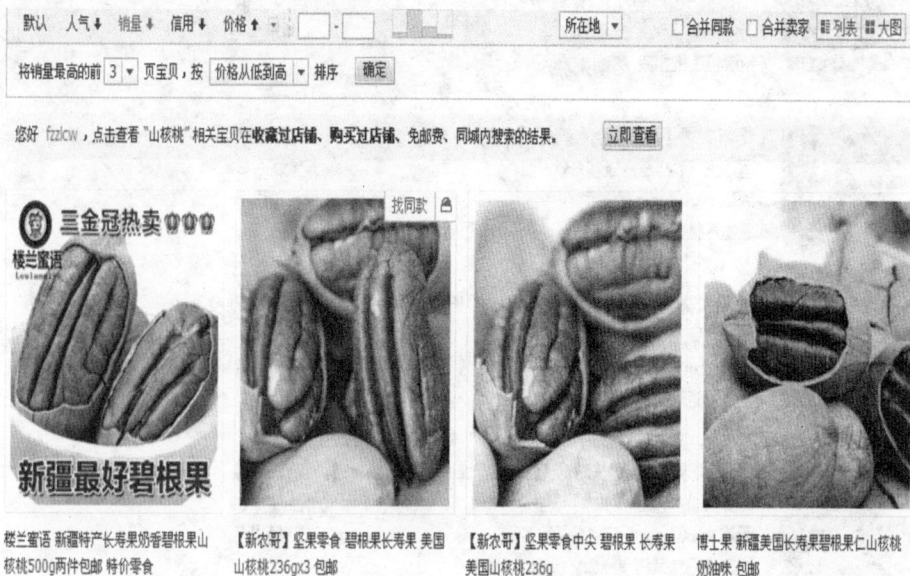

图 2.24　按销量排序

（3）从图 2.24 中可以看出，新疆长寿果、美国山核桃是最受欢迎的品种。

问题 41. 山核桃卖得最好的网店大多是哪些城市的？

（1）登录淘宝网，在淘宝搜索框选择"宝贝"，并在搜索框里输入"山核桃"关键字。

（2）在弹出的页面中点击"销量"，按销量排序（如图 2.25 所示）。

图 2.25　以列表及销量显示搜索结果

（3）从图 2.26 中可以看出，销量最高的城市是新疆乌鲁木齐、浙江临安、浙江金华、浙江杭州。

问题 42. 怎样查看淘宝上山核桃的产品数量？

（1）如果要查询淘宝上山核桃的商品数量，您可以在淘宝搜索框选择"宝贝"，并在搜索框里输入"山核桃"关键字。

（2）图 2.27 是在搜索结果页面的上方查看到山核桃的宝贝数量。

楼兰蜜语 新疆特产长寿果奶香碧根果 山核桃500g两件包邮 特价零食 50.00元/500g 新疆特色折扣店 〔••〕和我联系	¥38.00 运费：6.00 折扣▾	新疆 乌鲁木齐
【新农哥】坚果零食 碧根果长寿果 美 国山核桃236g×3 包邮 天猫 TmALL.com 56.43元/500g 新农哥旗舰店 〔••〕和我联系	¥74.91 运费：0.00 💳信用卡	浙江 临安
【新农哥】坚果零食中尖 碧根果 长寿 果 美国山核桃236g 天猫 TmALL.com 62.50元/500g 新农哥旗舰店 〔••〕和我联系	¥21.97 运费：5.00 💳信用卡	浙江 临安
博士果 新疆美国长寿果碧根果仁山核 桃奶油味 包邮 天猫 TmALL.com 42.37元/500g 零度食品专营店 〔••〕和我联系	¥15.80 运费：0.00 💳信用卡	浙江 金华
【新农哥】坚果零食 碧根果长寿果 美 国山核桃108g×4 包邮 天猫 TmALL.com 97.22元/500g 新农哥旗舰店 〔••〕和我联系	¥43.43 运费：0.00 💳信用卡 折扣▾	浙江 杭州

图 2.26　山核桃销量最好的网店

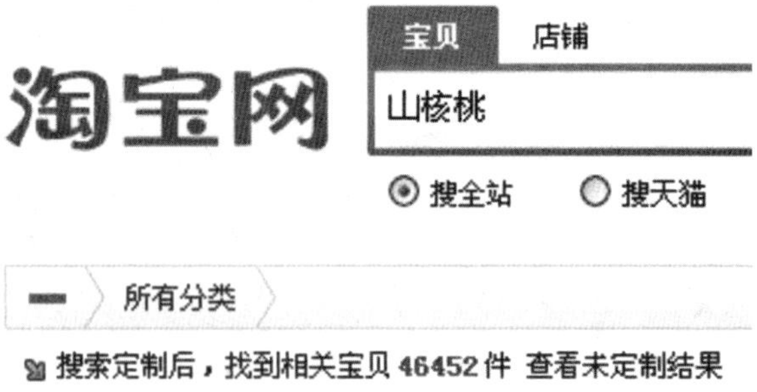

淘宝网
宝贝　店铺
山核桃
◉ 搜全站　◯ 搜天猫

━ ▷ 所有分类

🔍 搜索定制后，找到相关宝贝 46452件 查看未定制结果

图 2.27　淘宝网在售山核桃的宝贝数量

问题 43. 淘宝上卖山核桃销量最好的是哪几家网店？

（1）您可以在淘宝搜索框选择"宝贝"，并在搜索框里输入"山核桃"关键字，在搜索结果页面可以看到宝贝销售情况，这种结果是默认排序的（如图 2.28 所示）。

（2）如果要查看销量最好的是哪几家网店，则在搜索框下方点击"销量"，这样就会按照销量从高到低显示搜索结果（如图 2.29 所示）。

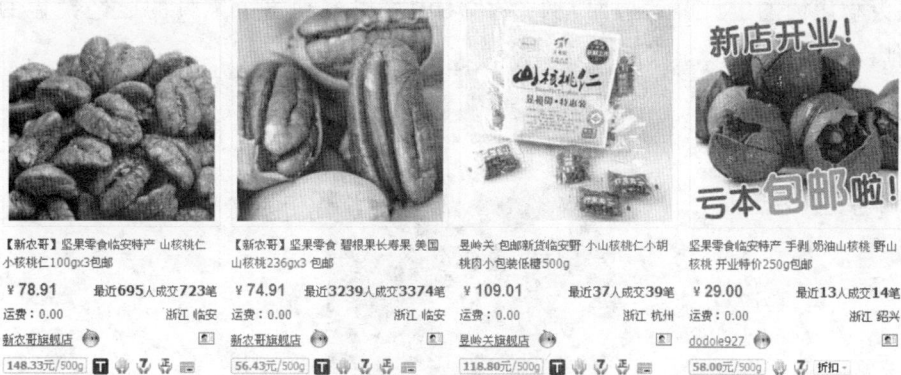

图 2.28 山核桃销售情况默认排序

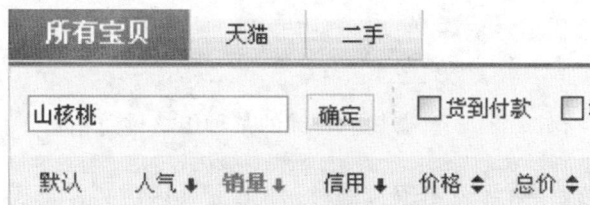

图 2.29 按销量排序

(3)从图 2.30 可以看出,销量最好的前 4 家店铺分别是"三只松鼠旗舰店"、"新疆特色折扣店"、"新农哥旗舰店"、"零度食品专营店"。

图 2.30 销量最好的前 4 家店铺

问题 44. 如何查到其他网店山核桃的月销量和总销量?

总销量只有天猫店铺有显示,淘宝个人店铺只显示月销量。

在天猫店铺的宝贝展示页面,从图2.31中可以看到每个宝贝的已经销售的数量,这个网店山核桃共计卖出了14884件。

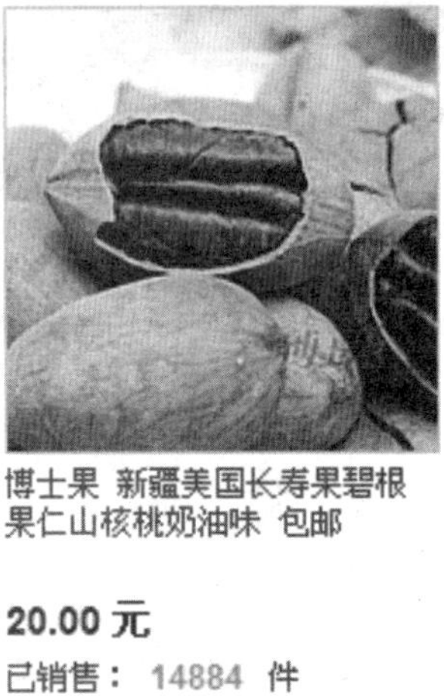

博士果 新疆美国长寿果碧根
果仁山核桃奶油味 包邮

20.00元

已销售: 14884 件

图2.31　天猫某一店铺的某种山核桃总销量

如果要查看月销量,只需点击宝贝图标,弹出宝贝详情页。如图2.32所示,其中在最近一个月,该店山核桃最近一个月卖出了4245件。

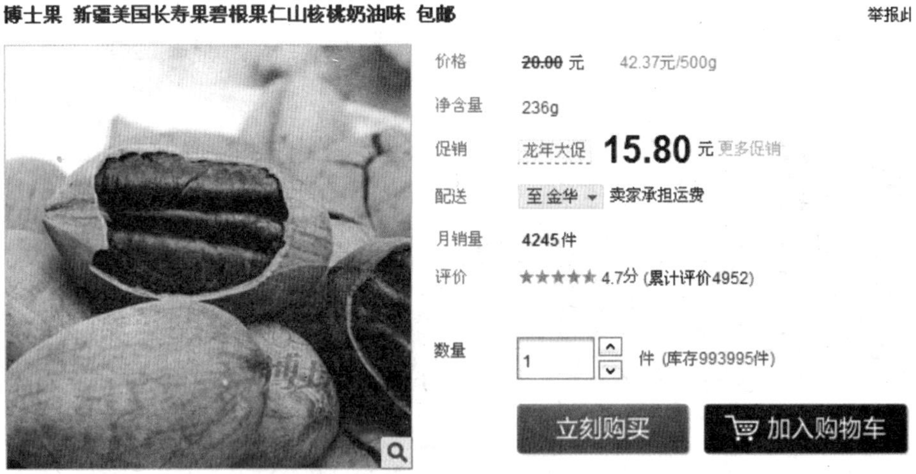

博士果 新疆美国长寿果碧根果仁山核桃奶油味 包邮　　　　　　举报此

价格	20.00元	42.37元/500g
净含量	236g	
促销	龙年大促 **15.80元** 更多促销	
配送	至 金华 ▼ 卖家承担运费	
月销量	4245件	
评价	★★★★★ 4.7分(累计评价4952)	
数量	1 ▲▼ 件(库存993995件)	

立刻购买　　🛒加入购物车

图2.32　该店铺某种山核桃的月销量

🖥 **问题45. 怎样快速查看销量最好的山核桃网店运作情况?**

您可以登录淘搜网(http://www.tao-so.com/)查看。它是基于淘宝的淘宝数据分析工具,数据准确、实时(即时采集分析),为买家或卖家提供实用的数据。淘搜网可以让您知道,您同行业的店铺一个月的销售量和销售金额,竞争对手销售如何,哪些商品热销,近来进了什么货;您可以统计任一间淘宝商城店铺的销售情况,您可以知道这个行业中哪个店铺销售得最好，销售量增长最快，近期哪间店铺在主导着这一行业。您也可以查询您的宝贝在淘宝商品列表中，排在第几页、第几位。

(1)首先，登录淘搜网(http://www.tao-so.com/)(如图 2.33 所示)。

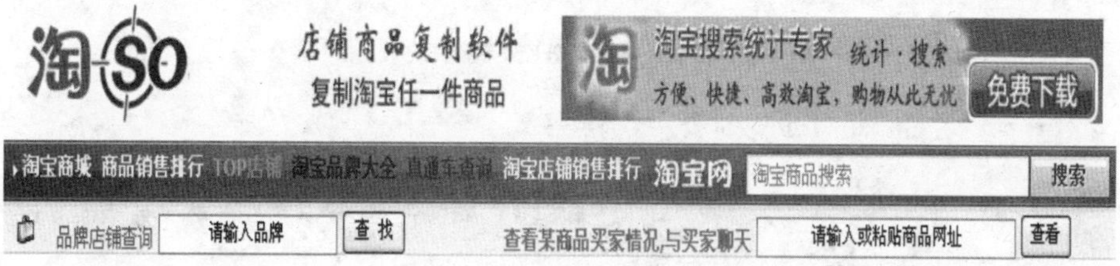

图 2.33 淘搜网首页

(2)在页面左侧的“淘宝商品分类列表”中选择“特产”，在弹出页面中的“山核桃/坚果/炒货排行列表”中点击“山核桃”(如图 2.34 所示)。

山核桃/坚果/炒货排行列表						
山核桃	长寿果/碧根果	无花果	核桃	开心果	夏威夷果	香榧
松子	鲍鱼果	瓜子	榛子	豆类制品	栗类制品	核桃仁
花生	薄皮/纸皮核桃	杏仁	巴旦木	腰果	白果/银杏果	临安山核桃

图 2.34 山核桃/坚果/炒货排行列表

(3)在弹出的页面中，就可以详细地查看到销量最好的山核桃网店的经营情况(如图 2.35 所示)。

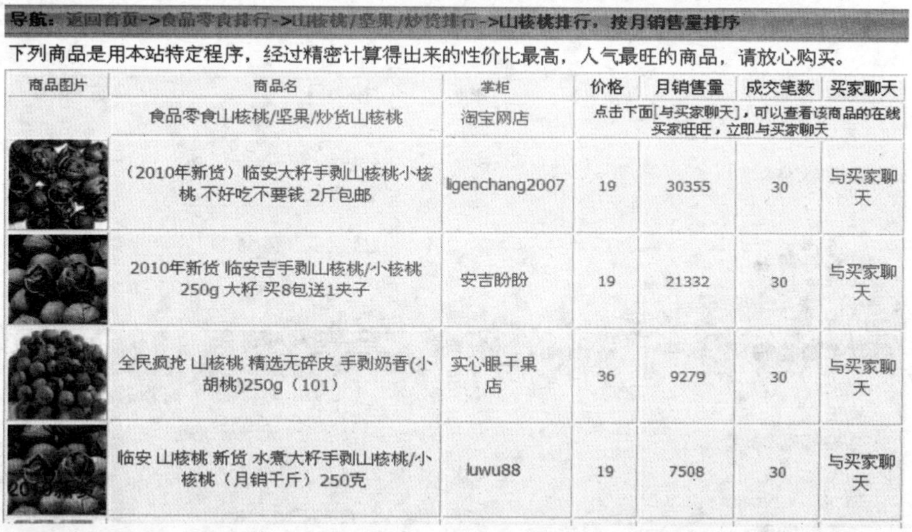

导航：返回首页->食品零食排行->山核桃/坚果/炒货排行->山核桃排行，按月销售量排序

下列商品是用本站特定程序，经过精密计算得出来的性价比最高，人气最旺的商品，请放心购买。

商品图片	商品名	掌柜	价格	月销售量	成交笔数	买家聊天
	食品零食山核桃/坚果/炒货山核桃	淘宝网店	点击下面[与买家聊天]，可以查看该商品的在线买家旺旺，立即与买家聊天			
	(2010年新货)临安大籽手剥山核桃小核桃 不好吃不要钱 2斤包邮	ligenchang2007	19	30355	30	与买家聊天
	2010年新货 临安吉手剥山核桃/小核桃 250g 大籽 买8包送1夹子	安吉盼盼	19	21332	30	与买家聊天
	全民疯抢 山核桃 精选无碎皮 手剥奶香(小胡桃)250g (101)	实心眼干果店	36	9279	30	与买家聊天
	临安 山核桃 新货 水煮大籽手剥山核桃/小核桃(月销千斤) 250克	luwu88	19	7508	30	与买家聊天

图 2.35 山核桃销量最高的网店运作情况

问题 46. 如何知道销量最高的山核桃网店是哪些人购买的呢？

(1)点击图 2.36 中销量最高的第一个网店的山核桃图片，直接跳转到该商品的宝贝详情页。

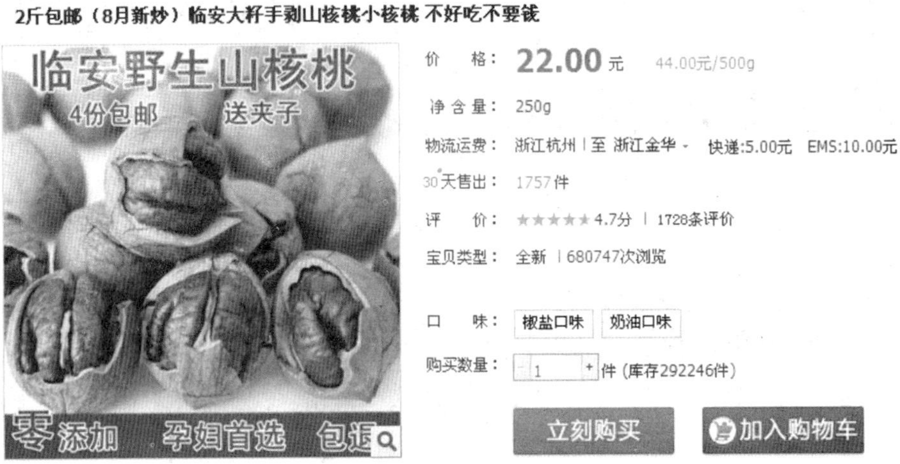

图 2.36 销量最高的山核桃宝贝页面

(2)点击图 2.37 中的“成交记录”，便可知道购买山核桃的客户是谁、什么时候买的、买了多少，客户信息一目了然。

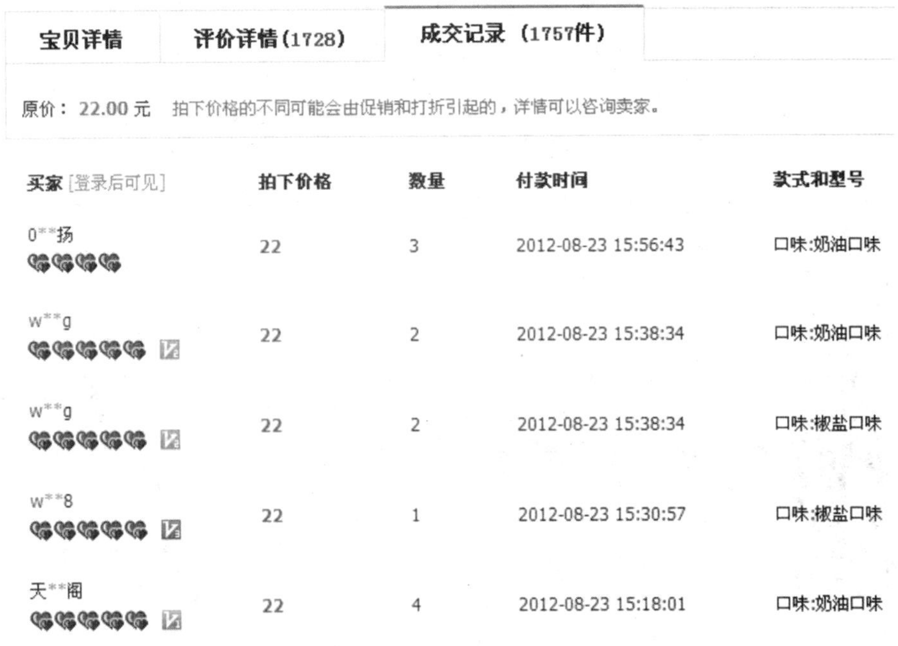

宝贝详情 | 评价详情(1728) | 成交记录 (1757件)

原价：22.00 元 拍下价格的不同可能会由促销和打折引起的，详情可以咨询卖家。

买家 [登录后可见]	拍下价格	数量	付款时间	款式和型号
0**扬	22	3	2012-08-23 15:56:43	口味:奶油口味
w**g	22	2	2012-08-23 15:38:34	口味:奶油口味
w**g	22	2	2012-08-23 15:38:34	口味:椒盐口味
w**8	22	1	2012-08-23 15:30:57	口味:椒盐口味
天**阁	22	4	2012-08-23 15:18:01	口味:奶油口味

图 2.37 购买山核桃的客户页面

第三章　好图说话——产品拍摄

案例导读

在调查农产品网络市场行情的过程中,王刚发现了一个规律,那就是生意兴隆的淘宝网店里面的图片非常清晰,逼真诱人,连自己也被这些图片迷住了,原来农产品图片可以拍得这么生动形象。然而,他发现自己陷入了窘境,不会用相机,能不能不拍图片呢? 网店的图片果真就这么重要吗? 家里有两部相机,自己该用哪部? 该怎么用呢?怎样将农产品拍得最诱人? 如何将图片从相机导入到电脑里? 如果拍得不是非常漂亮,如何使用简单方便的图片处理软件来美化图片?

既然别人可以做到,为什么自己就不行呢? 在短暂的犹豫过后,王刚最终下定决心,既然选择了网上开店,拍摄图片这一关是非过不可了。于是,他向专家请教拍摄产品方面的知识,期待自己也能拍出深受买家喜欢的农产品图片。

问题 47. 在淘宝上卖农产品,图片拍摄很重要吗?

网上店铺与传统店铺最大的区别就是没有实物,一切都在虚拟的世界里完成交易。网上买家对物品的第一印象就来自于网上店铺上的照片。因此,物品的图片对于网上销售来说至关重要。图片是网店的灵魂,是客户了解产品最直接的方式,千言万语,都比不上一张合适的图片来得好! 有冲击力的高品质产品图片能大大提升目标客户购买欲望,尽管产品自身品质没有改变。相反,质量差的图片无法激发用户购买欲望,还增加买家对网店的负面印象。图 3.1 展现的小番薯,让人看着是不是有想吃的欲望呢?

问题 48. 儿子有两部相机,一部是数码相机,另一部是单反相机,我该用哪部?

如果只是一般拍摄,建议您选择数码相机。单反相机是比较专业的相机,结构复杂,要求的拍摄技术也高,不是搞专业摄影的一般不用(如图 3.2 所示)。数码相机又称傻瓜相机,操作简单,只要会按快门就会拍照,照出来的效果能满足一般拍摄的要求。

相比单反相机而言,使用数码相机拍摄农产品,非常方便快捷。例如,目前大多数数码相机,在不做任何设定时都会默认为自动闪光模式,拍摄时会自动判断拍摄场景的

图 3.1　小番薯

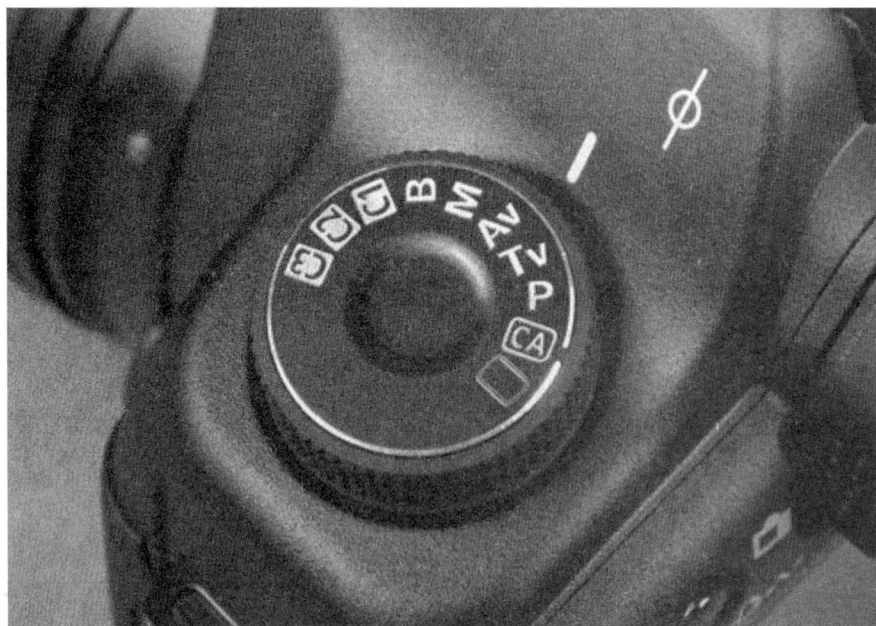

图 3.2　操作复杂的单反相机

光线是否充足。如果拍摄时环境昏暗,数码相机就会自动打开闪光灯进行闪光以弥补光线的不足,从而拍摄出光线均匀的图像。

问题 49. 如何将数码相机里的图片导入到电脑里？

有些数码相机，只要通过 USB 接口即可将相机存储卡中的数据导入电脑。电脑能够通过操作系统直接识别相机，而不需要安装相机的驱动程序。通过这样的方式导入数码相片是最为方便和快捷的。

（1）打开电脑，将数码相机与电脑通过 USB 连接线进行连接。

（2）确认连接好后，将数码相机打开。随后，在电脑中会自动检测到相应的设备。系统会自动弹出提示，告知你已经连接好数码相机了。

（3）在提示对话框中，你可以选择相应的程序打开数码相机中的文件。建议大家选择"取消"，这样你可以先将数码相机中的文件导入电脑后，再直接用电脑进行编辑。

（4）重新打开"我的电脑"，在其中多出了一个数码相机的符号。

（5）双击该图标，将其中的图片文件全部复制到电脑中即可。这样，利用电脑就可以对这些照片进行编辑了，相片导入工作也宣告结束。

问题 50. 什么样的山核桃图片最诱人？

同一个物品通过不同的角度拍摄，效果也是完全不相同的。对一件物品要采用多个角度进行拍摄，最后挑选最能表现物品特质的照片作为上传的物品照片（如图 3.3 所示）。如果有可能，把各个角度拍摄的照片全部上传，让买家从不同角度查看物品。

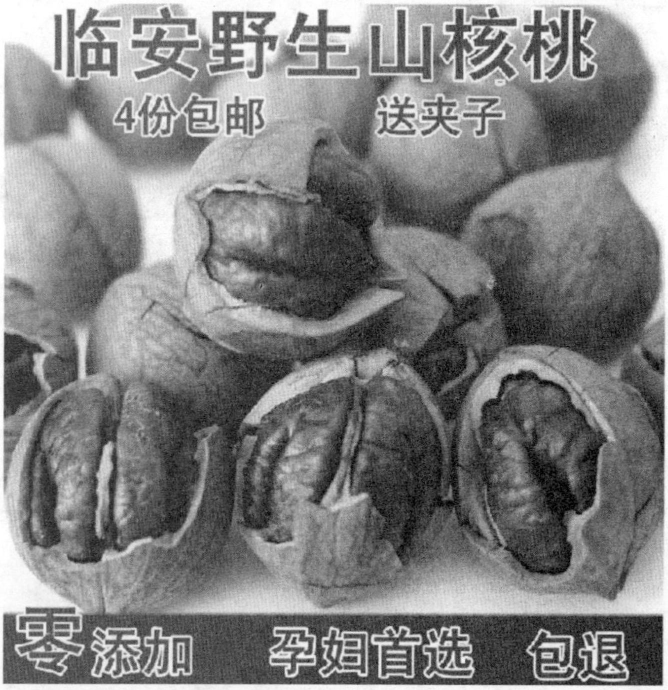

图 3.3　诱人的山核桃图片

对于山核桃而言,通常用"色、香、味"俱全来形容其好与坏,"色、香、味"是食品的特点,那么如何用图片来表现食品这个特点呢?熟透了的食品往往是偏向于黑色,颜色太深导致图片缺乏美感,调动不了买家的食欲。拍摄食品最好的时机是在半熟的时候,颜色偏向于黄色,让人一看就有吃的冲动。因此,拍摄熟的食品一般是在一做完就立马拍摄,保证食品最佳的状态,体现食品的"色、香、味"。

问题51. 淘宝网对图片有何限制?

淘宝网规定宝贝图片需上传至网络中,卖家可免费搬迁至淘宝图片空间(如图3.4所示),空间大小为30M。如果超过30M容量,则需要付费使用。同时,为了扶持中小卖家,淘宝网更是针对一钻以下卖家,免费使用图片空间,没有空间大小的限制。淘宝网还支持卖家将图片上传到常用的51相册和巴比豆相册(如图3.5、3.6所示)。

图3.4　淘宝图片空间

图3.5　51相册

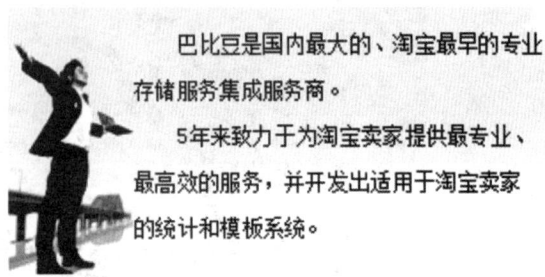

图3.6　巴比豆相册

![屏幕图标] **问题52. 我想让拍出来的图片更漂亮,用什么图片处理软件最简单?**

常用的图片处理软件有 Photoshop、美图秀秀等,两者各有优缺点。

(1)Photoshop(如图3.7所示)。目前,图片处理软件当然还是 Photoshop 最好,它是目前世界上功能最强大的专业作图软件,效果最好,但比较复杂,要是不专门学一下的话是不会用的。因此,Photoshop 比较难上手,不适合新手。

图 3.7　利用 Photoshop 处理图片

(2)美图秀秀(如图3.8所示)。美图秀秀是新一代的图片处理软件,功能没有 Photoshop 强大,但可以1分钟搞定个性的图片,还有各种素材可供下载使用。美图秀秀比 Photoshop 简单很多,新手推荐使用。

![屏幕图标] **问题53. 有一张多味笋干的图片大小是6M,上传图片时提示图片太大,怎么办?**

淘宝规定,宝贝描述里的图片大小不能超过120K,标准的宝贝图片大小是500×500像素的。这样图片正好就是一个正方形,不会出现图片过小,或者是四周留白的情况。

如果图片太大,就要利用美图秀秀来调整图片的尺寸,即将图片设置为宽500像素、高500像素。

图 3.8　利用美图秀秀处理图片

　　（1）下载美图秀秀。在 IE 浏览器地址栏里输入 http://xiuxiu.meitu.com/，在弹出的页面中点击下载美图秀秀软件（如图 3.9 所示）。

图 3.9　美图秀秀下载页面

(2)安装美图秀秀,并打开多味笋干图片(如图 3.10 所示)。

清晰度

一键美化

各种画笔

局部彩色笔

局部变色笔

局部马赛克

背景虚化

抠图笔

涂鸦笔

消除笔 New

图 3.10 打开图片

(3)点击右上角的"尺寸"。在弹出的尺寸设置面板里,将图片的宽度和高度都设置
为 500(如图 3.11 所示)。

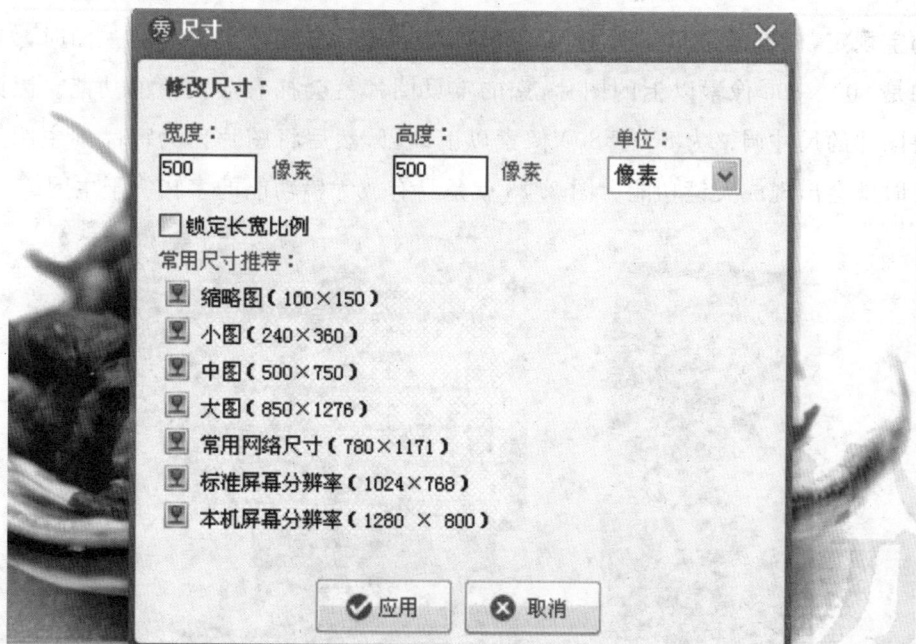

秀 尺寸

修改尺寸:

宽度: 高度: 单位:

500 像素   500 像素   像素

□锁定长宽比例

常用尺寸推荐:

缩略图(100×150)

小图(240×360)

中图(500×750)

大图(850×1276)

常用网络尺寸(780×1171)

标准屏幕分辨率(1024×768)

本机屏幕分辨率(1280 × 800)

✔应用   ✖取消

图 3.11 调整尺寸

(4)图 3.12 是处理后的图片,宽度为 500,高度为 500,大小为 80K。这个图片符合淘宝的要求,可以上传使用了。

图 3.12　处理后的图片

问题 54. 别的网店图片能放大观看,怎样让我的多味笋干图片具有放大镜功能?

淘宝规定,标准的宝贝图片大小是 500×500 像素。在上传商品的主图时,如果您上传的是 800×800 像素以上的图片,您的宝贝图片就会拥有放大镜的功能。因此,您只需将图片的尺寸调整为 800×800 像素以上即可,然后将图片作为商品的主图上传,在浏览时就会出现放大镜功能。图 3.13 就是具有放大镜功能的多味笋干主图。

图 3.13　主图的放大镜功能

问题 55. 我想在多味笋干的图片上加上"**5 折促销**",怎么做?

(1)用美图秀秀打开多味笋干图片(如图 3.14 所示)。

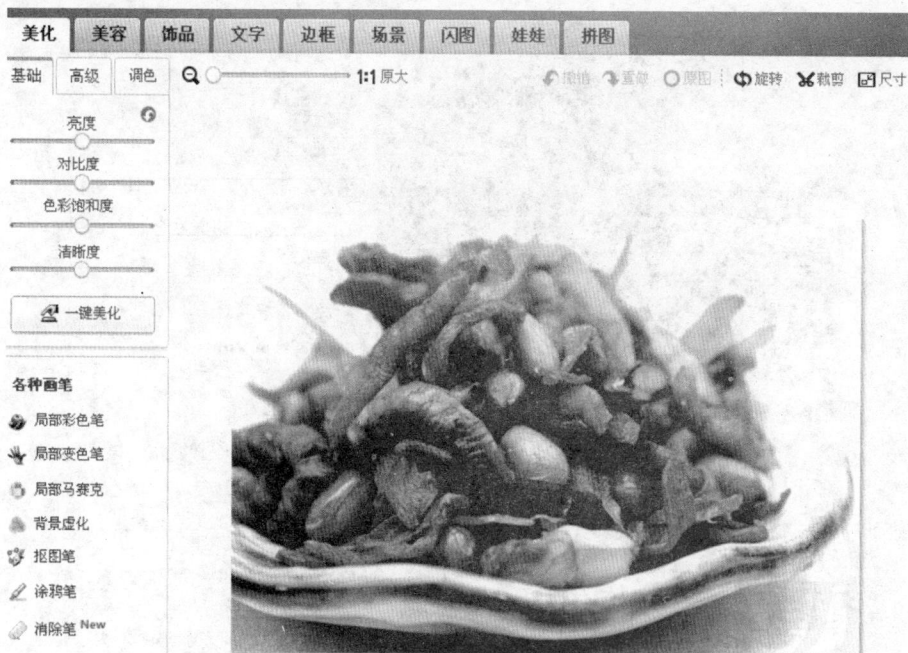

图 3.14 打开图片

(2)点击导航栏的"文字"菜单,在左侧的栏目里选择"输入静态文字"(如图 3.15 所示)。

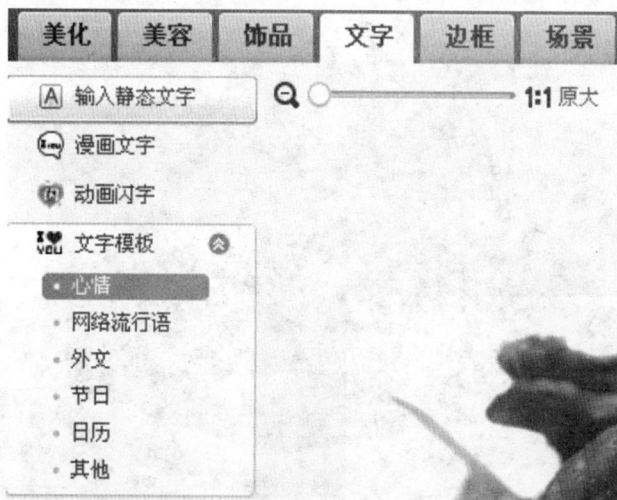

图 3.15 文字菜单栏

(3)在弹出的文字编辑框里输入"5折促销",并设置文字的大小、颜色等(如图3.16所示)。

图3.16   文字编辑框

(4)用鼠标左键选中图片中的"5折促销"边框,将其拖拽到其他地方,点击保存图片即可(如图3.17所示)。

图3.17   添加文字后的图片

问题 56. 网上有一张小番薯的图片很漂亮,怎样消除图片上的文字水印?

可以利用美图秀秀的美化功能消除文字水印。如果要消除图 3.17 里的"5 折促销"这个文字水印,以下步骤便可实现:

(1)打开图片后,在左侧栏目里选择"各种画笔"下方的"消除笔"(如图 3.18 所示)。

图 3.18 选择"消除笔"

(2)在弹出的"消除笔"界面左侧,选择画笔大小(如图 3.19 所示)。

(3)用画笔将"5 折促销"文字擦除,保存图片即可(如图 3.20 所示)。

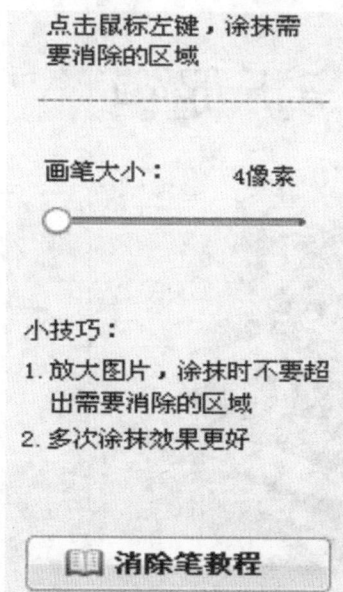

图 3.19 选择画笔大小

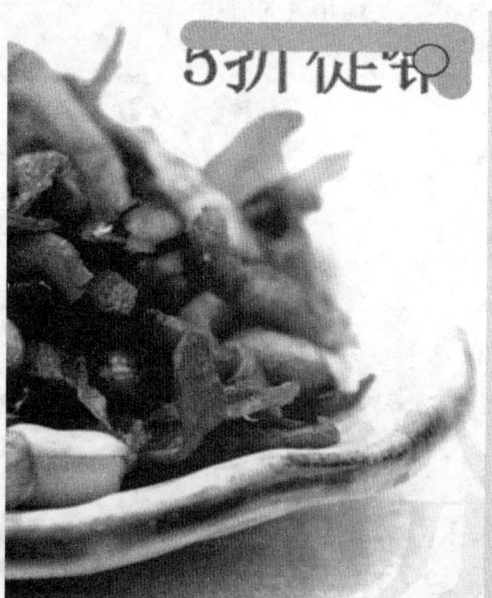

图 3.20 擦除文字

问题 57. 刚拍的小番薯图片很暗,看不清楚,怎么办?

图片很暗,需要增加亮度和对比度,可以利用美图秀秀的"亮度"功能。

(1)打开图片后,用鼠标左键在左侧菜单里的"亮度"条上向右拖拽到理想效果即可(如图 3.21 所示)。

图 3.21 "亮度"功能

(2)此外还可以在"对比度"、"色彩饱和度"、"清晰度"里进行设置,让图片更加清晰亮丽,图 3.22 是优化后的图片。

图 3.22 增加亮度后的图片

第四章 视觉呈现——网店装修

案例导读

王刚终于可以拍出好看诱人的农产品图片了,他异常兴奋地注册为淘宝网会员,终于有了属于自己的网店,着实暗自兴奋了一阵子。然而,他看到竞争对手的网店不仅店名独特新颖,而且网店页面风格释放出一种浓浓的土特产气息,如一张美人的脸,看过之后令人过目不忘,流连忘返。再看看自己的网店,总觉得少了点什么,看不出什么特色。网店的店名、店标、店招该怎样设计? 店铺采用何种风格最能突出自己的特色呢?他觉得有必要向专家请教网店装修的技巧了。

在专家的帮助下,他终于明白了店铺装修的重要性。正所谓"三分长相,七分打扮",店铺的页面就像是附着了店主灵魂的销售员,店铺的美化如同实体店的装修一样,让买家从视觉上和心理上感觉到店主对店铺的用心,并且能够最大限度地提升店铺的形象,有利于提高浏览量,增加顾客在店铺的停留时间。漂亮恰当的店铺装修,给顾客带来美感,顾客浏览网页时不易疲劳,自然顾客会细心查看您的网页。好的商品在诱人的装饰品的衬托下,会使人更加不愿意拒绝,有利于促进成交。

问题 58. 哪几种店铺风格最能吸引买家到我的网店里购买?

什么样的网店能够让大家一下就记住呢? 个人认为,网店的装修风格就是一个不错的吸引顾客驻足的地方。风格是装修店铺的一个基调,可以因店铺的需要而随时变化,红色使人觉得热情热烈;绿色使人觉得清爽;橘色使人觉得温暖;蓝色使人觉得宽广舒服;黄色使人觉得明亮有朝气;黑色使人觉得厚重有质感;紫色使人觉得优雅;灰色使人觉得典雅大方。店铺风格可以根据卖家自己的喜好设置,也可以根据店铺的装修风格设置。

从图 4.1、4.2、4.3、4.4 可以看出,通过观察山核桃销量最高的四家网店的首页得知,农产品网店最常用的店铺风格是白色和红色。当然,店铺风格也可以根据自己的喜好设置。

图 4.1　山核桃销量最高网店的风格

图 4.2　山核桃销量第二网店的风格

图 4.3　山核桃销量第三网店的风格

图 4.4　山核桃销量第四网店的风格

问题 59. 我的网店是卖农产品的,设置什么样的店铺风格最合适？怎样设置风格？

通过对比山核桃销量最高的一些网店的首页,发现它们的店铺风格大多数是采用红色和白色的。如何设置呢？有以下步骤：

(1)登录淘宝网。

(2)在打开的淘宝首页中,单击"我的淘宝"链接(如图 4.5 所示)。

(3)在打开页面的左侧,单击"店铺装修"链接,进入"店铺装修"页面(如图 4.6 所示)。

(4)在"店铺装修页面",单击最上方的"模板",在新弹出的页面选择店铺风格,切换到"店铺装修"选择自己喜欢的店铺风格,单击"应用"(如图 4.7、4.8 所示)。

(5)单击页面右上角的"查看店铺"按钮,在打开的页面中即可以查看应用风格模板后的效果(如图 4.9 所示)。

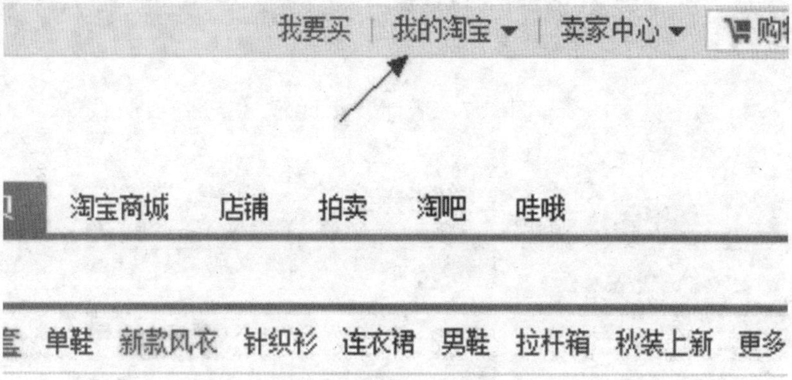

我要买 | 我的淘宝 ▼ | 卖家中心 ▼ | 🛒 购

淘宝商城 店铺 拍卖 淘吧 哇哦

单鞋 新款风衣 针织衫 连衣裙 男鞋 拉杆箱 秋装上新 更多

图 4.5 单击"我的淘宝"链接

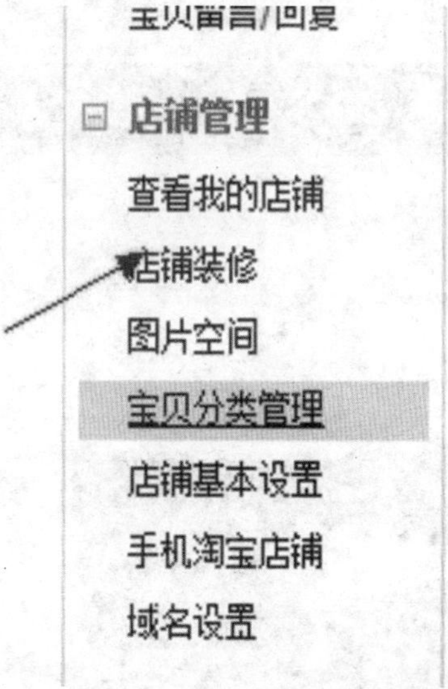

宝贝留言/回复

⊟ 店铺管理
查看我的店铺
店铺装修
图片空间
宝贝分类管理
店铺基本设置
手机淘宝店铺
域名设置

图 4.6 单击"店铺装修"链接

图 4.7　店铺装修页面

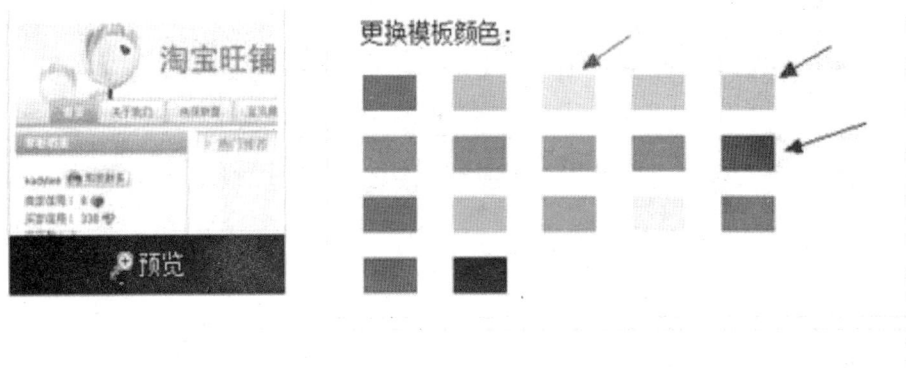

图 4.8　选择模板颜色

图 4.9　查看店铺风格

💻 **问题 60. 怎样给我的网店取一个好听的名字？**

对于很多想在网上创业开店的朋友来说,给网店起个好名字就显得尤为重要了。那么如何给网店取名呢？应当注意什么呢？

◆ **简洁通俗**。店名一定要简洁明了、通俗易懂且读起来要响亮畅达,朗朗上口,如果招牌用字生僻,读起来拗口,就不容易为浏览者熟记。

◆ **别具一格**。网店有千千万万,用与众不同的字眼,使自己的小店在名字上就体现出一种独立的品位和风格,吸引浏览者的注意。

◆ **与自己的经营商品相关**。店名用字要符合自己所经营的商品,要选择一个让人从名字就看出经营范围的店名,如果店名与商品无关,很可能导致浏览者的反感,自然不要谈成交了。

◆ **用字吉祥**。用一些符合中国人审美观的字样,你的店名应该让人看起来就有一种美感,不要剑走偏锋,为吸引人注意而使用一些阴晦低俗、惹人反感的名字,这样的结果会适得其反。

淘宝上卖山核桃销量最高的几个网店的名字分别是"三只松鼠旗舰店"、"新疆特色折扣店"、"新农哥旗舰店"、"零度食品专营店"、"百草味旗舰店"。

如何设置网店店名呢？首先登录淘宝网,在"我是卖家"页面,选择"店铺管理"里的"店铺基本设置",然后在新弹出的页面里输入店名即可(如图 4.10、4.11 所示)。

图 4.10　店铺基本设置　　　　　　图 4.11　设置店铺名称

💻 **问题 61. 我在装修网店时,淘宝提示图片超出限制,怎么办？**

淘宝网对淘宝旺铺的图片有所限制,详情请见表 4.1。

表 4.1　淘宝网规定的图片要求

图片使用区域	大小	格式
店招	宽 950 像素,高 120 像素,大小不要超过 80KB	jpg 或 gif,不支持 FLASH 格式

续表

图片使用区域	大小	格式
促销区	宽736像素,高500像素	jpg 或 gif,支持 HTML 代码,不支持 FLASH 格式
店铺公告	宽480像素,高不限制要求	没有限制
宝贝分类图片	宽150像素,高不限制要求	没有限制
宝贝描述里的图片	宽500像素,高500像素,大小不要超过120KB	jpg 或 gif

问题 62. 我不会图片处理,怎样做出漂亮的店招?

要做出漂亮的店招,的确需要一定的图片处理基本功。目前,有一批网站专门为淘宝卖家提供免费的装修素材,极大地方便了新手卖家进行店铺装修,其中以"刚哥哥网店装修联盟"网站较为知名。刚哥哥网店装修联盟(http://www.ganggg.com/)为淘宝卖家提供了各种功能的淘宝免费模板、装修素材、装修代码,还可以在线制作店招、店标等。

下面就在"刚哥哥网店装修联盟"网站上制作漂亮的店招。

(1)在 IE 浏览器地址栏里输入 http://www.ganggg.com,登录该网站(如图 4.12所示)。

图 4.12　刚哥哥网店装修联盟

(2)单击导航栏的"在线制作"菜单,在下拉菜单里选择"淘宝店招图片"(如图 4.13所示)。

(3)在弹出的页面里选择自己喜欢的店招素材图片,单击图片下方的"开始制作"(如图 4.14 所示)。

(4)在店招制作页面的标题 1 和标题 2 中输入自己的标题,并单击"确认提交"(如图 4.15 所示)。

(5)制作的淘宝店招效果图如下(如图 4.16 所示)。

图 4.13 在线制作下拉列表

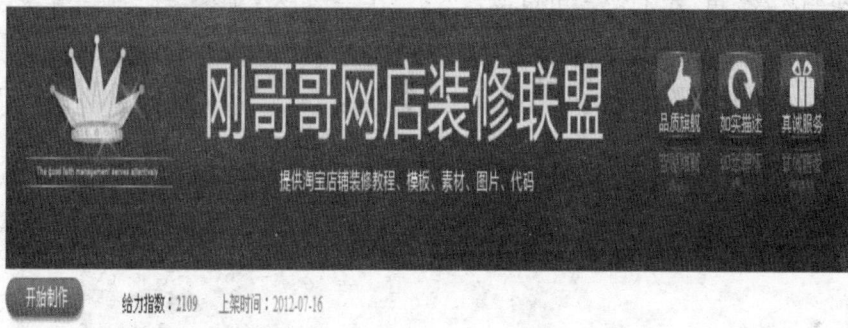

图 4.14 淘宝店招素材图片

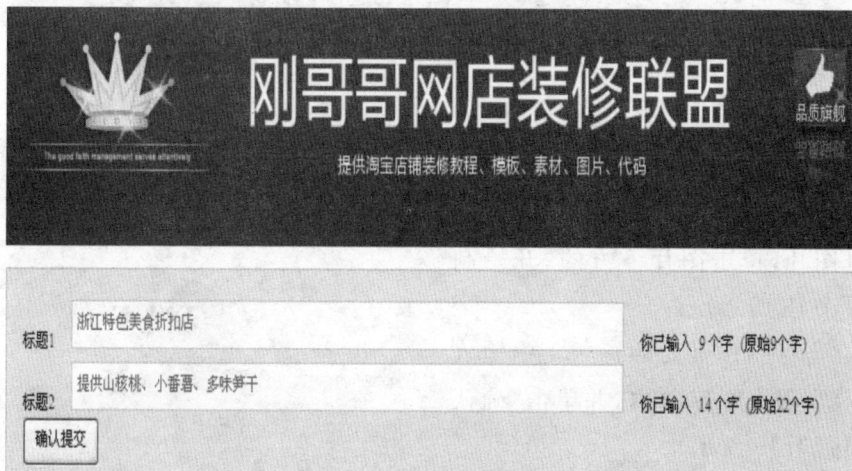

图 4.15 输入标题

这里是您生成的图片：

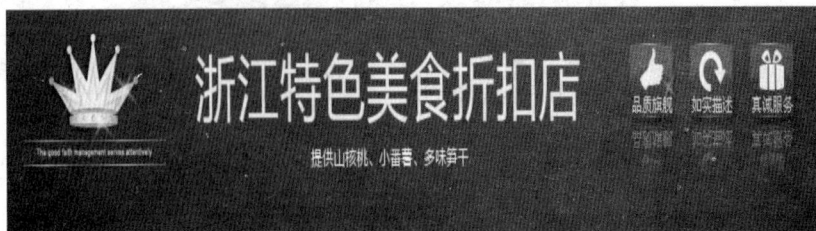

图 4.16   制作的淘宝店招效果图

问题 **63.** 我看到别的店铺里的店标很漂亮，怎样快速做出漂亮的店标？

下面就在"刚哥哥网店装修联盟"网站上制作漂亮的店标。

(1)在 IE 浏览器地址栏里输入 http://www.ganggg.com，登录该网站，单击导航栏的"在线制作"菜单，在下拉菜单里选择"淘宝店标图片"（如图 4.17 所示）。

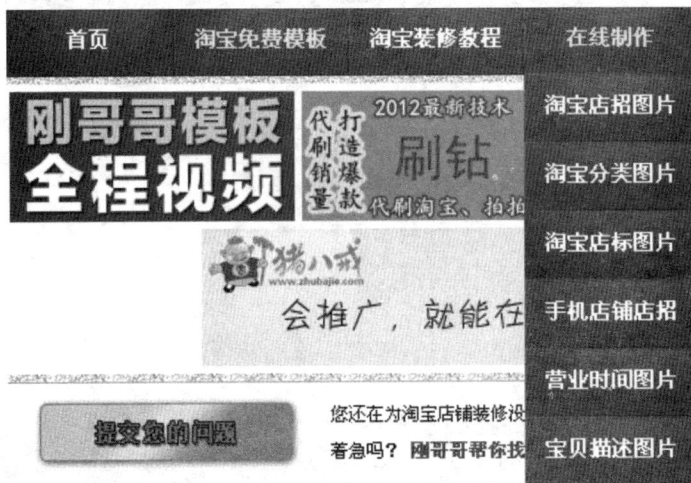

图 4.17   选择"淘宝店标图片"栏目

(2)在弹出的页面里选择自己喜欢的店标素材图片，单击图片下方的"开始制作"（如图 4.18 所示）。

(3)在店标制作页面的标题 1 中输入自己的标题，限 5 个字以内，并单击"确认提交"（如图 4.19 所示）。

(4)图 4.20 就是制作的店标效果图。

图 4.18   店标素材

Mind Contro咖啡色可爱心形淘宝店标在线制作。

这里是您生成的图片：

图 4.19　制作个性店标　　　　　图 4.20　制作的淘宝店标效果图

问题 64. 有些网店宝贝分类的图片很有特色,该怎样制作特色的分类图片?

淘宝网店左侧栏里有"宝贝分类",有的是全部用文字(如图 4.21 所示),有的是采用图片(如图 4.22 所示)。一般而言,采用图片的宝贝分类更有吸引力,易受买家青睐。

图 4.21　纯文字型宝贝分类

图 4.22　图片型宝贝分类

下面就在"刚哥哥网店装修联盟"网站上制作漂亮的宝贝分类图片。

(1)在 IE 浏览器地址栏里输入 http://www.ganggg.com,登录该网站,单击导航栏的"在线制作"菜单,在下拉菜单里选择"淘宝分类图片"栏目(如图 4.23 所示)。

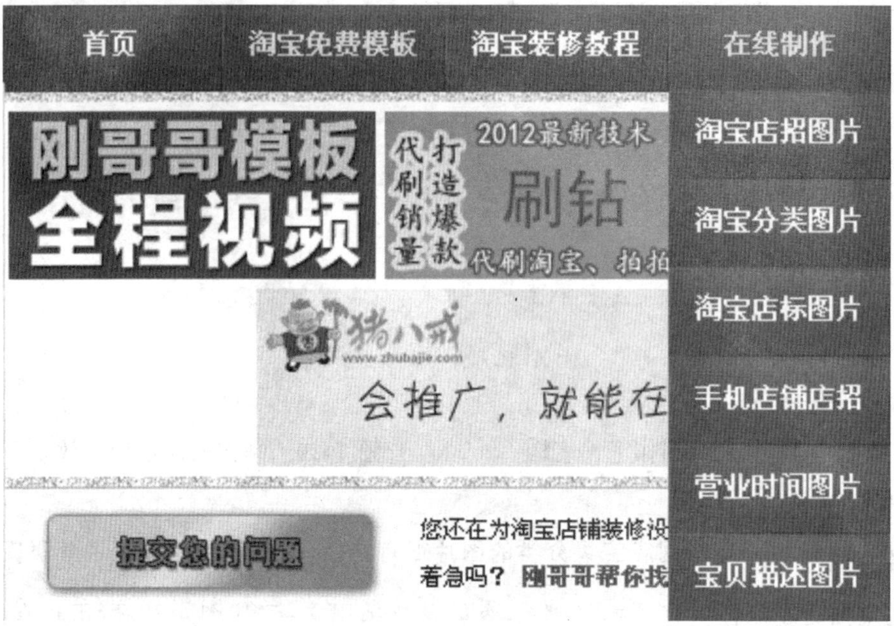

图 4.23   选择"淘宝分类图片"栏目

　　(2)在弹出的页面里选择自己喜欢的宝贝分类图片,单击图片下方的"开始制作"(如图 4.24 所示)。

　　(3)在分类图片制作页面的标题 1 中输入自己的标题,并单击"确认提交"(如图 4.25 所示)。

　　(4)图 4.26 就是制作的店标效果图。

绿色温馨家居生活免费淘宝分类素材…

开始制作   给力指数:1093

图 4.24   分类图片素材

绿色温馨家居生活免费淘宝分类素材图片在线制作

标题1   山核桃
确认提交

图 4.25   制作个性分类图片

这里是您生成的图片:

图 4.26   制作的宝贝分类图片效果图

问题 65. 山核桃、小番薯和笋干的图片怎样上传到淘宝的图片空间里?

淘宝图片空间是用来储存淘宝商品图片的网络空间。如果申请了淘宝旺铺,则会获得 30M 的图片空间,如果商品较少,可以合理地利用这 30M 空间来上传商品的相关图片,速度挺快,但如果商品较多,可以选择一部分重要的商品上传相关图片,请勿将所有的商品都上传相关图片,否则造成图片空间不足、无法继续上传的现象,切记。

(1)登录淘宝网的"我是卖家"后台,单击"店铺管理"里的"图片空间"(如图 4.27 所示)。

图 4.27　图片空间菜单

(2)在新弹出的"图片空间"页面,单击"图片上传"(如图 4.28 所示)。

图 4.28　图片空间的导航栏

(3)在新弹出的"淘宝图片空间控件"警告框里,单击"安装",即可使用图片控件的各项功能(如图 4.29 所示)。

图 4.29　淘宝图片空间控件

(4)在"图片上传"页面,单击"通用上传"后,再单击"添加图片"(如图 4.30 所示)。

| 通用上传 | 高速上传(IE) | 普通上传 | 设置水印 |

💡总共使用 1.18% 的图片空间(上限为 1.00G)

上传到: 默认分类   创建分类

添加图片 清空列表

图 4.30　通用上传图片

(5)在"图片上传"对话框里,选择要上传的图片,单击"打开",然后单击"立即上传"(如图 4.31 所示)。

选择要上载的文件, 通过: img02.taobaocdn.com

查找范围(I): 新货 纸皮大核桃生核桃 准妈妈首选 孕妈

主图1.jpg
制皮核桃仁1.jpg
制皮核桃仁3.jpg
制皮核桃仁4.jpg
制皮核桃仁5.jpg
制皮核桃仁2.jpg

我最近的文档
桌面
我的电脑
网上邻居

文件名(N):　主图1.jpg
文件类型(T):　所有可支持图片

打开(O)
取消

图 4.31　选择要上传的图片

(6)图片上传成功,图 4.32 就是刚上传的宝贝图片。

🖥 问题 66. 图片空间里有很多农产品图片,怎样快速找到我需要的图片?

如果图片空间里有很多图片,要找到自己想要的图片会比较繁琐,这会影响到工作效率。有两种改进方法:

◆ 搜索图片。在图片空间页面的搜索栏里输入图片的名称,即可找到所想要的图片(如图 4.33 所示)。

山核桃
复制: 代码 | 链接 | 图片
□ 替换 删除 编辑 详情

图 4.32　上传成功

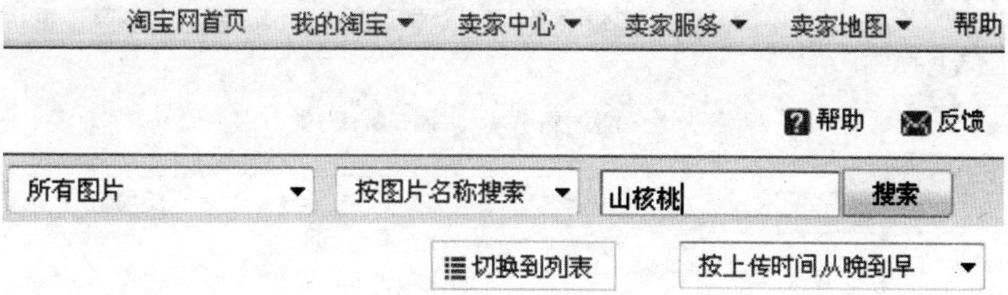

图 4.33 图片搜索

◆ **建立图片分类**。按照商品分类，就可以方便宝贝图片的管理了。在"图片空间"页面，单击"空间管理"里的"分类管理"（如图 4.34 所示）。

图 4.34 分类管理

然后，单击"添加新分类"，根据商品类别建立新的图片分类，如"山核桃"、"小番薯"、"笋干"等（如图 4.35 所示）。

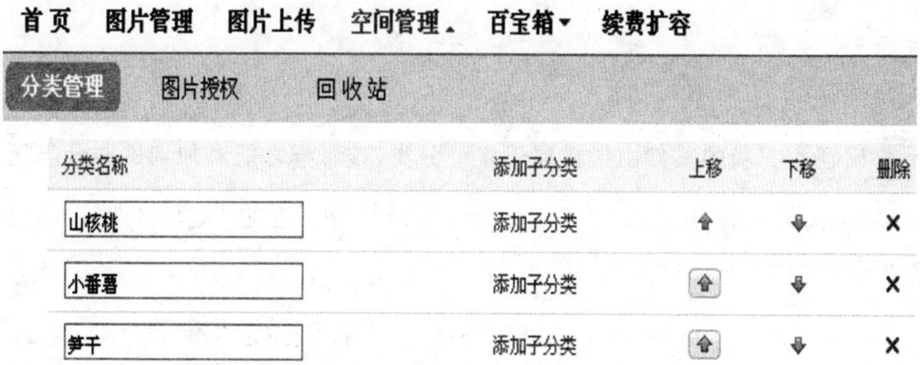

图 4.35 建立图片分类

问题 67. 网店里的农产品宝贝太多，怎样制作宝贝分类？

（1）登录淘宝网的"我是卖家"后台，单击"店铺管理"里的"宝贝分类管理"（如图 4.36 所示）。

（2）在新弹出的页面里，单击"添加新分类"（如图 4.37 所示）。

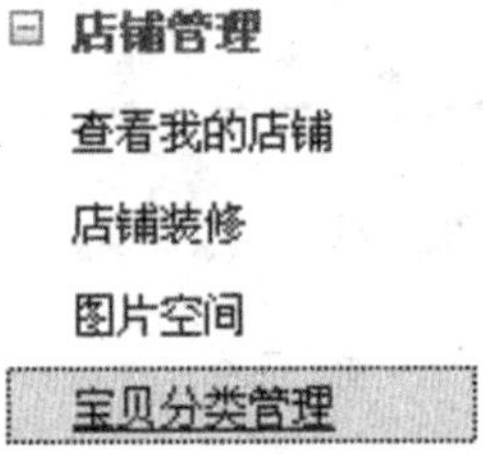

图 4.36　宝贝分类 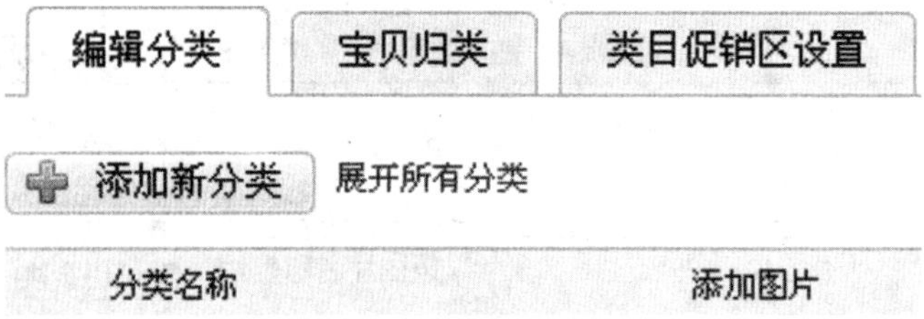　　　　　　　　　　图 4.37　添加新分类

　　(3)按照商品类目情况,添加新分类及子分类,切记只有单击页面底端的"保存"按钮,操作才能生效(如图 4.38 所示)。

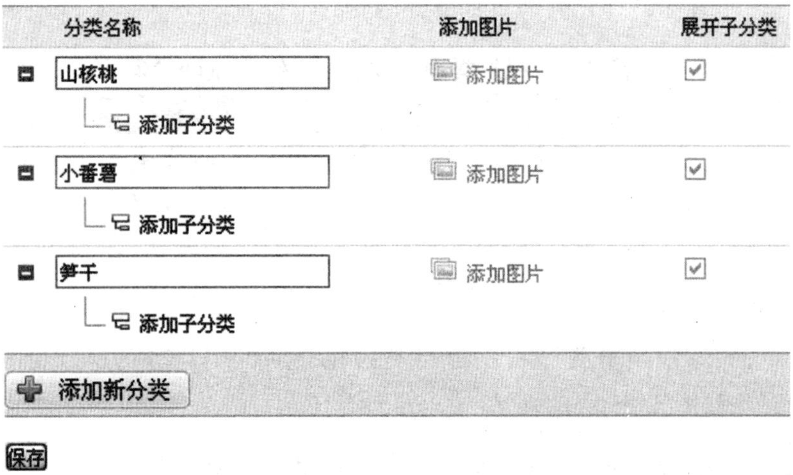

图 4.38　商品分类列表

　　💻 **问题 68. 我的某件山核桃属于多个分类,该怎样才能添加到这些分类里?**

　　(1)登录淘宝网的"我是卖家"后台,单击"店铺管理"里的"宝贝归类管理",然后在弹出的页面里单击"宝贝归类"(如图 4.39 所示)。

图 4.39　宝贝归类菜单

　　(2)例如,我要将"坚果特产山核桃临安椒盐野生山核桃 235g"这个宝贝放到"包邮"和"山核桃"两个类目里。在"宝贝归类"页面,在该宝贝右侧的"添加所属分类"下拉列表里依次选择"包邮"、"山核桃",即可实现(如图 4.40、4.41 所示)。

图 4.40　添加所属分类

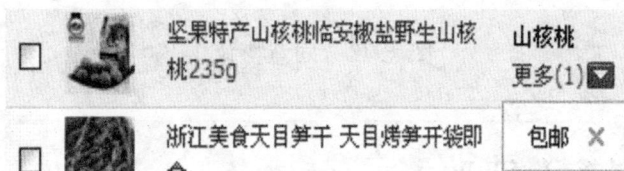

图 4.41　多个分类

![问题图标] 问题 69. 我的网店网址太长了,不好记,能不能自己设计店铺网址?

(1)登录淘宝网的"我是卖家"后台,单击"店铺管理"里的"域名设置"(如图 4.42 所示)。

(2)在二级域名设置页面,输入个性化的二级域名,然后单击"查询",如果二级域名没有被占用,就可以申请绑定(如图 4.43 所示)。

(3)单击"申请绑定",同意协议,并单击"绑定"(如图 4.44 所示)。

(4)域名绑定成功(如图 4.45 所示)。

图 4.42　域名设置菜单

图 4.43　输入二级域名

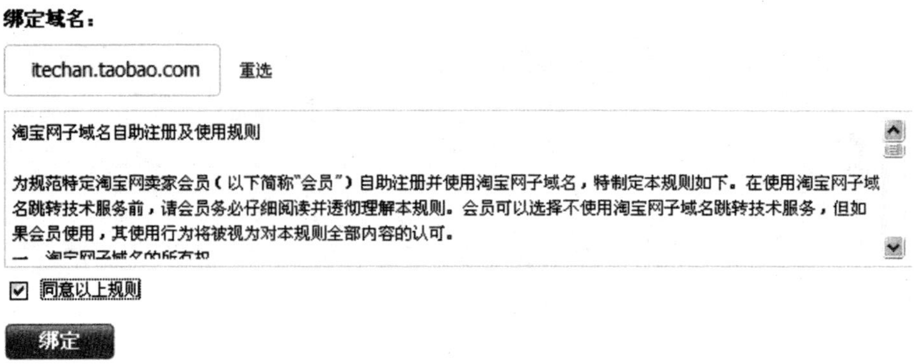

绑定域名:

itechan.taobao.com 重选

淘宝网子域名自助注册及使用规则

为规范特定淘宝网卖家会员（以下简称"会员"）自助注册并使用淘宝网子域名，特制定本规则如下。在使用淘宝网子域名跳转技术服务前，请会员务必仔细阅读并透彻理解本规则。会员可以选择不使用淘宝网子域名跳转技术服务，但如果会员使用，其使用行为将被视为对本规则全部内容的认可。

☑ 同意以上规则

绑定

图 4.44 同意协议

✔ 恭喜您,域名绑定成功

您的二级域名是: http://itechan.taobao.com [更改域名] 提示: 您还可以更改3次。
绑定时间: 2012.08.26

您的店铺初始域名为: http://shop36703916.taobao.com

图 4.45 域名绑定成功

问题 70. 怎样在我的店铺里将农产品促销信息实现文字滚动？

这个功能可以用简单的代码实现。

◆ **让文字滚动起来**：⟨marquee⟩文字⟨/marquee⟩

◆ **让文字左右来回流动**：⟨marquee behavior＝"alternate"⟩文字⟨/marquee⟩

◆ **让文字由下至上滚动**：⟨marquee direction＝"up"⟩文字⟨/marquee⟩

◆ **让文字由左向右流动**：⟨marquee direction＝"right"⟩文字⟨/marquee⟩

下面在店铺公告栏里实现"全场特价，欢迎选购！"滚动文字。

（1）登录淘宝网的"我是卖家"后台，单击"店铺管理"里的"店铺装修"（如图 4.46 所示）。

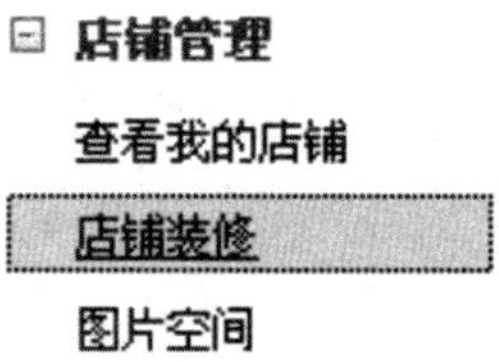

（2）在店铺装修页面，单击顶端的"自定义内容区"里的"编辑"按钮（如图 4.47 所示）。

□ **店铺管理**
查看我的店铺
店铺装修
图片空间

图 4.46 店铺装修

图 4.47　自定义内容区

（3）在新弹出的对话框里，单击第二行最右侧的""图标，即可使用 HTML 源码进行编辑（如图4.48所示）。

图 4.48　"使用 HTML 源码"图标

（4）要实现"全场特价，欢迎选购！"文字左右来回流动，只要在对话框里输入"〈marquee behavior＝"alternate"〉全场特价，欢迎选购！〈/marquee〉"即可（如图 4.49 所示）。

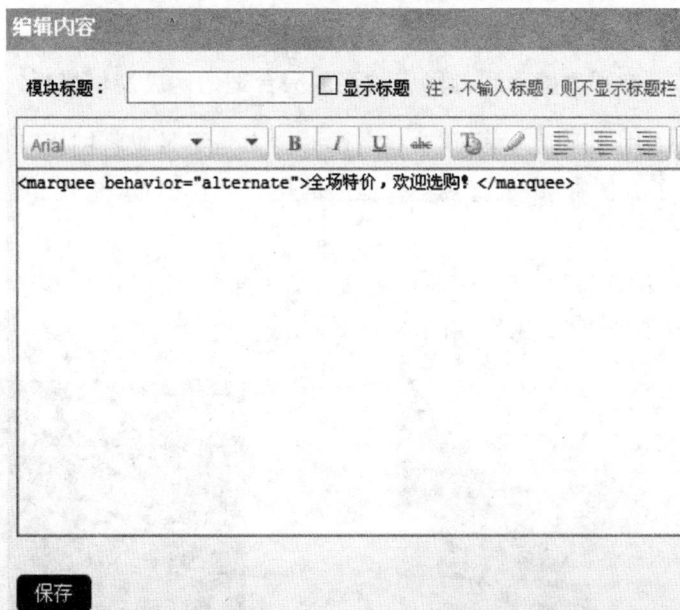

图 4.49　输入简单的代码

（5）单击图 4.49 中的"保存"，就可以查看到滚动文字效果（如图 4.50 所示）。

全场特价，欢迎选购！

图 4.50　滚动文字效果

问题 71. 怎样在我的店铺里添加《山里人》背景音乐?

这个功能也可以用简单的代码实现。添加背景音乐:〈bgsound src="背景音乐地址" loop="-1"〉

(1)在店铺装修页面,单击顶端的"自定义内容区"里的"编辑"按钮。

(2)在新弹出的对话框里,单击第二行最右侧的"使用 HTML 源码"图标。

(3)要实现"全场特价,欢迎选购!"文字左右来回流动,只要在对话框里输入"〈bgsound src="D:\山里人.mp3" loop="-1"〉"即可(如图 4.51 所示)。

图 4.51　添加音乐代码

问题 72. 在哪里能为我的网店购买漂亮合适的网店装修模板?

如果卖家的图片处理能力不强,单凭自己的能力是不足以将网店装修得很漂亮的。有些新手卖家为了方便省事,就直接购买他人的网店装修模板,有以下途径可以购买到网店装修模板:

◆ **淘宝店铺装修市场**。在店铺装修页面的右下角,点击"店铺装修模板",即可链接到店铺装修市场(如图 4.52、4.53 所示)。

图 4.52　店铺装修市场入口　　　　图 4.53　店铺行业模板

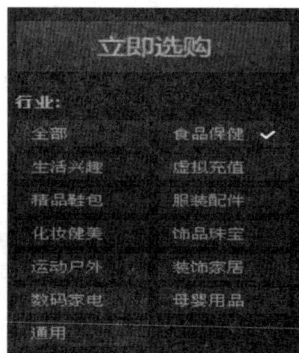

◆ **卖装修模板的淘宝卖家**。有很多公司和个人利用自身强大的图片处理和平面设计能力，设计了众多的网店装修模板，并放在自己的网店上销售（如图 4.54 所示）。

装修模板20套精仿拓展版 扶植版·标准版　淘宝店铺装修模板网店扶植版全套标准　¥ 30.00
版拓展版免费代旺铺装修模版　运费：0.00
天猫 TMALL.COM
唐生八戒旗舰店　和我联系

标准版 通用 拓展版 装修模版 包教包会 14套 额旺安装中　淘宝店铺装修模板全套旺铺网店装修模　¥ 30.00
版扶植版标准版 龙志设计　运费：0.00
天猫 TMALL.COM
速讯软件专营店　给我留言

图 4.54　淘宝上销售的网店装修模板

问题 73. 我买了 1 个店铺装修模板，如何安装到我的网店？

由于淘宝官方对扶植版店铺限制了"一键导入模板"的功能，所以凡是扶植版店铺都不能使用一键导入模板。若需要一键导入模板，必须到淘宝装修市场购买"一键安装模板"。如果您的店铺信誉达到 1 颗钻，就必须自己花钱买旺铺功能，同时也可以免费地使用一键导入模板。

一键导入文件的格式一般为".tbml"（如图 4.55 所示），一键安装模板包括首页、宝贝列表页、宝贝详情页等三个文件。

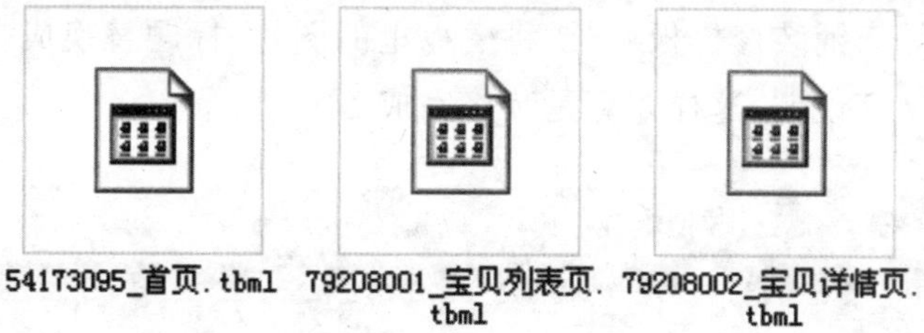

54173095_首页.tbml　79208001_宝贝列表页.tbml　79208002_宝贝详情页.tbml

图 4.55　一键安装模板的文件

（1）先进入自己店铺的"店铺装修"页面，然后在网页的最上边找到"模板"（如图 4.56所示）。

铺装修　页面 ▼　布局　模板　文章
旺铺公告　拓展版功能点解析

图 4.56　模板菜单

（2）点击"模板"后会出现图4.57，点击图中的"导入并覆盖"。

（3）然后会弹出一个对话框，在对话框中点击"浏览"，然后在自己的电脑里用"tbml"格式的文件打开。再点击图4.58中的"首页"，最后点击"确定"就可以了。

更换模板颜色：

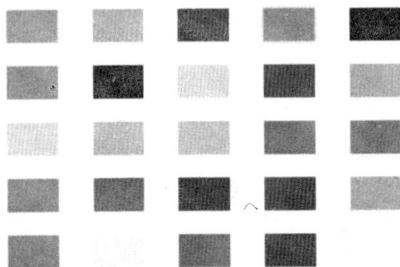

选择导入文件

浏览…

请选择后缀为.tbml的文件导入（.tbml是旺铺页面配置文件格式）

选择被覆盖的页面

页面被覆盖后无法恢复，请慎重选择

⦿ 首页
○ 新页面
○ 新页面
○ 宝贝详情页
○ 宝贝列表页

确定

导出　导入到新页面　导入并覆盖　备份

背景设置

图4.57　模板导入并覆盖　　　　　　图4.58　导入首页模板

问题74. 安装好店铺装修模板后，我的网店还需要装修吗？

需要。因为店铺装修模板是别人设计的，模板里面的文字和图片都与自己网店的产品没有关系。如图4.59所示，宝贝图片处标明"此处替换图片"，标题部分都是"标题1"。因此，您安装好店铺装修模板后，要将模板里的图片、标题替换成自己产品的图片、标题，并修改一些文字说明，这样才算是装修完成。

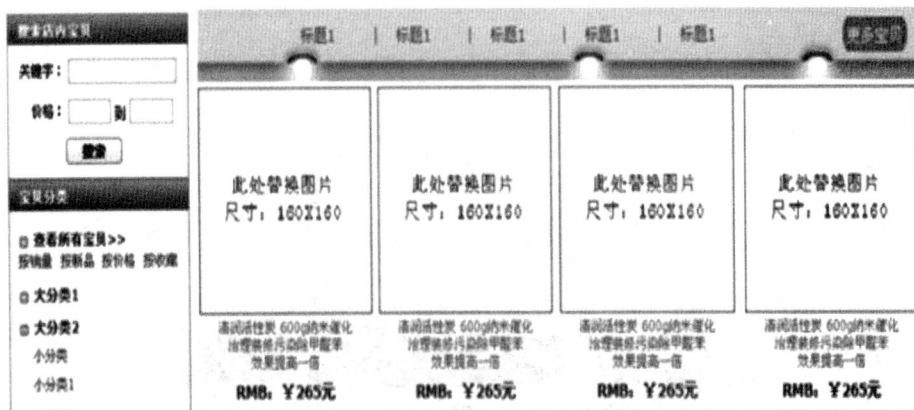

图4.59　网店装修模板

运营篇

第五章 轻松上架——发布产品

案例导读

经过一段时间的精心打理,王刚的网店装修得有模有样。他摩拳擦掌,终于可以将自己心爱的农产品图片传到网店了。在发布产品的过程中,问题接踵而来。发布产品时,到底是选择一口价还是拍卖的方式? 为什么发布产品时不能一次性成功,是不是有什么技巧没有掌握呢? 每次发布农产品都需要填写运费真的是太麻烦了,有没有什么好办法呢? 农产品发布之后,王刚发现在淘宝网里自己的宝贝并不在最前列,根本难以让买家快速找到。他想知道,什么样的商品标题最能够吸引买家的注意? 宝贝类目到底该怎么选择? 宝贝应该选择在什么时候发布最容易被买家搜索到呢?

在请教专家后,王刚知道自己所遇到的问题其实也是很多新卖家会碰到的。新卖家往往盲目发布商品,导致成交率不佳。想要做到四两拨千斤,就必须细心分析买家的浏览习惯和网站的搜索排序方式。

问题 75. 发布山核桃产品时,如何选择合适的产品类目?

淘宝大部分买家是通过关键字搜索找到所要购买的商品,但仍有一部分买家是通过类目查找所要买的产品。因此,卖家在发布产品时,选择正确的类目,能让买家更快地找到产品。图 5.1 显示的是淘宝首页美食特产和日用百货的产品类目。

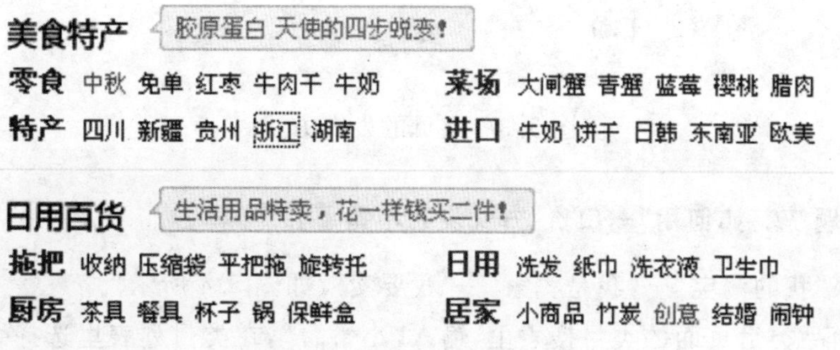

美食特产 胶原蛋白 天使的四步蜕变!

零食 中秋 免单 红枣 牛肉干 牛奶   **菜场** 大闸蟹 青蟹 蓝莓 樱桃 腊肉
特产 四川 新疆 贵州 浙江 湖南   **进口** 牛奶 饼干 日韩 东南亚 欧美

日用百货 生活用品特卖,花一样钱买二件!

拖把 收纳 压缩袋 平把拖 旋转托   **日用** 洗发 纸巾 洗衣液 卫生巾
厨房 茶具 餐具 杯子 锅 保鲜盒   **居家** 小商品 竹炭 创意 结婚 闹钟

图 5.1 淘宝网的类目列表

在这个类目里,点击某个类目,如"特产"类目下的"浙江",就是要查找属于浙江特产的所有商品。然后,在弹出新网页的上方有子类目,既有按照地域划分子类目,也有产品子类目,单击"零食/坚果/特产"子类目,即可查找到更详细的产品(如图5.2所示)。

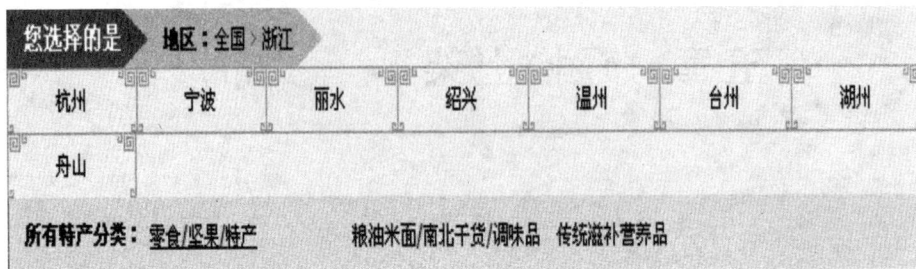

图5.2　子类目列表

问题76. 为什么不推荐用拍卖的方式发布农产品?

淘宝卖家在发布新的宝贝时,有三种方式,即"一口价"、"拍卖"和"个人闲置"(如图5.3所示)。

"一口价"是卖家以固定价格出售商品,一般没有讨价还价的余地,买家可以立刻买下自己想要的商品,以最快的速度完成购买过程。"一口价"方式操作十分方便快捷,利润相对较高,但是店铺浏览率提高较慢。

"拍卖"是无底价起拍,让买家竞价购买。卖家在出售商品前设置商品起拍价、加价幅度,不同的买家可根据自己实际情况出价竞买。

"个人闲置"一般出售的是二手商品。

一般来说,"拍卖"方式可以较快地增加您的店铺浏览率,增加您的信用度,但一般利润较少,需要协调的环节较多。而"一口价"方式相对优势更多。因此,淘宝网一般默认是"一口价"方式,而大多数卖家也喜欢用"一口价"方式发布宝贝。

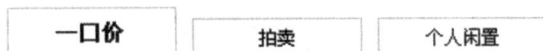

图5.3　宝贝的发布方式

问题77. 如何用"一口价"方式发布小番薯?

(1)进入"我的淘宝"—"我是卖家"—"我要卖"(如图5.4所示)。

(2)在商品类目页面的类目搜索里,输入"小番薯",在类目列表里选择合适的类目,并同意规则(如图5.5所示)。

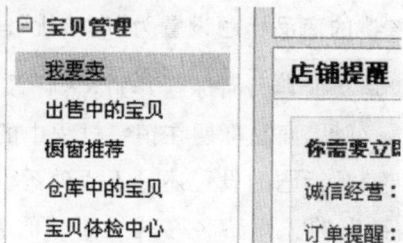

图 5.4 我要卖

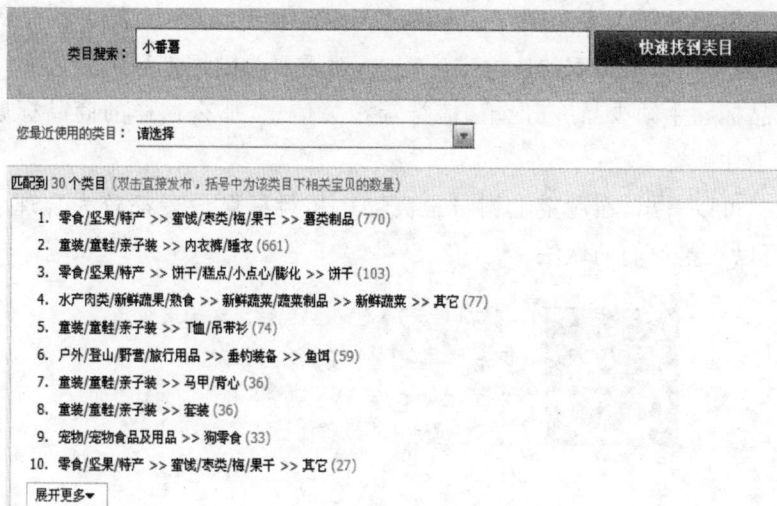

图 5.5 找到类目

（3）在宝贝信息页面，依次填写宝贝的基本信息、物流信息、售后保障信息、其他信息，然后单击"发布"（如图 5.6 所示）。

图 5.6 宝贝信息页面

问题 78. 我将山核桃的商品标题设置为"山核桃",是否合理？

淘宝的大多数买家一般是从搜索商品标题开始,然后看谁的价格更吸引人、谁的图片更漂亮、谁的描述更详细。可见,商品标题在销售过程中的重要性。

很多网店新手对于网店商品标题的设置还是不太熟悉。很多人会误认为商品标题就是商品的名称,其实这是错误的。商品名称就是商品的名字,如山核桃的名称就是"山核桃",而商品标题是指包括商品名称在内的形容商品重要特征的一句话,如"零食坚果特产碧根果奶油味长寿果美国山核桃225g"。换句话说,商品名称是固定不可变的,而商品标题可以根据卖家的店内推广需求,对重要关键词进行组合。

如果商品标题中缺少品牌、促销、信誉等相关信息,那么这样的商品标题既吸引不了顾客也留不住顾客。

从图5.7可以看出,在淘宝上销量最高的山核桃标题设置都较为合理。如果您也卖山核桃,可以借鉴他们的做法。

【三只松鼠】零食坚果特产碧根果奶油味长寿果美国山核桃225g×2
天猫 TMALL.COM 78.33元/500g
三只松鼠旗舰店 和我联系

楼兰蜜语 新疆特产长寿果奶香碧根果山核桃500g两件包邮 特价零食
50.00元/500g
新疆特色折扣店 和我联系

博士果 新疆美国长寿果碧根果仁山核桃奶油味 包邮
天猫 TMALL.COM 42.37元/500g
零度食品专营店 和我联系

图5.7　销量最高的山核桃标题

问题 79. 怎样为多味笋干设置合理的商品标题？是不是字数越多越好？

合理设置您的淘宝宝贝标题可以让宝贝浏览量大增,那么淘宝宝贝标题怎么写才算合理呢？答案很简单,如何能让买家更容易搜索到您的宝贝,您就怎么写。这可能说得比较笼统,那么下面就详细来讲讲：

首先,要搞清楚淘宝网规定宝贝标题的长度限制在60个字符以内(60个字符＝30个汉字),那您就要在这30个汉字上做文章了。要充分利用标题的长度,不要浪费这30

个汉字,尽可能多地添加宝贝的关键词。

其次,编辑关键词时要假设自己是买家,在我们需要找相关的产品的时候,我们会输入什么来查找呢,把想到的都——罗列出来,写进宝贝标题中。

一般较好的商品标题要包含下列类型的关键词:

◆ **商品的名称、别名、俗称。** 商品的名称是买家搜索最多的关键词,比如我想买笋干,就会直接在搜索框里输入"笋干"。有的商品不同的地方或者不同的人群会有不同的叫法,比如马铃薯有的人会叫做土豆、西红柿有的人会叫做番茄。这些不同的叫法或者说别名、俗称都应该体现在我们的宝贝标题里,尽量符合买家的搜索习惯。

◆ **店铺的信誉。** 就是把自己店铺的信用等级相关信息写进宝贝标题中,提高买家对卖家的信任度,比如"皇冠信用"、"钻石信誉"、"双冠店铺"等。作为买家最怕上当受骗,当我们把这些写在标题里的时候,买家看到就会更有安全感,从而提高点击率和成交率。

◆ **商品的品牌。** 很多买家购买一样商品都会冲着某个品牌而来,买运动鞋的可能会输入"耐克运动鞋"进行搜索,如果您只填了运动鞋,就不容易被买家搜索到。所以,当您所出售的商品有品牌特别是知名品牌时,不要忘记把它写到标题里去。

◆ **促销信息。** 当某一样商品正在搞促销,或者店铺正在举行什么优惠活动时,也要在宝贝标题中体现出相关信息,如"买一送一"、"冲钻特价"、"五折优惠"……这和我们到实体店购物是一样的道理,哪间商铺在搞促销或者举办优惠活动,我们总会愿意去看看。

从图 5.8 可以看出,在淘宝上销量最高的多味笋干标题的设置都较为合理。

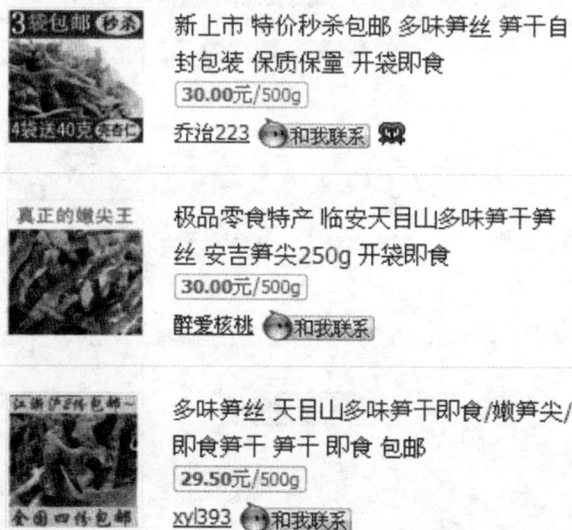

图 5.8 多味笋干的商品标题

问题 80. 在发布宝贝时出现"图片盗链接"提示，该怎么处理？

在发布宝贝时，只要是显示"图片盗链接"的，一定是卖家用了别人图片空间的图片。解决这个问题有两个办法：

◆ **用自己拍的产品图片**。这是最好的解决办法，因为不使用别人的图片，就不会存在图片盗链接的问题。

◆ **下载别人的图片再上传**。如果一定要借用别人的图片，必须把相应的图片下载并保存为本地图片，然后将本地图片上传至自己店铺的图片空间，再发布宝贝。

问题 81. 每个宝贝上传时都要填写运费，很繁琐，怎么办？

解决这个问题，需要卖家设置运费模板。一方面，按照淘宝网发布的最新规则，对于没有使用运费模板的卖家，如果要修改运费，必须要得到买家的认可，不然就是违背承诺。另一方面，如果没有设置运费模板，那么在上传每个宝贝时都要填写运费，这个运费是笼统的，不方便按地域设置运费，所以这样非常繁琐，难以操作。

淘宝网升级后的运费模板比较复杂，以下我们一步一步地操作。

（1）先登录淘宝，单击"我是卖家"，然后您就会看到"物流工具"，先点一下"运费模板"（如图 5.9 所示）。

图 5.9   运费模板

（2）单击"新增运费模板"之后，先给新建的模板起个名字，如"我的运费模板"（如图 5.10所示）。

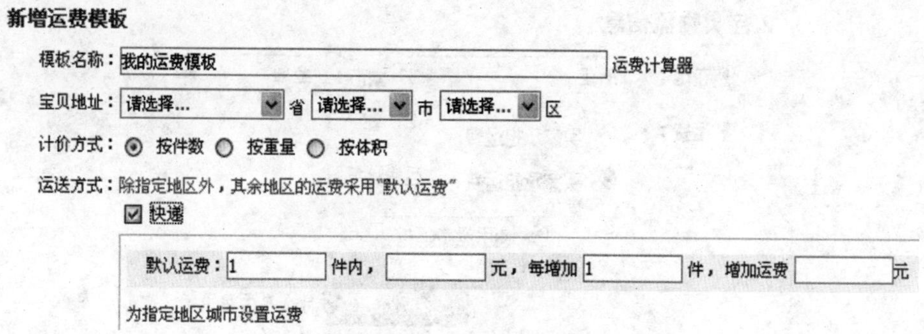

图 5.10　新增运费模板

　　(3)确定模板名称后,勾选"快递",选择快递公司后,会显示"指定地区设置运费",设置好并保存(如图 5.11 所示)。

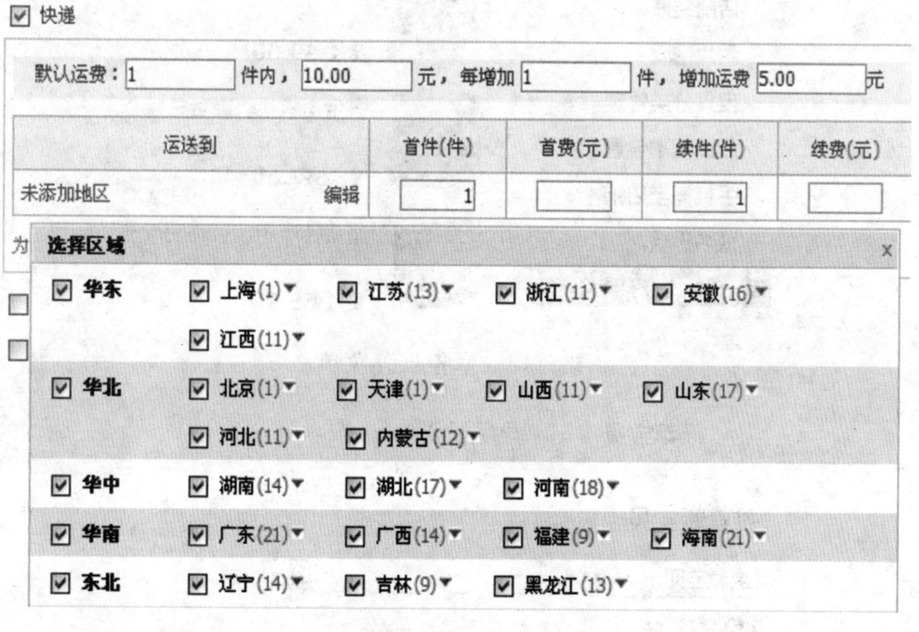

图 5.11　设置快递运费

　　(4)然后,在发布宝贝时,在物流信息版面,单击"使用运费模板",选择刚制作好的"我的运费模板"即可(如图 5.12 所示)。

　　问题 82. 怎样将山核桃设置为"掌柜推荐宝贝"?

　　(1)发布山核桃宝贝。

　　(2)在"我是卖家"的页面,单击"店铺管理"栏目下的"掌柜推荐"(如图 5.13 所示)。

　　(3)在弹出的页面里,找到山核桃宝贝,然后单击"推荐",这样就将山核桃设置为掌柜推荐的宝贝了(如图 5.14、5.15 所示)。

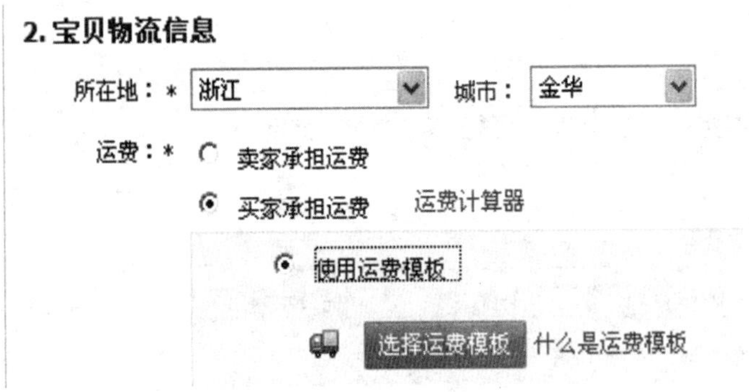

2. 宝贝物流信息

所在地：* 浙江　　城市：金华

运费：* ○ 卖家承担运费

○ 买家承担运费　运费计算器

○ 使用运费模板

选择运费模板　什么是运费模板

图 5.12　选择运费模板

店铺管理

查看我的店铺

店铺装修

图片空间

宝贝分类管理

店铺基本设置

手机淘宝店铺

域名设置

掌柜推荐

¥：33.00

纸皮大核桃/生核桃 准妈

¥：49.00

野生山核桃仁新货核桃仁

¥：47.60

坚果特产山核桃临安椒盐

¥：65.90

图 5.13　掌柜推荐菜单

推荐宝贝　显示设置

推荐新宝贝

全部宝贝　　　　　　搜索

新上市 多味杏仁 保质保量 开袋即食　　推荐

¥：29.00　　　收藏人气：0

美食劲爆临安原生态高山野生手剥笋180克　推荐

¥：29.90　　　收藏人气：0

浙江美食天目笋干 天目烤笋开袋即食　　推荐

¥：39.00　　　收藏人气：0

图 5.14　推荐新宝贝

已推荐 **1 个宝贝**

宝贝名称	取消推荐
美食劲爆临安原生态高山野生手剥笋180克	删除
￥：29.90 收藏人气：0	

1/1 ◀ 下一页 ▶

图 5.15　已推荐宝贝

问题 83.　怎样将小番薯设置为"橱窗推荐宝贝"?

(1)发布小番薯宝贝。

(2)在"我是卖家"的页面,单击"宝贝管理"栏目下的"橱窗推荐"(如图 5.16 所示)。

□ 宝贝管理
　我要卖
　出售中的宝贝
　橱窗推荐
　仓库中的宝贝
　宝贝体检中心

新上市 多味杏仁 保质保量 开袋

美食劲爆临安原生态高山野生手

浙江美食天目笋干 天目烤笋开袋

图 5.16　橱窗推荐菜单

(3)在弹出的页面里,勾选小番薯宝贝,然后单击"推荐",小番薯的状态由"未推荐"变为"推荐的",这样就说明已经将山核桃设置为橱窗推荐宝贝(如图 5.17、5.18 所示)。

□ 浙江坚果特产碧根果奶油味长寿果美国山核桃225g×2

☑ 浙江特产零食 黄金番薯籽/番薯干 有嚼劲168克

□ 临安天目山小香薯

□ 全选　[推 荐]　[取消推荐]

图 5.17　橱窗推荐宝贝

☐ 坚果特产山核桃临安椒盐野生山核桃235g	3天2时21分	65.90元	未推荐
☐ 手剥山核桃升级版 奶油味临安特产95g	3天2时12分	52.90元	推荐的
☐ 浙江坚果特产碧根果奶油味长寿果美国山核桃225gx2	3天1时38分	99.00元	推荐的
☐ 浙江特产零食 黄金番薯籽/番薯干 有嚼劲168克	3天1时30分	34.50元	推荐的

图 5.18　已推荐为橱窗宝贝

问题 84. 我误删除了网店里的 2 个宝贝,该怎么补救呢?

很多网店新手在管理宝贝时,误删除了宝贝,影响了店铺正常经营。在这种情况下,为了防止宝贝被误删除,最好是备份店铺里的所有宝贝。这就需要用到淘宝助理来操作了。

淘宝助理是一款免费客户端工具软件,它可以使卖家不登录淘宝网就能直接编辑宝贝信息,快捷批量上传宝贝。淘宝助理也是卖家上传和管理宝贝的一个店铺管理工具。

(1)在 IE 浏览器地址栏里输入"http://zhuli.taobao.com",登录淘宝助理网站,下载并安装淘宝助理(如图 5.19 所示)。

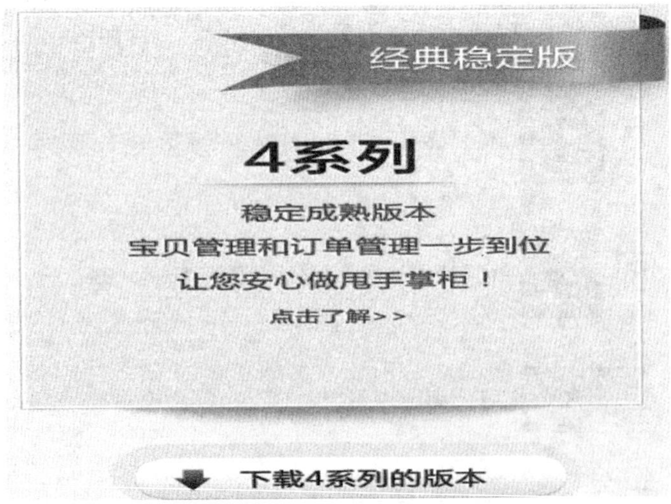

经典稳定版

4系列

稳定成熟版本
宝贝管理和订单管理一步到位
让您安心做甩手掌柜!

点击了解>>

↓ 下载4系列的版本

图 5.19　下载淘宝助理

(2)用淘宝账户登录淘宝助理(如图 5.20 所示)。

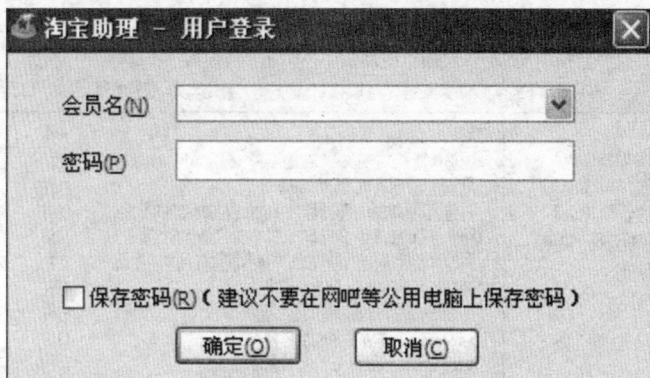

图 5.20 登录淘宝助理

(3)点击工具栏里的"下载宝贝",选择宝贝类目(如图 5.21、5.22 所示)。

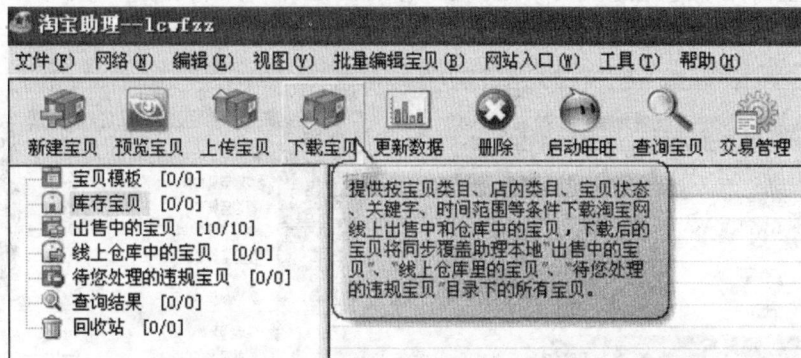

图 5.21 下载宝贝

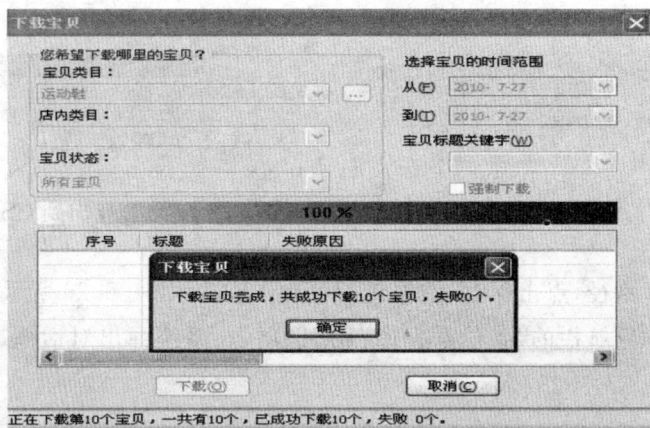

图 5.22 下载宝贝

（4）点击界面左侧"出售中的宝贝"（如图5.23所示）。

图5.23　出售中的宝贝

（5）在宝贝列表里全选后再勾选，用鼠标右键选择"导出到CSV"文件（如图5.24、5.25所示）。

图5.24　勾选宝贝

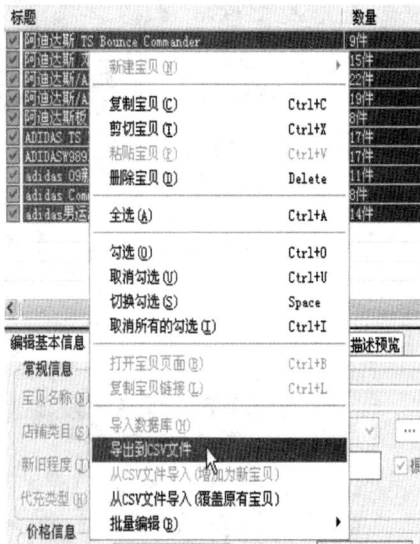

图5.25　导出到CSV文件

（6）选择保存路径，点击保存，数据包即可制作成功（如图5.26所示）。

（7）点击软件导航栏的"备份数据库（B）"选项卡，系统弹出对话框，点击保存，即可完成备份（如图5.27、5.28所示）。

图 5.26 保存 CSV 文件

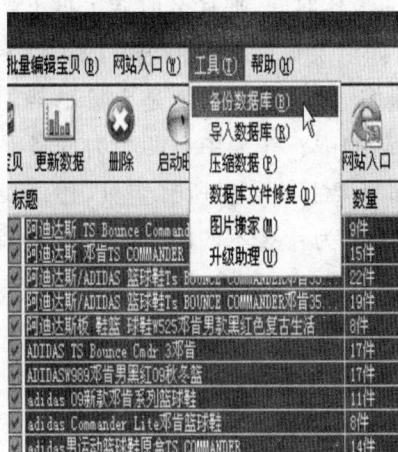

图 5.27 备份宝贝数据

图 5.28 备份宝贝数据

问题 85. 上传山核桃时,销售时间为 7 天或 14 天,我该怎么选择?

销售时间是指宝贝重新上架的时间周期。如果是 7 天,就是 7 天重新上架一次山核桃,14 天的原理一样。不过,一般不设置为 14 天,因为买家在搜索山核桃时,淘宝显示的众多山核桃宝贝的排列先后顺序是以越快到期的越排名靠前为标准。当然,14 天就不合算了,别人有两次排名靠前的机会,您就只有一次。

问题 86. 我成功上传了山核桃,7 天后是否会自动下架?

请放心,7 天后山核桃不会自动下架。设置的 7 天自动重发,就是 7 天后系统自动在那个时间点会重新上架一次,这给我们减少了许多不必要的麻烦。所以,不必担心,所有宝贝都会自动重新上架的。

问题 87. 什么时间段上传山核桃，最容易被买家搜索到？

在淘宝开店，宝贝上架的时机选择同样很有技巧。做足这些细节，能为您的店铺带来更多的流量，为宝贝赢得更有利的推荐机会，最终达到事半功倍的效果。

◆ **宝贝上架时间的重要性**。在淘宝搜索关键字后，宝贝的位置是按宝贝下架剩余的时间来排定的，越接近下架的宝贝，排得就越靠前。因此，可以得出如下结论：您的宝贝在即将下架的一天或数小时，特别是最后几十分钟内，将获得最有利的宣传位置。但如果您的宝贝即将下架的时间，是在凌晨3、4点的时候，您觉得那时候会有多少人会看到您的宝贝呢？换句话说，虽然您的宝贝获得了很好的排名，但在那时候已经显得毫无意义了，因为没有多少人会搜索到您的宝贝，原因在于那时候上网的人太少了。

◆ **最佳的宝贝上架时间**。从以上分析我们已经知道，上架时间的选择能够直接影响到您的宝贝的搜索排名。宝贝上架都是按天数来计算的（分为7天和14天两种选择），因此，宝贝下架的最佳时间也就是宝贝上架的最佳时间，那什么时候宝贝下架是最佳的呢？理论上来说，宝贝下架之前的数小时内，如果宝贝能够获得很好的关键字搜索排名，同时在这段时间内，浏览宝贝的买家数量最多，则这段时间就是宝贝下架的最佳时间。那么，一天当中什么时段的店铺流量是最高的呢？一天中有两个时间段是店铺流量的高峰期：11:00～16:00、19:00～23:00。如果要上传店里所有宝贝，建议卖家在这两个时间段里，每隔半小时左右发布一个新商品。为什么不同时发布呢？原因很简单，同时发布，也就容易同时消失。如果分隔开来发布，那么在整个黄金时段内，您都有即将下架的商品可以获得很靠前的搜索排名，为店铺带来的流量也肯定会暴增。

问题 88. 我的农产品刚刚上传成功了，为什么看不到？

发布的宝贝在店铺不显示有以下几种原因：

（1）如果是刚发布的宝贝（包括用助理上传的宝贝），建议您可以在"出售中的宝贝"查看商品是否存在，商品发布成功后存在数据滞后的情况，建议您在发布成功后尝试刷新，宝贝新发布会有2～4小时的滞缓期才会在店铺中显示；直接将该链接发送给买家，是可以正常打开购买的。如"出售中的宝贝"无法查到，您可以在"仓库里的宝贝"中查看是否放入仓库了。

（2）如果宝贝发布价格严重偏离市场行情，系统自动对商品进行限制，如果将该宝贝链接发送给买家，买家无法打开该宝贝页面，会提示"对不起，暂时不提供查看该宝贝的信息"，此时，需要您自检商品，调整商品发布价格。如果您的宝贝涉及侵权，也不会显示。

（3）商品因违规被下架或删除，违规下架的宝贝可到仓库中"待您处理的违规宝贝"中查看，如果是严重违规被删除的，建议您查看邮件，宝贝违规删除的会发送提醒信件至您的注册邮箱中。

第六章　运筹帷幄——网店推广

案例导读

一个多月过去了,王刚的网店生意并没有预想的那么好。每天进店浏览宝贝的访客仅有几十人,在阿里旺旺上主动咨询的顾客更是寥寥几人而已,自己的农产品并没有卖出多少。这一度动摇了王刚的信心,每天早晨 6 点起床,晚上 11 点多甚至凌晨才睡觉,可是网店的生意一直没有起色,这到底是怎么回事呢?

在咨询专家之后,他终于认识到网店推广的重要性。中国有句俗话,"酒香不怕巷子深",但是这要看什么情况。现在各行各业几乎都处于饱和或半饱和状态,在网络时代,原先被动的等待客户上门的营销模式已经过时,现在讲求的是主动服务。如果不能让买家知道自己的产品,再物美价廉的产品、漂亮诱人的网店装修也是白搭,正所谓"酒香也怕巷子深"啊!

于是,王刚按照专家的建议,开始在自己的店内、淘宝站内和站外不遗余力地努力推广自己的网店,千方百计地让买家知道自己的网店和宝贝。功夫不负有心人,在王刚的努力下,网店的浏览量逐渐提高。此时,王刚才真正明白了先苦后甜的含义。

问题 89. 有哪些推广平台可以宣传我的网店?

按照网店宣传范围的不同,有以下类型的推广平台:

◆ **店内推广平台**。包括网店内的店招、店标、店名、公告栏、促销区等。

◆ **站内推广平台**。淘宝网有很多推广网店的地方,如淘宝直通车、淘宝客、淘金币、聚划算、天天特价等。

◆ **站外推广平台**。在淘宝网之外,有一些专门为淘宝网店作推广的平台,如聚卖网、秒爆品、独唱团、特价猫等。此外,还可以在论坛、微博、QQ、旺旺上宣传自己的网店。

问题 90. 如何在店招里宣传自己的网店?

(1)登录淘宝网,在"我是卖家"页面,单击"店铺管理"下的"店铺装修"。

(2)进入店铺装修页面,点击店招右上角的"编辑"(如图 6.1 所示)。

图 6.1　店招

(3)在编辑内容对话框里,点击"在线编辑"(如图 6.2 所示)。

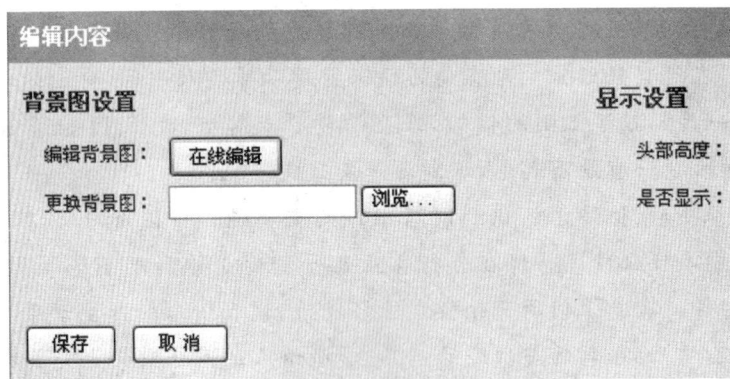

图 6.2　编辑内容

(4)在店招设计页面,点击右侧的文字区域,将店铺名称和促销信息输入进去,修改好后单击"预览/保存"(如图 6.3、6.4 所示)。

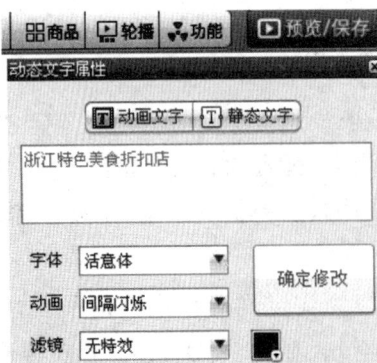

图 6.3　添加店招上的文字

图 6.4　添加店招上的文字

(5)带有宣传作用的店招就制作好了(如图 6.5 所示)。

图 6.5 有宣传作用的店招

问题 91. 如何在别人的网店里宣传我的网店？

最简单的方法就是联系别人，让他在他的网店的友情链接区域加入您的网店。

(1)登录淘宝网，在"我是卖家"页面，单击"店铺管理"下的"店铺装修"。

(2)进入店铺装修页面，在页面左侧栏的底端有一个"友情链接"区域，点击该区域左上角的"编辑"（如图 6.6 所示）。

(3)在弹出的编辑内容对话框里，点击"添加链接"，输入对方网店的会员名即可（如图 6.7 所示）。

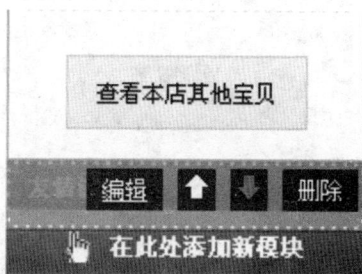

图 6.6 友情链接模块

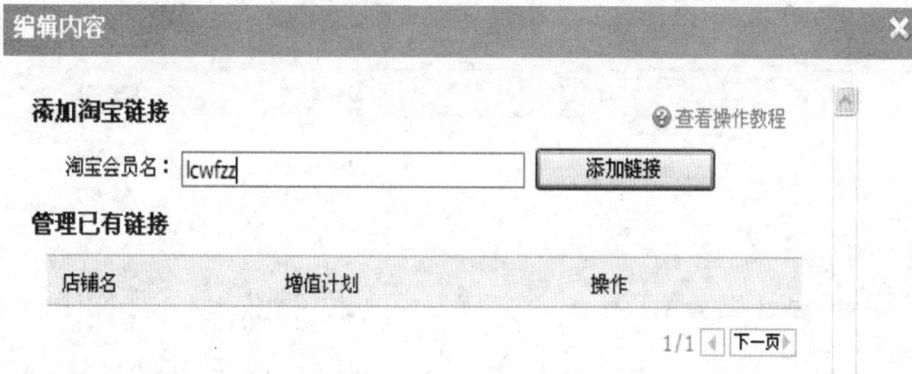

图 6.7 添加链接

(4)这样，在别人网店的友情链接区域，就可以帮您宣传您的网店，有兴趣的买家会直接点击链接进入您的网店（如图 6.8 所示）。

问题 92. 我的网店如何报名参加淘宝网组织的活动？

登录"我的淘宝"，在"我是卖家"中点击"活动报名"，弹出报名活动列表，选择要参加的活动（如图 6.9、6.10 所示）。

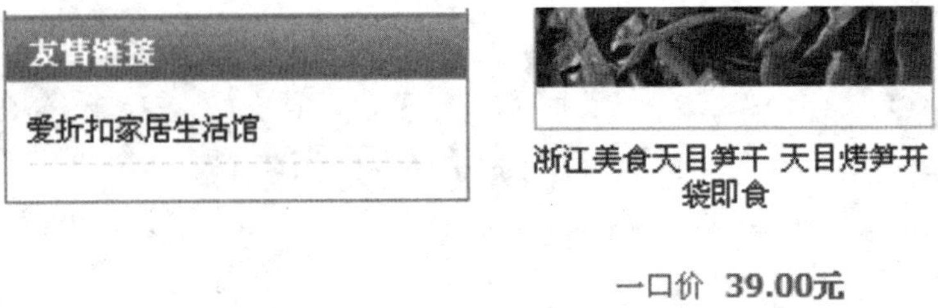

友情链接

爱折扣家居生活馆

浙江美食天目笋干 天目烤笋开
袋即食

一口价 **39.00元**

图 6.8　友情链接的网店

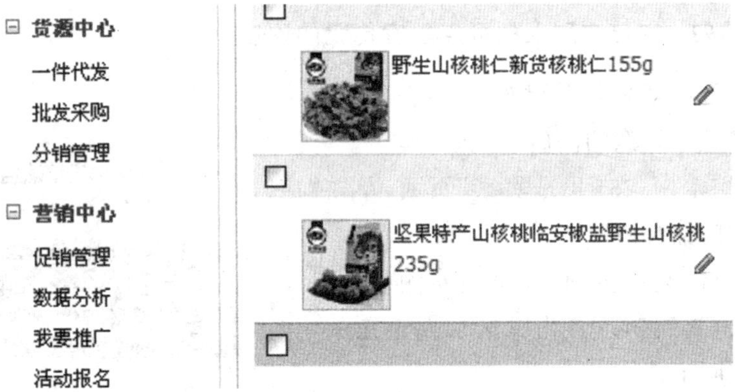

货源中心
　一件代发
　批发采购
　分销管理

营销中心
　促销管理
　数据分析
　我要推广
　活动报名

野生山核桃仁新货核桃仁155g

坚果特产山核桃临安椒盐野生山核桃
235g

图 6.9　活动报名

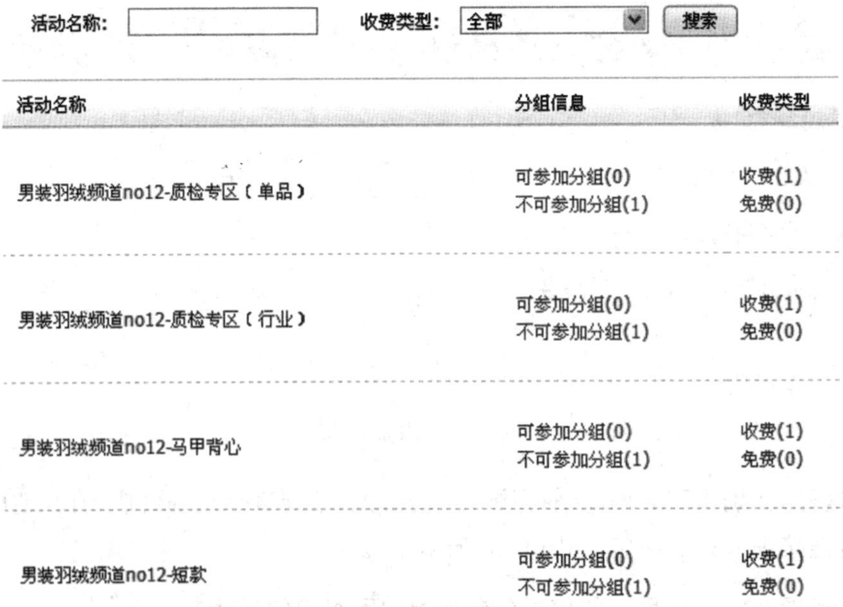

活动名称：　　　　　　　收费类型：全部　　　搜索

活动名称	分组信息	收费类型
男装羽绒频道no12-质检专区（单品）	可参加分组(0) 不可参加分组(1)	收费(1) 免费(0)
男装羽绒频道no12-质检专区（行业）	可参加分组(0) 不可参加分组(1)	收费(1) 免费(0)
男装羽绒频道no12-马甲背心	可参加分组(0) 不可参加分组(1)	收费(1) 免费(0)
男装羽绒频道no12-短款	可参加分组(0) 不可参加分组(1)	收费(1) 免费(0)

图 6.10　活动报名

问题 93. 除了淘宝网外,我的网店怎样参加其他网站组织的促销活动呢?

淘宝有很多卖家不愿意花钱在淘宝网上做推广,而宁愿选择淘宝网之外的其他促销活动网站,如聚卖网、秒爆品、独唱团、特价猫等,这些网站的影响力比较大,给广大做活动宣传的网店带来了大量的流量,带动了这些网店的生意。

这些网站举行的促销活动形式多种多样,主要有:1 元秒杀、6 元包邮、9.9 元包邮、1～5折等。图 6.11 是聚卖网的促销活动页面。

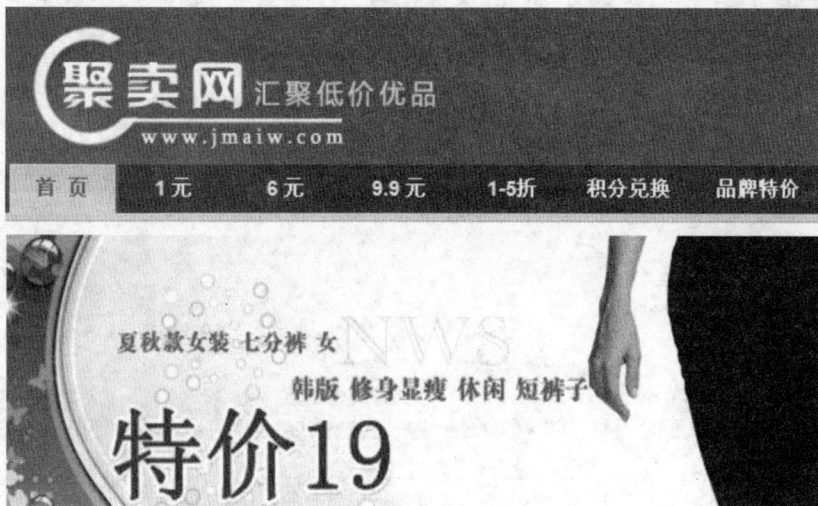

图 6.11　聚卖网首页

问题 94. 怎样报名参加聚卖网的 9.9 元包邮的活动?

(1)首先阅读活动报名规则,确认您的网店是否能参加活动(如图 6.12 所示)。

一、活动简介

"聚卖网"官方促销平台,淘宝应用中心 http://yingyong.taobao.com/show.htm?app_id=26

二、报名要求

店铺要求:

1、C店铺卖家要求参加消保和旺铺,店铺信誉5星以上,好评率97%以上,遵守规则分数不低

2、B卖家&无名良品卖家店铺,遵守规则分数不低于82分,综合动态评分的三项分数都4.5分以

3、卖家应承诺在活动结束后3日内完成发货,并承诺因出现质量、品牌质疑、货不对版等问题

4、报名卖家需要具备一定的运营能力和服务能力,及时处理买家疑问,给予买家优质的购物

5、审核通过后不得无故要求退出活动。

6、店铺报名前,必须悬挂"聚卖网"的LOGO,不悬挂聚卖网LOGO,不予审核。不支持放识别系统直接把店铺拉入黑名单,永不释放,一年内不能上聚卖网活动...)

图 6.12　活动报名规则

（2）报名前，您登录网店的店铺装修页面，在指定页面添加 LOGO（添加三个 LOGO 并加入帮派，收藏分享掌柜说缺一不可）（如图 6.13、6.14 所示）。

图 6.13　聚卖网 LOGO 　　　　　　　图 6.14　淘宝网掌柜说页面

（3）然后在聚卖网论坛里发帖，申请 9.9 元包邮，等待聚卖网审核（如图 6.15 所示）。

店铺ID：故乡红食品专营
所属类目：食品
商品名称(16字以内)：　原味烘焙型大麦茶包邮
商品链接：http://detail.tmall.com/item.htm?id=16570171366&
白底无水印图片链接（235*235）http://img02.taobaocdn.com/sns_album/i2/T1OAnDXk0jXXb1upjX.jpg

原价：15
活动价（**必须低于历史成交价**）：9.9
包邮与否(必须1件起包邮)：包邮
销售记录（30天内正常销售5单以上并有3件好评）不达标不审核：7
报名商品数量（50件起）：300

图 6.15　发帖申请活动

（4）如果聚卖网审核通过，就可以进行网店准备，在聚卖网上宣传自己的网店（如图 6.16 所示）。

问题 95．如何利用阿里旺旺签名推广我的网店？

在与客户沟通时，怎样能给他们留下一个深刻的印象呢？下面就为旺旺新手简单介绍一下淘宝旺旺既实用又有趣的签名功能，以便推广您的网店。

（1）登录您的阿里旺旺（如图 6.17 所示）。

等待小二安排上线通知　工号QA-07

图 6.16　审核通知

(2)选择下面的"设置"按钮(如图 6.18 所示)。

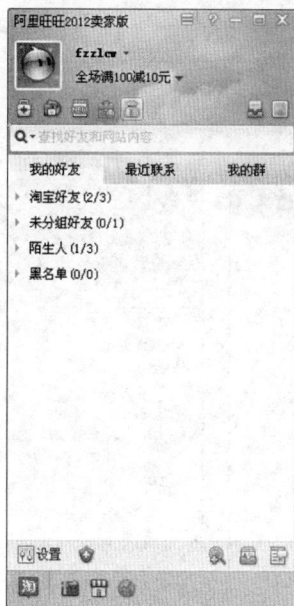

图 6.17　阿里旺旺

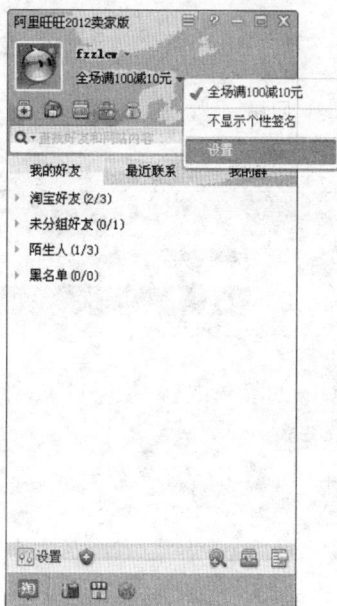

图 6.18　阿里旺旺设置

(3)在"个性设置"选项中选择"个性签名"选项,会出现您添加的签名(如图 6.19 所示)。

(4)在"轮播个性签名"前打钩,并根据需要变换签名的展示间隔时间(如图 6.20 所示)。特别需要说明的是,如果有多条标签推荐,淘宝会默认为轮播就是在第一条标签滚动完毕后自动读取第二条标签内容。如果不需要显示个性签名,可以点击"不显示个性签名"(如图 6.21 所示)。

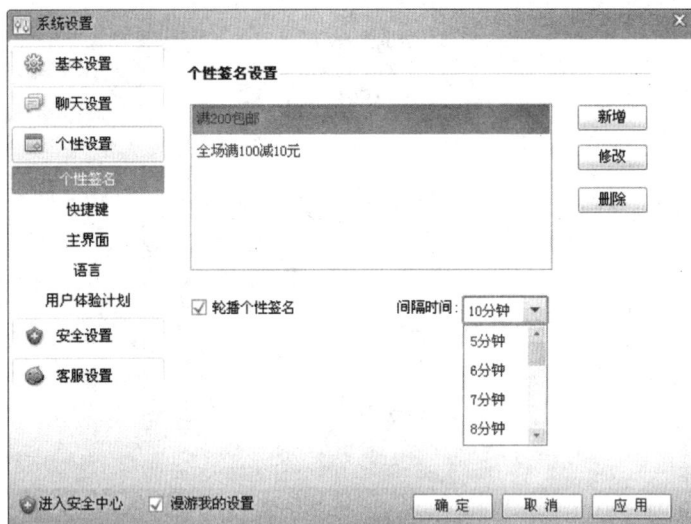

图 6.19　添加个性签名

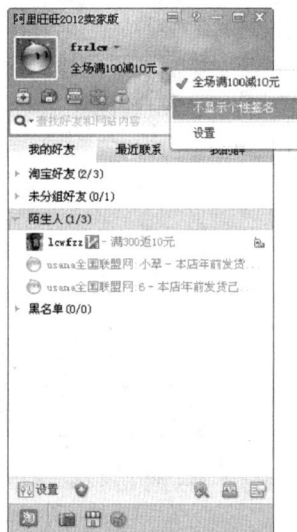

图 6.20　自由选择滚动和时间间隔　　　　图 6.21　不显示个性签名

问题 96. 怎样用 QQ 签名推广我的网店？

　　一般来说,基本上每个中国网民都有 QQ 号,QQ 已经成为网民的必备通讯工具。因此,广大卖家要善于利用 QQ 签名来宣传网店,这是一个简单而有效的推广方法。

　　登录 QQ 后,在 QQ 面板顶端的签名处输入自己的网店名字或网址,这样您的好友都可以看到您的网店信息(如图 6.22 所示)。

图 6.22　QQ 签名推广网店

问题 97. 怎样用 QQ 空间推广我的网店？

在 QQ 空间里设置签名档来推广您的网店，这样每次去给好友空间留言时，就顺便给自己的店铺做广告了。您的好友只要按下面的个人档连接就能直接进入您的小店了。

(1)签名档的设置。在 QQ 面板顶端点击我的 QQ 空间，然后在空间里的导航栏"个人档"里单击"修改个人资料"（如图 6.23、6.24、6.25 所示）。

图 6.23　QQ 面板

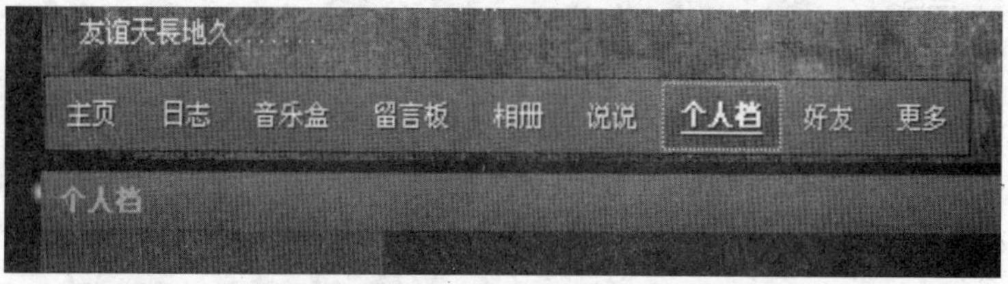

图 6.24　QQ 空间

图 6.25　QQ 空间的个人档

(2)然后点击"空间资料"，就能看到右边的签名档框。这里你可以设置关于您店里所经营的宝贝图片或相关图片。记得在下面写上几句能引人注目的广告语句，重要的是记得把店铺的网址复制上去，别人看到的时候就可以直接点击进去了（如图 6.26 所示）。

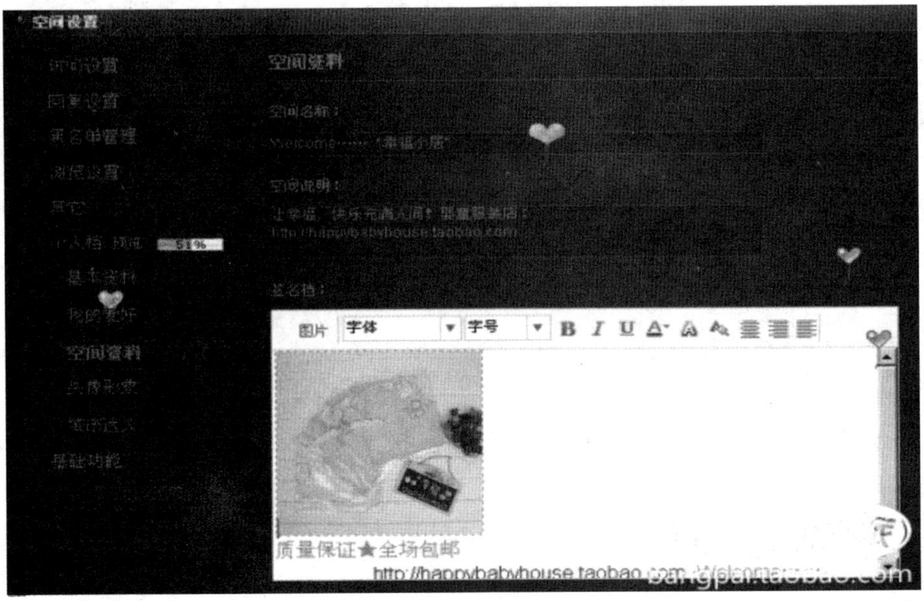

图 6.26 微博的空间资料

问题 98. 如何利用自己的微博推广我的网店？

现在微博推广越来越成为热门话题，很多人开始利用微博推广自己产品网站。当然，也包括我们标题所说的淘宝店铺的推广，而且很多人通过微博推广网店做得的确不错。

在注册新浪微博账号时，可以填写与网店相关的信息，以此来推广网店。

(1)微博昵称的选择。这个最好能填写和您所买的东西有关联性的，例如您是卖美食特产的那么微博名字可以突出"美食特产"。这样人家一看就知道您的微博是介绍特产的，在后期微博里面发一些自己淘宝店里面的产品图片也是比较合情合理的(如图6.27所示)。

图 6.27 微博名称设置

（2）微博描述尽量不要太过于广告化。淘宝店铺地址最后可以嵌入到里面去（如图6.28所示）。

一句话介绍：　与博友们讨论有关浙江美食特产，色香味俱全的美食，尽在 http://itechan.taobao.com/　请不要超过70个字

保存

图 6.28　微博描述设置

（3）微博标签设置。我们在设置微博标题的时候可以把我们淘宝店铺宝贝的关键词适当地嵌入 2～3 个，便于粉丝搜索到我们的微博（如图 6.29 所示）。

个人标签

添加描述自己职业、兴趣爱好等方面的词语，让更多人找到你，让你找到

美食，特产，山核桃　　添加标签

图 6.29　微博标签设置

问题 99. 如何利用微博空间来推广我的网店？

运用淘宝站外免费方式推广店铺是很多新手卖家的主要选择。微博就是很好的一个渠道，如果微博推广得好的话，会带给您意想不到的流量。

◆ **微博相册**。将店铺的产品传进微博相册，每张图片放置店铺小 logo，吸引注意。相册不能只放产品图片，也要放一些意境图、笑话、明星景物美图等。来看您相册的人多了，自然产品曝光率就高（如图 6.30 所示）。

◆ **微博新鲜事**。每日发帖 10～15 个，笑话、明星等话题是最受关注的，在帖子中可适当加入店铺链接。如果您的话题够新颖、能引起别人注意，那么您就成功一半了（如图6.31所示）。

图 6.30　微博相册

让你年轻十岁的洗脸方法：1、使用温、冷交替进行洗脸，可以收缩毛孔。2、取适量化妆水，轻拍于脸部至触摸肌肤时有润泽感。3、抹上面霜，额中央→太阳穴、眉上→太阳穴、眉下→太阳穴、眼下→太阳穴、颧骨→下颌，轮廓线→耳朵的根儿、脖颈子→锁骨，按顺序按摩。http://t.cn/S78MSu

+加标签

8月27日 16:26　来自新浪微博

图 6.31　微博新鲜事

问题 100. 怎样在论坛上有效地推广我的网店？

论坛推广是职业网络推手们常用的一个推广渠道。但常有人做论坛推广做得很失败，原因常常是他们的操作方法不对，比如使用群发软件而导致被惩罚等。那么，论坛推广究竟该如何做？

◆ **热门的论坛**。为什么要去做论坛推广，因为论坛的数据和人流量大，发的帖子也就容易被收录。目前最热门的论坛有天涯论坛、网易论坛、中华网论坛等。

◆ **贴切的内容**。等待通过审核是一件很痛苦的事情，因为帖子或者链接导致审核失败的确是功亏一篑，所以发帖的时候也要尽量把关键词隐藏到内容之中，看似自然才能显示出润物细无声般的软文功底，比如主打关键词为"网站优化"，在新浪的汽车论坛可以发帖"某品牌的汽车性能不错，价格也公道，凭我做网站优化奋斗个三五年也就能够入手了",把主打关键词融入到与栏目相关的内容中,既可以通过管理员审核,又不会引起读者反感,一箭双雕。

问题 101. 我想在淘宝直通车上推广山核桃,如何开通直通车?

淘宝直通车是为淘宝卖家量身定做的推广工具,它可以让淘宝卖家方便地在淘宝和雅虎搜索上推广自己的宝贝。它是一种全新的搜索竞价模式,它的竞价结果不只可以在雅虎搜索引擎上显示,还可以在淘宝网(以全新的"图片+文字"的形式显示)上充分展示。淘宝直通车没有任何服务费,第一次开户预存 500 元,全部是您的广告费,当您开始做广告后,点击费用就从这里面扣除。

(1)登录我的淘宝,在"我是卖家"页面,点击"营销中心"下的"我要推广"(如图 6.32、6.33 所示)。

图 6.32 淘宝后台 　　图 6.33 "我要推广"工具列表

(2)点击"淘宝直通车",进入直通车首页,在右侧部分点击"立即充值"(如图 6.34 所示)。

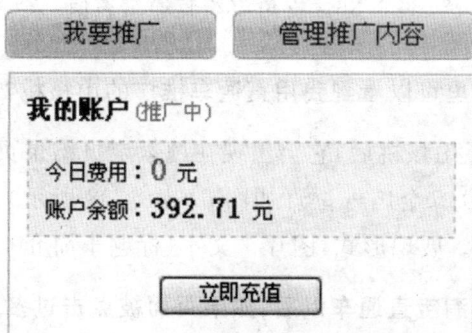

图 6.34 直通车首页

(3)在充值页面,充值金额最少为 500 元,选择充值金额后,单击"立即充值"(如图 6.35 所示)。

(4)登录支付宝账户,完成充值(如图 6.36 所示)。

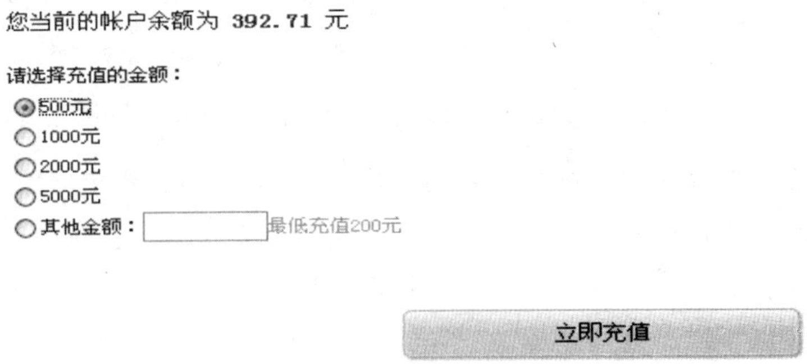

您当前的帐户余额为 392.71 元

请选择充值的金额：

◉ 500元
○ 1000元
○ 2000元
○ 5000元
○ 其他金额： [   ] 最低充值200元

[立即充值]

图 6.35   选择充值金额

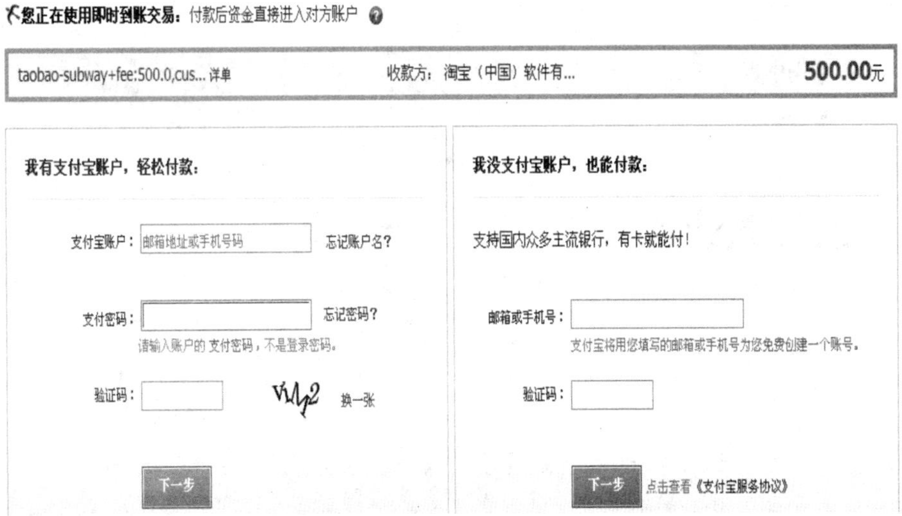

您正在使用即时到账交易：付款后资金直接进入对方账户 ❓

| taobao-subway+fee:500.0,cus... 详单 | 收款方：淘宝（中国）软件有... | 500.00元 |

我有支付宝账户，轻松付款：

支付宝账户： [邮箱地址或手机号码]   忘记账户名？

支付密码： [   ]   忘记密码？
请输入账户的支付密码，不是登录密码。

验证码： [   ]   VW2 换一张

[下一步]

我没支付宝账户，也能付款：

支持国内众多主流银行，有卡就能付！

邮箱或手机号 [   ]
支付宝将用您填写的邮箱或手机号为您免费创建一个账号。

验证码： [   ]

[下一步] 点击查看《支付宝服务协议》

图 6.36   支付宝给直通车充值

问题 102. 在哪里可以看到我用直通车推广的山核桃？

当您用直通车推广了山核桃后，它会出现在搜索宝贝结果页面的右侧（8 个广告位）和宝贝结果页面的最下端（5 个广告位）（如图 6.37、6.38 所示）。搜索页面可一页一页往后翻，展示位以此类推。展现形式：图片＋文字（标题＋简介）。

问题 103. 开通淘宝直通车以后，如果页面被点击过多，费用承担不了怎么办？

卖家关键词的排名是有高低的，同一个关键词，出价高的在上面，依次类推。因此，您只有出价非常高时才有机会出现在首页的直通车广告位里。直通车是按点击量收费的，如果买家点击您的直通车广告图片，您就要付钱给淘宝。所以，点击量越多，费用越高。

有两个方法可以防止您的直通车广告被恶意连续点击：

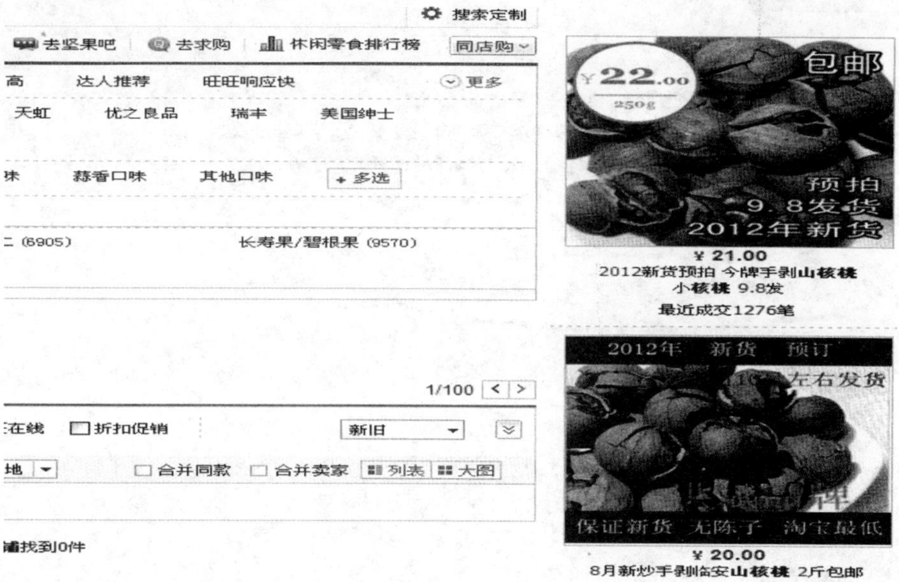

图 6.37 搜索结果页面右侧的直通车广告

图 6.38 搜索结果页面底端的直通车广告

◆ **防恶意点击系统**。为了排除竞争对手之间的恶意点击,淘宝直通车开发了防恶意点击系统:淘宝直通车强大的防恶意点击系统,可以保证每个点击都是真实有效的,绝不会放过任何一个恶意!

◆ **卖家自己设置直通车日限制**。这样的话,不管广告位被点击多少次,每天最多扣除自己规定的限额(如图 6.39 所示)。

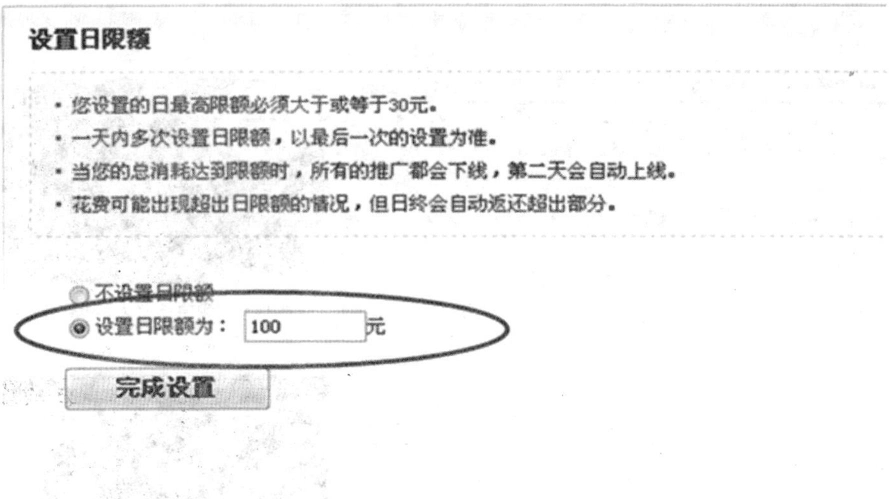

设置日限额

- 您设置的日最高限额必须大于或等于30元。
- 一天内多次设置日限额,以最后一次的设置为准。
- 当您的总消耗达到限额时,所有的推广都会下线,第二天会自动上线。
- 花费可能出现超出日限额的情况,但日终会自动返还超出部分。

○ 不设置日限额
● 设置日限额为: [100] 元

[完成设置]

图 6.39　直通车日限额

问题 104. 怎样为山核桃建立直通车推广计划?

直通车推广计划是根据淘宝直通车用户推广的需求,专门研发的多推广计划的功能。

(1)登录直通车推广页面,在"我的推广计划"模块中单击"新建推广计划"(如图6.40所示)。

我的推广计划　　　　　　　　　　　　　　　　🔘推广计划视频说明

[暂停推广] [参与推广]　　　　　　　　　　　　　　　[新建推广计划]

□	状态	推广计划名称	计划类型	分时折扣	日限额	投放平台	展现量	点击量	点击率	操作
□	暂停	默认推广计划	标准推广	100%	￥30	淘宝站内	-	-	-	👆
□	暂停	活动专区	活动推广	100%	不限	-	-	-	-	👆
□	暂停	山核桃	标准推广	110%	￥30	淘宝站内	-	-	-	👆
□	不在投放时间内,下线	小番薯	标准推广	0%	￥30	淘宝站内 淘宝站外	-	-	-	👆
□	暂停	笋干	标准推广	150%	￥30	淘宝站内 淘宝站外	-	-	-	👆

图 6.40　我的推广计划

(2)输入推广计划名称(如图6.41所示)。

(3)在推广中的宝贝页面,单击"推广新的宝贝"(如图6.42所示)。

(4)输入宝贝关键字,然后单击"搜索"(如图6.43所示)。

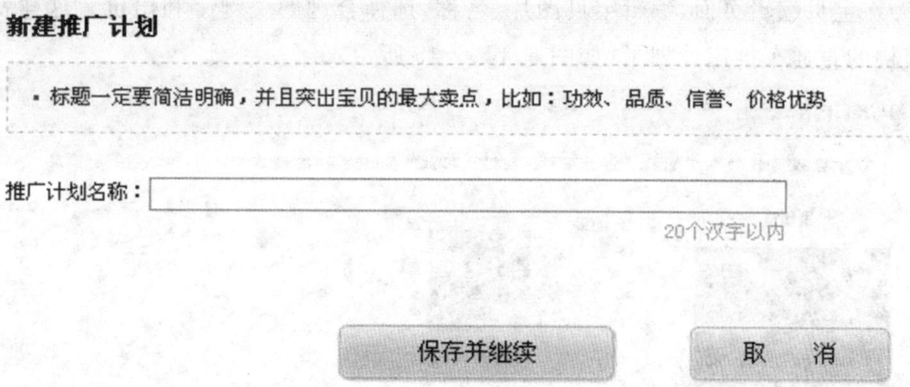
新建推广计划
▪ 标题一定要简洁明确，并且突出宝贝的最大卖点，比如：功效、品质、信誉、价格优势
推广计划名称：
20个汉字以内
保存并继续
取 消

图 6.41　推广计划名称

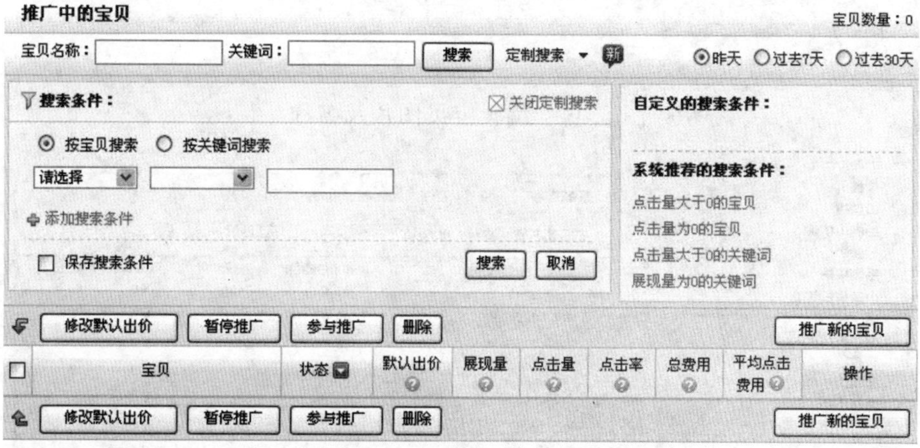
推广中的宝贝
宝贝数量：0
宝贝名称：
关键词：
搜索
定制搜索
新
昨天
过去7天
过去30天
搜索条件：
关闭定制搜索
按宝贝搜索
按关键词搜索
请选择
添加搜索条件
保存搜索条件
搜索
取消
自定义的搜索条件：
系统推荐的搜索条件：
点击量大于0的宝贝
点击量为0的宝贝
点击量大于0的关键词
展现量为0的关键词
修改默认出价
暂停推广
参与推广
删除
推广新的宝贝
宝贝
状态
默认出价
展现量
点击量
点击率
总费用
平均点击费用
操作

图 6.42　推广宝贝页面

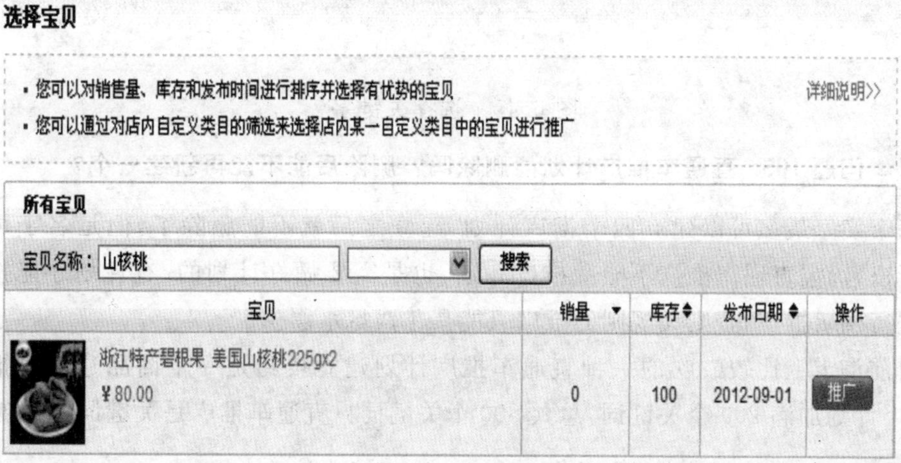
选择宝贝
▪ 您可以对销售量、库存和发布时间进行排序并选择有优势的宝贝
详细说明>>
▪ 您可以通过对店内自定义类目的筛选来选择店内某一自定义类目中的宝贝进行推广
所有宝贝
宝贝名称：山核桃
搜索
宝贝
销量
库存
发布日期
操作
浙江特产碧根果 美国山核桃225gx2
￥80.00
0
100
2012-09-01
推广

图 6.43　选择宝贝

（5）在宝贝编辑页面,编辑宝贝图片、名称,选择合理的关键字和出价。这样就建立了山核桃的直通车推广计划了(如图 6.44、6.45 所示)。

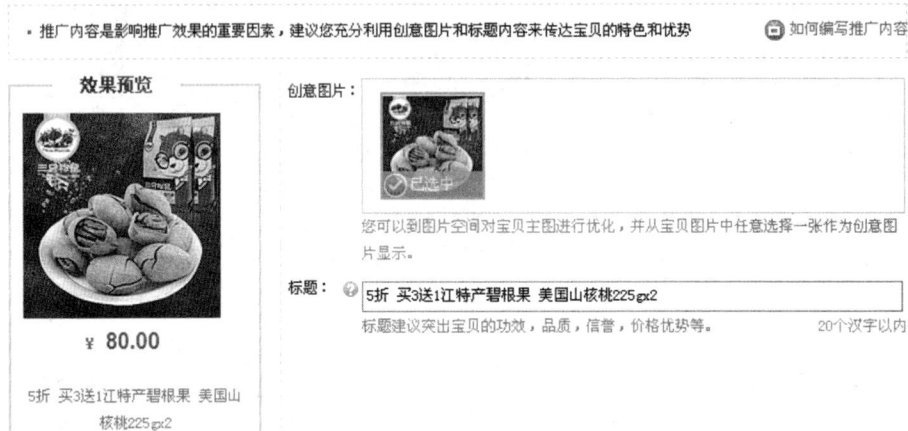

图 6.44　编辑宝贝图片及名称

图 6.45　选择关键字

问题 105. 直通车推广计划能删除吗? 删除后能不能再新建一个?

每个卖家最多可以建立四个推广计划,建立之后就不能删除了,但是名字可以修改。所以,淘宝直通车推广不能乱推广一通,也是需要做好计划的,有计划才能按部就班地进行网店推广,否则无规则的推广只能是花钱打水漂。

目前淘宝上比较鼓吹的一种直通车推广计划建立技巧是一个商品建四个推广计划,每个计划加满 200 个关键词,总共 800 个关键词! 直通车推广是关键词越多越好。

问题 106. 哪些宝贝适合用直通车进行推广?

◆ **当季热销**。推广目前买家有购买需求的宝贝,例如冬天推广羽绒服。

◆ **店铺热销**。店铺热销宝贝是店铺主推宝贝,也是店铺成交额最大的宝贝。

◆ **累计销售记录高**。销售记录越高,买家购买的概率越大,买家都有追风的心理。

◆ **好评多的宝贝**。买家很容易受买家评价的影响,买家也只能通过别的买家购买反映的好坏来判断这个宝贝的好坏。

◆ **库存充足的宝贝**。一定要选择库存充足的宝贝,才利于宝贝的成长。

◆ **性价比高的宝贝**。宝贝的质量和价格都要有竞争优势,跟别的卖家相比物美价廉。

◆ **宝贝详情页面质量好的宝贝**。宝贝实拍图多、细节图多,卖点突出,有竞争力,吸引顾客。

问题 107. 开通淘宝直通车的"启用类目出价"功能有什么好处?

卖家利用直通车推广新的宝贝时,要选择是否启用类目出价功能。什么叫类目出价? 如果说您在发布商品的时候有类目的选择,那些类目名称的价格就是类目出价了(如图 6.46 所示)。

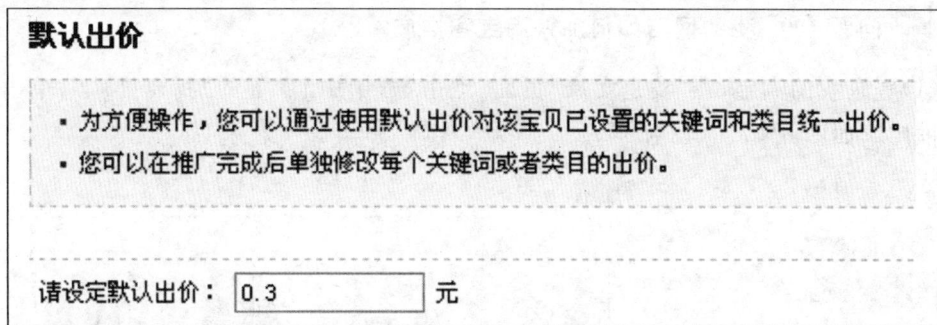

默认出价

- 为方便操作,您可以通过使用默认出价对该宝贝已设置的关键词和类目统一出价。
- 您可以在推广完成后单独修改每个关键词或者类目的出价。

请设定默认出价: 0.3 元

图 6.46　类目出价功能

每个商品在淘宝都有自己的分类(在您发布商品的时候选的那些分类),只要您在推广的宝贝类目出价里出价,当买家进入这个商品类目(比如"坚果/美食"类目),而又没有输入搜索词的时候,如果您的类目出价较高且商品排名靠前的话,您的商品就会自动出现在推荐位。

(1)关键词是您宝贝推广的核心,是买家找到您宝贝的桥梁。此外,也可为您带来更多精准流量买家,如果您不设置,当买家在淘宝网按照关键词进行搜索时,您的宝贝将不会被展示。

(2)类目出价可以为您的宝贝带来更多的展现机会,从而增多宝贝流量;如取消设置,会丢失大批量的潜在买家。

(3)如果您既不设置关键词,又无类目出价,是无法在淘宝直通车推广中展现的。

问题 108. 淘宝客推广有何优势？我可以用淘宝客推广山核桃吗？

淘宝客推广是一种按成交计费的推广模式,淘宝客只要从淘宝客推广专区获取商品代码,任何买家经过淘宝客的推广(链接、个人网站、博客或者社区发的帖子)进入淘宝卖家店铺完成购买后,淘宝客就可得到由卖家支付的佣金。

淘宝客推广属于效果类广告,区别于淘宝直通车的按点击付费。淘宝客是按照实际的交易完成(买家确认收货)作为计费依据的。

淘宝客推广有如下优势:

◆ **操作简单**。即可获得站外优质流量投放推广。

◆ **低投入高回报**。按成交效果付费,广告展示及点击都不计费。

◆ **佣金设置灵活**。可具体到单品及流量来源渠道,针对性强,满足店铺个性化推广需求。

卖家加入淘宝客推广的准入要求。

(1)卖家信誉达到一颗心级及以上。

(2)店铺好评率达到 97.5%。

问题 109. 我的网店如何加入淘宝客推广？

(1)登录我的淘宝,在"我是卖家"页面,点击"营销中心"下的"我要推广",单击"淘宝客推广"(如图 6.47、6.48 所示)。

图 6.47　淘宝后台　　　　　　　图 6.48　"我要推广"工具列表

(2)在淘宝客首页里,单击"推广计划管理"(如图 6.49 所示)。

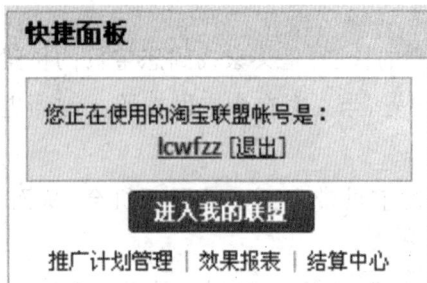

图 6.49　淘宝客推广快捷面板

问题 **110.** 我要推广山核桃,怎样新建定向推广计划?

(1)登录淘宝客后台,在"推广计划管理"栏目下单击"新建定向推广计划"(如图6.50所示)。

当前位置:求推广 > 推广计划管理

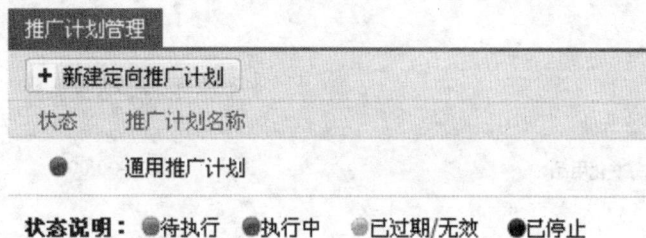

推广计划管理

╋ 新建定向推广计划

状态　推广计划名称

● 通用推广计划

状态说明: ●待执行 ●执行中 ●已过期/无效 ●已停止

图 6.50 推广计划管理页面

(2)编辑计划。输入推广计划名称,选择推广计划是否公开和审核方式,并填写推广计划说明(如图 6.51 所示)。

计划名称: 山核桃 ✓

是否公开: ⊙公开 ○不公开

审核方式: ⊙全部自动审核

○等级大于 一心 ▼ 的淘宝客,自动审核通过

○全部手动审核

说明: (从外部拷贝的文本请先使用txt文本编辑器去除格式,否则会导致字数计算不准)

↺ ✎ ✑ 大小 字体 ▼ **B** *I* <u>U</u> A 普通文本 ▼ 三 三 三

本店销售的山核桃,是浙江特产,销售非常火爆,买家评价很好,设置的淘宝客佣金很高。

图 6.51 编辑计划

(3)然后选择推广计划的起始日期和结束日期,随后单击"下一步类目佣金设置"(如图 6.52 所示)。

起始日期: 2012-09-02

结束日期: 2012-09-09 不限

下一步类目佣金设置

图 6.52 推广计划的时间设置

（4）为山核桃设置类目佣金，最后单击"保存"即可（如图6.53所示）。

设置类目佣金

淘宝类目	佣金限制	佣金设置
家居饰品	1.50%-90.00%	⬜%
住宅家具	1.50%-90.00%	⬜%
3C数码配件	1.00%-90.00%	⬜%
电子词典/电纸书/文化用品	0.50%-90.00%	⬜%
家装主材	1.50%-90.00%	⬜%
居家日用/婚庆/创意礼品	1.50%-90.00%	⬜%
清洁/卫浴/收纳/整理用具	1.50%-90.00%	⬜%
零食/坚果/特产	1.50%-90.00%	3%
户外/登山/野营/旅行用品	1.50%-90.00%	⬜%
玩具/模型/动漫/早教/益智	1.50%-90.00%	⬜%
鲜花速递/花卉仿真/绿植园艺	1.50%-90.00%	⬜%

返回上一步　　保存

图6.53　设置类目佣金

问题111. 如何为山核桃设置淘宝客佣金？

（1）在推广计划管理页面，在"山核桃"推广计划栏目中单击"设置商品佣金"（如图6.54所示）。

（2）在"山核桃"推广计划页面，单击"新增主推商品"，并选择山核桃宝贝，单击"下一步设置商品佣金"（如图6.55、6.56所示）。

（3）设置山核桃的佣金比率，单击"保存"即可（如图6.57所示）。

问题112. 我的山核桃参加了淘宝客推广，卖出去的小番薯是否要支付佣金？

如果买家通过淘宝客推广链接直接购买了这件商品，按照该商品对应的佣金比率

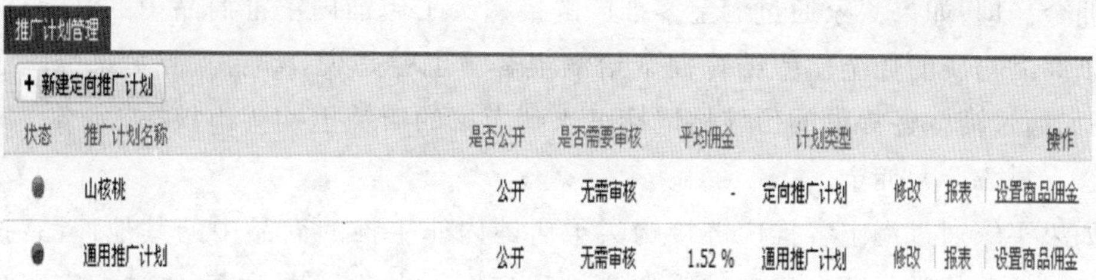
推广计划管理
+ 新建定向推广计划
状态 推广计划名称 是否公开 是否需要审核 平均佣金 计划类型 操作
山核桃 公开 无需审核 - 定向推广计划 修改 | 报表 | 设置商品佣金
通用推广计划 公开 无需审核 1.52 % 通用推广计划 修改 | 报表 | 设置商品佣金

图 6.54　淘宝客管理快捷菜单

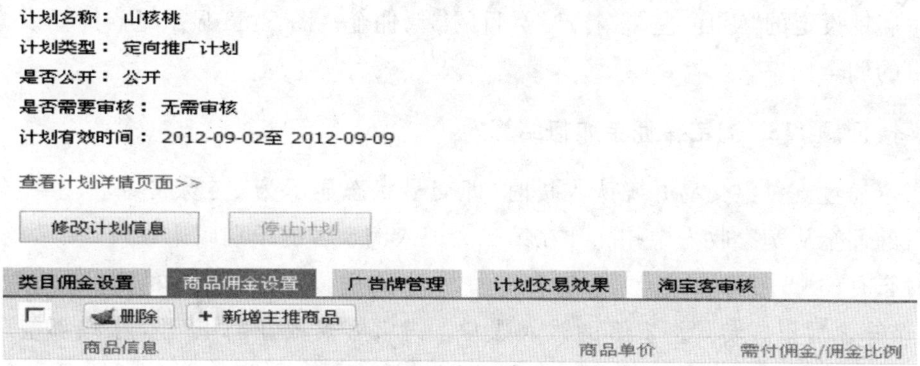
计划名称： 山核桃
计划类型： 定向推广计划
是否公开： 公开
是否需要审核： 无需审核
计划有效时间： 2012-09-02至 2012-09-09
查看计划详情页面>>
修改计划信息
停止计划
类目佣金设置 商品佣金设置 广告牌管理 计划交易效果 淘宝客审核
删除
+ 新增主推商品
商品信息 商品单价 需付佣金/佣金比例

图 6.55　山核桃推广计划页面

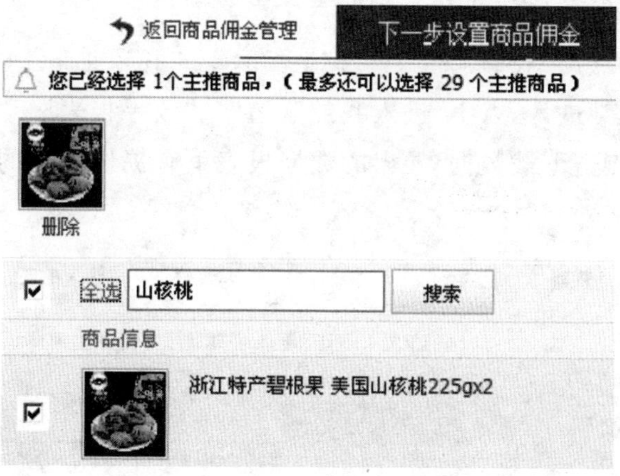
返回商品佣金管理
下一步设置商品佣金
您已经选择 1个主推商品，（最多还可以选择 29 个主推商品）
删除
全选 山核桃 搜索
商品信息
浙江特产碧根果 美国山核桃225gx2

图 6.56　选择主推商品

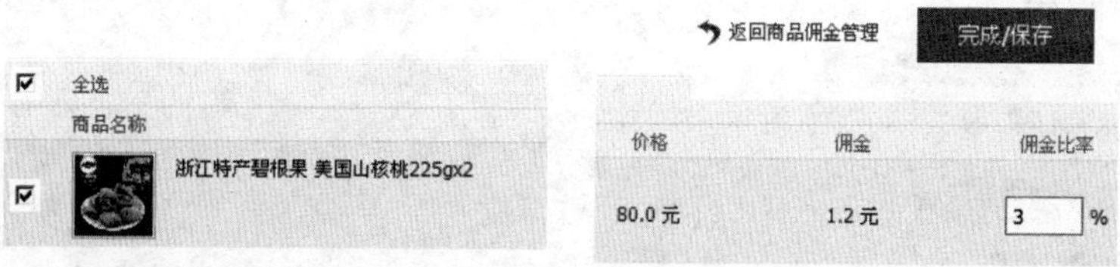
返回商品佣金管理
完成/保存
全选
商品名称
浙江特产碧根果 美国山核桃225gx2
价格 佣金 佣金比率
80.0 元 1.2 元 3 %

图 6.57　设置佣金比率

结算佣金。即：如果买家通过淘宝客推广链接购买了店铺内主推商品中的某一件商品，按照该商品对应的佣金比率结算佣金给淘宝客。也就是说，淘宝客帮卖家推广了山核桃，买家通过淘宝客提供的山核桃链接进入到卖家的店铺里购买山核桃，那么卖家要向淘宝客支付 1.2 元佣金。

如果买家通过淘宝客推广链接购买了店铺内非主推的商品中的其他商品，按照店铺各类目统一的类目佣金比率结算佣金给淘宝客。也就是说，买家通过淘宝客提供的山核桃链接进入到卖家的店铺里，虽然没买山核桃，买的是小番薯，但卖家也要向淘宝客支付店铺设定的"零食/坚果/特产"类目的 3% 佣金。图 6.53 显示了店铺里设置的各个类目的佣金比率。

问题 113. 淘宝客佣金如何结算？

买家通过支付宝交易并确认收货时（即交易状态显示为"交易成功"），系统会自动将应付的佣金从卖家收入中扣除并在第二天记入淘宝客的预期收入账户。

每个月的 15 日都会做上一个整月的月结，月结时候将收取佣金的 10% 作为技术服务费，结算之后正式转入淘宝客的收入账户。淘宝客需要在阿里巴巴账户绑定通过实名认证的支付宝账号后，才可以提现到该支付宝账户。

问题 114. 我从哪里可以看到佣金支出明细？

登录淘宝账户，点击"我的淘宝"—"我是卖家"—"我要推广"—"营销入口"—"常用链接"—"淘宝客推广"进入，点击"进入我的联盟"—"效果报表"—"淘宝客效果报表"—"交易效果查询"里点击下载数据，导出的数据报表里有提供淘宝的订单编号（如图6.58所示）。

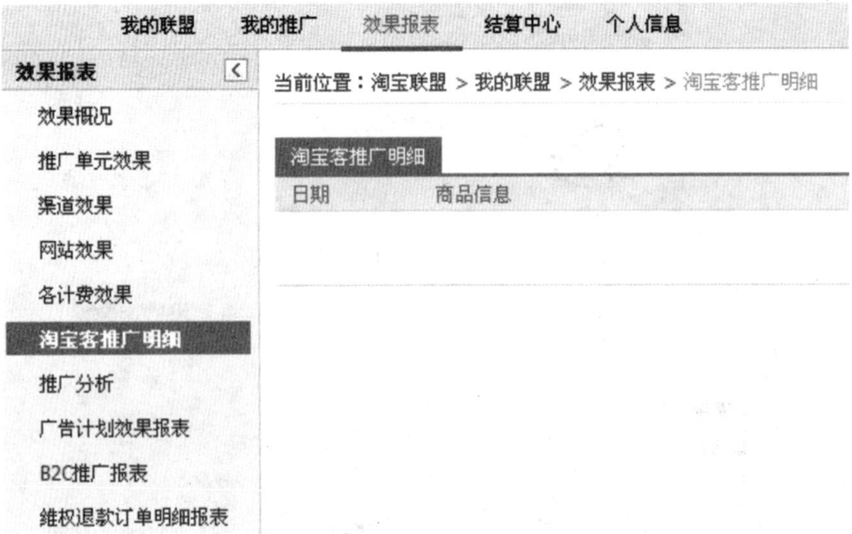

图 6.58　淘宝客效果报表

第七章　王婆卖瓜——产品促销

案例导读

　　在专家的指导下,王刚在店内的店招、促销区进行推广,同时利用直通车、淘宝客、友情链接等手段推广,也在国内著名论坛、QQ 群、微博上推广自己的网店,网店流量日渐高涨,进入到店铺的顾客越来越多。他发现顾客来的人多,但主动在阿里旺旺上询问宝贝详情的却依然很少,成交量没有明显提高,这是怎么回事呢?

　　专家告诉他,虽然很多卖家通过站内和站外的多种营销与推广手段大大地提高了店铺的浏览量,吸引了大量顾客进入到店铺里,但是店内宝贝的促销力度不够的话,顾客是不会最终购买的。如果不想办法提高转化率,那千方百计带来的浏览量就会变成无效的流量。

　　因此,王刚尝试着给商品做促销活动,能够逐渐熟练运用打折、包邮、满就送等促销工具,大大增强了商品的吸引力,前来咨询的顾客多了起来,成交量也不断增加,生意有了明显起色。

问题 115. 淘宝网店有哪些常用的促销方式?

　　除了在店内商品标题、商品图片、商品描述上做好"内功"外,卖家还要积极参加淘宝 VIP、特价包邮、满就减、满就送等促销活动,这样将大大提高参加活动产品的曝光率,从而提升整个店内的流量。

　　◆ **限时折扣**。在限定的时间内(比如节日期间或者某个时间段)产品以特价出售。这是卖家常用的一个促销工具,也是最简单且容易出效果的工具。

　　◆ **秒杀**。秒杀就是网络卖家发布一些超低价格的商品,所有买家在同一时间网上抢购的一种销售方式。由于商品价格低廉,往往一上架瞬间就被抢购一空。

　　◆ **换购**。换购就是买家购买金额达到一定的标准后,再加一笔钱就可以买到价值较高的其他商品。例如,买家消费满 80 元的时候,再加 5 元,就可以换到一个价值远远超过 5 元的东西。

　　◆ **包邮**。包邮是指在网上购买商品,由卖家来承担邮寄费用,不需买家自己掏腰包。包邮是卖家常用的促销手段之一。

◆ **满就送**。当买家消费满一定金额或者商品件数达到标准后,卖家会免费送赠品给买家。

问题116. 店里的笋干销量很低,该怎么办?

没开网店之前,感觉很容易,但一旦自己干了,就愁容不断,最大的忧虑就是销量低了该怎么办。导致宝贝销量低的原因有很多,需要具体分析实际情况,然后再找出原因。

◆ **流量低导致销量低**。网店的推广工作没做好,很少有买家知道您网店的存在,就不会进入您的店铺,网店的流量很少,购买的人就更少。因此,针对此类问题,需要采取有效的推广方式宣传您的网店。

◆ **宝贝的卖点不够导致销量低**。比如,笋干的图片不好看,商品描述不能引起买家的兴趣。这时,卖家就得仔细下工夫,将宝贝的图片和商品描述做得更加诱人。

◆ **价格没吸引力导致销量低**。买家购买商品很看重的就是价格是否实惠,卖家必须要采用多种促销活动,如限时打折、包邮、满就送等方式,突出宝贝的物美价廉,让买家买得划算。

◆ **网店其他宝贝卖得好,笋干销量低**。这时,可以采用搭配销售策略,比如将销量很高的山核桃与笋干一起销售,这样会带动笋干的销量。

问题117. 淘宝的限时折扣是什么功能?这个功能收费吗?

大部分卖家在促销产品时的第一选择就是限时折扣。它是指在限定的时间里将商品价格作特价处理,以此来吸引买家购买。限时折扣通常以降价促销和打折促销为主(如图7.1、7.2所示)。

图7.1 降价促销

图7.2 打折促销

淘宝限时打折是淘宝提供给卖家的一种店铺促销工具,该功能是收费的,订购了此工具的卖家可以在自己店铺中选择一定数量的商品在一定时间内以低于市场价进行促销活动。活动期间,买家可以在商品搜索页面根据"限时打折"这个筛选条件找到所有正在打折中的商品。

卖家通过"软件服务/产品"订购页面去订购店铺营销工具,订购成功直接收费。旺铺卖家订购,天猫卖家免费使用。限时折扣功能是收费的,目前是 30 元/季、60 元/半年、120 元/年。

问题 118. 我能够将山核桃打成 5 折促销吗?

如果要使用限时折扣功能,卖家要借助促销软件来实现。其中,有些与淘宝网合作的促销软件,如超级店长、营销宝等,最多只能将商品折扣设置为 7 折,低于 7 折是做不到的。而通过购买淘宝网自身的"限时折扣"功能,则可以不受 7 折的限制,卖家可以随意地设置折扣额度,比如 3 折、5 折等。

因此,卖家如果购买淘宝网自身的"限时折扣"功能,是可以将山核桃打成 5 折促销的。如果用其他促销软件,则不能。

问题 119. 有哪些免费的促销软件? 怎样添加促销软件功能?

目前,与淘宝网合作的促销软件有很多,如超级店长、营销宝、超级满就送、淘助手等。如果卖家想免费试用或购买某些促销软件,要按照以下步骤来添加促销软件。

(1)登录淘宝网"我是卖家"页面,在"营销中心"模块下单击"促销管理"(如图 7.3 所示)。

(2)选择"热门工具",并单击右侧页面的"添加更多营销工具"(如图 7.4 所示)。

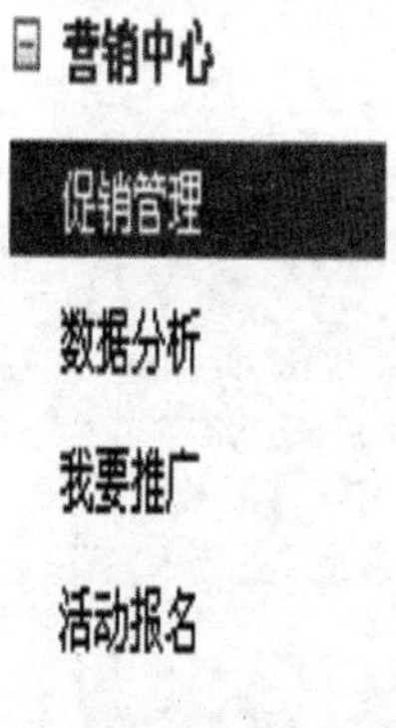

图 7.3　营销中心 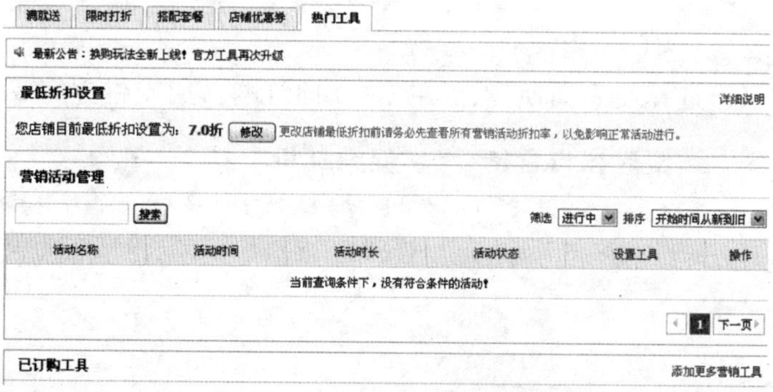　　　　　　　　图 7.4　热门工具页面

(3)在新弹出的"营销推广"页面,单击"促销工具"(如图 7.5 所示)。

(4)在新页面里,选择感兴趣的营销软件,可以免费试用或付费购买(如图 7.6 所示)。

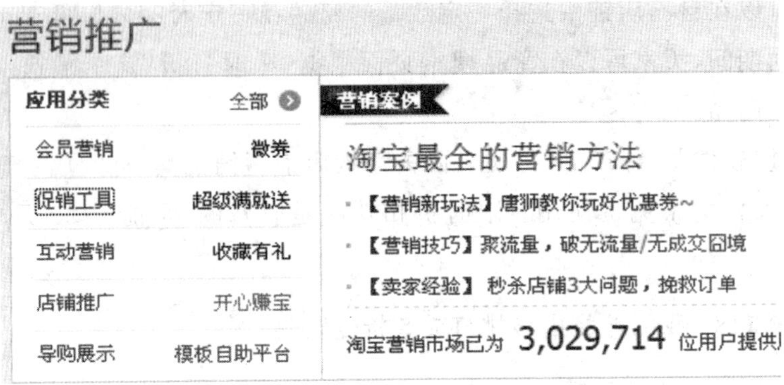

图 7.5　营销推广页面

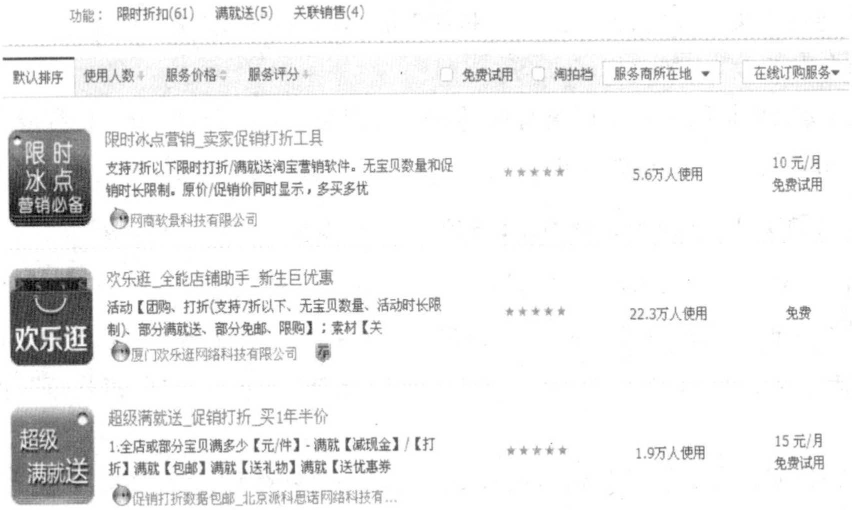

图 7.6　促销软件

（5）选择使用周期，然后单击"立即订购"，用支付宝完成支付即可（如图 7.7 所示）。

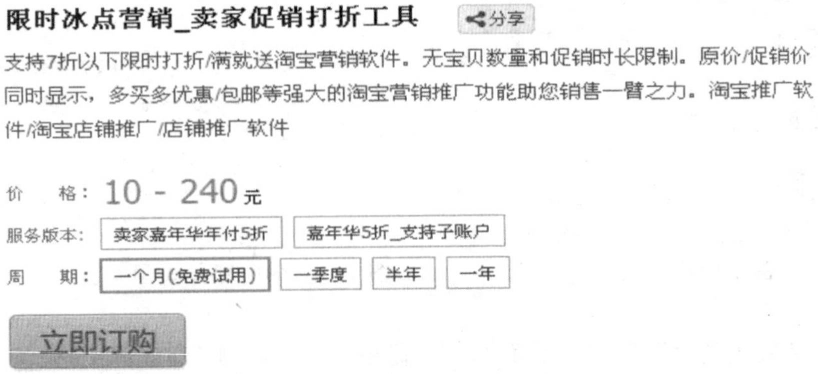

图 7.7　订购促销软件

问题 **120.** 如何设置限时折扣功能？

(1)进入卖家中心："我的淘宝"—"我是卖家"—"营销中心"(如图 7.8 所示)。

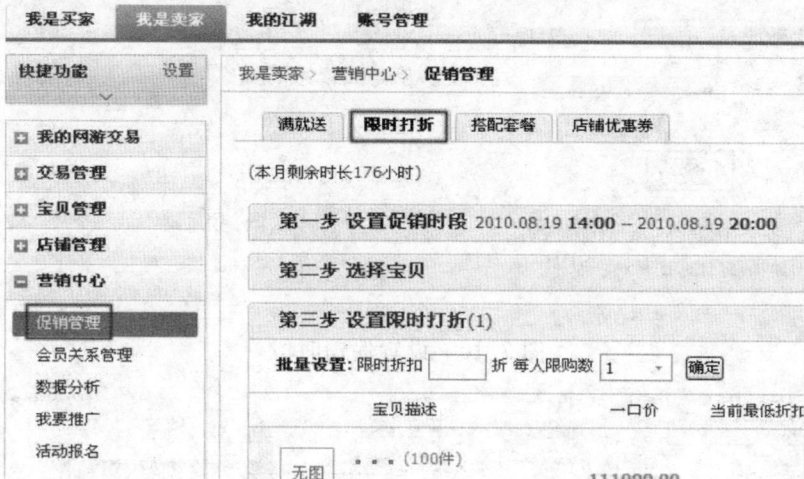

图 7.8 限时打折页面

(2)点击限时打折进入设置菜单，就可以创建活动了(如图 7.9 所示)。

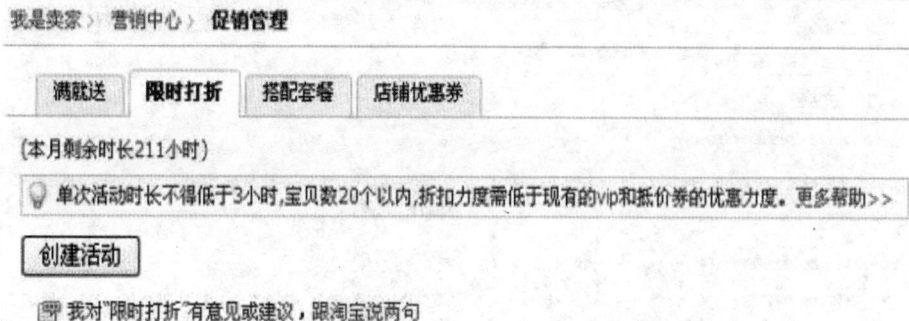

图 7.9 创建活动

(3)创建活动第一步，设置限时打折的活动时间段(如图 7.10 所示)。

(4)创建活动第二步，选择符合促销主题的商品(如图 7.11 所示)。

在选择宝贝时，如果"操作"中已经显示为"不参加了"则代表该类宝贝已经设置了打折，此时可点"不参加了"进行取消打折(如图 7.12 所示)。

(5)创建活动第三步，设置限时打折活动内容(如图 7.13 所示)。

(6)完成创建后，可在菜单页面上选择修改，并且可以进入商品详情页面查看具体秒杀活动内容(如图 7.14 所示)。

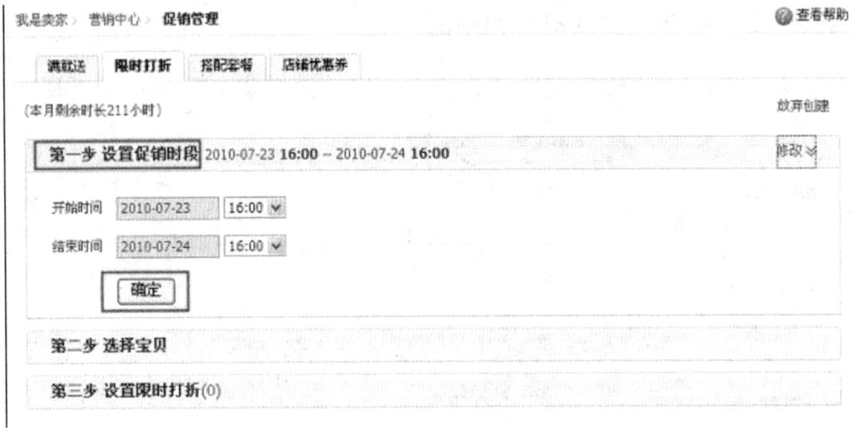

图 7.10　设置促销时段

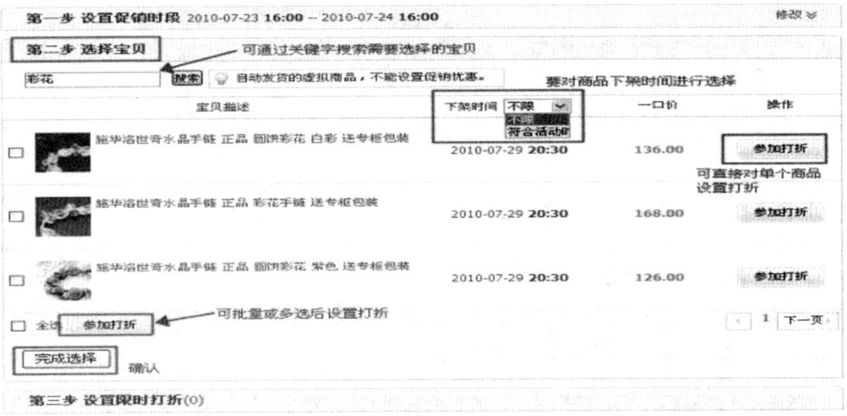

图 7.11　选择宝贝

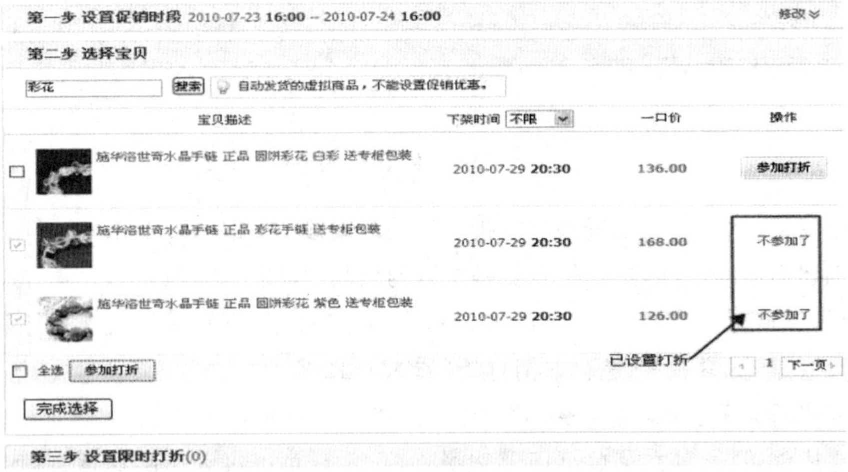

图 7.12　参加打折

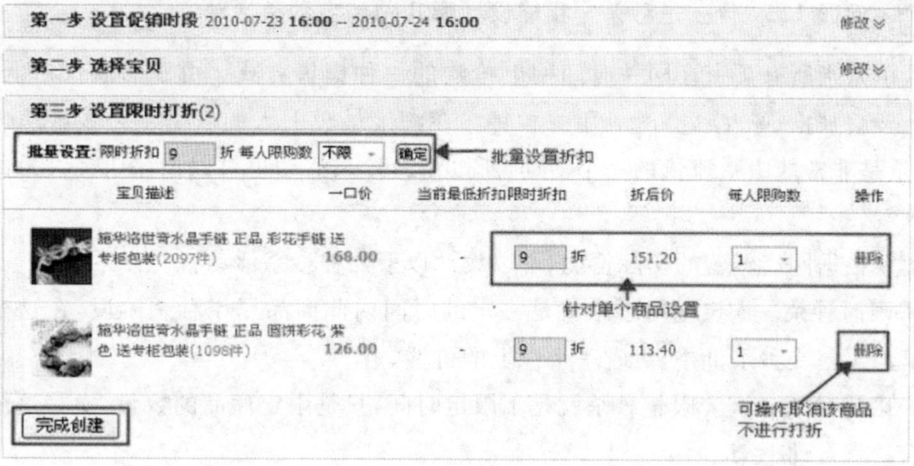

图 7.13 设置活动内容

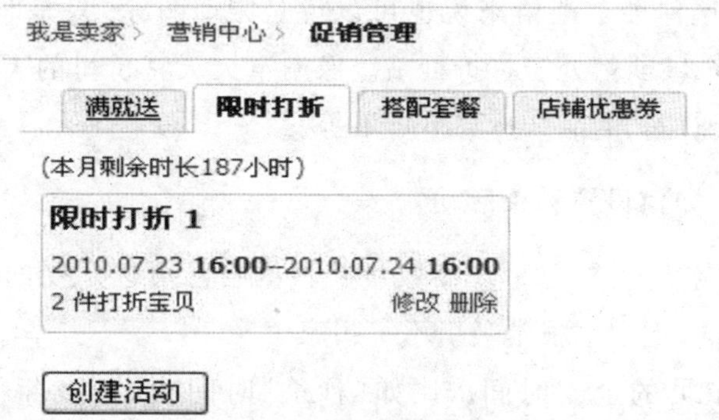

图 7.14 完成创建

问题 121. 使用限时折扣功能有哪些技巧?

◆ **给顾客时间紧迫感**。大街上常有"大甩卖最后 1 天"的广告,其实哪一天都是最后一天,只是让顾客产生时间紧迫感,今天非买不可,明天就没有这么大的优惠了,从而强烈刺激顾客的购买欲望,其实在网上销售商品也是一样的道理,最后一天甩卖,"直降 10 元",还可以"买一送二",着实便宜。但是搞特价的时间不能太长,最忌讳常年一直在搞特价,例如春节、国庆等长假节日就只做 2~3 天特价,这样买家就会有可以占到便宜的感觉。

◆ **展示特价幅度**。特价幅度要大,而且展示的手法要有技巧。例如商品由 1000 元降到 800 元应该标明是"直降 200",而不要写成打 8 折或者 8 折优惠,要是 20 元的商品降到 10 元,那就应该写半价出售,就不要写直降 10 元了。

问题 122. 什么是秒杀？我能设计哪几种淘宝秒杀活动？

秒杀是指所有买家在同一时间网上抢购的一种销售方式。由于商品价格低廉，往往一上架就被抢购一空，有时只用一秒钟。在淘宝最吸引人的就是 1 元钱秒杀一辆汽车，秒杀是非常能吸引流量的一个活动，所以借助秒杀活动也可以招徕店铺大量的浏览量和人气。

卖家根据网店经营的实际情况，可以设计以下几种秒杀活动：

◆ **限时秒杀**。淘宝限时秒杀就是一定的时间内此商品属于秒杀阶段，在这个秒杀阶段里购买享受秒杀价格，可省一半以上的价钱。

◆ **限量秒杀**。淘宝限量秒杀就是不限定时间，只是限定商品的数量，卖完这个数量秒杀活动就自动下架。

◆ **一元秒杀**。一元秒杀只是一个大概，一般就是商品卖价统一为一元。一般商家都会限量，秒杀商品不会超过十件。一元秒杀只是商家宣传推广的一种手段。

◆ **打折秒杀**。这种秒杀严格来说也可以说是限时秒杀，只是时间会比较长一点。一般两天时间或一个星期都处于打折秒杀。像淘宝天天特价里的天天推荐就是打折秒杀形式，时间为三天时间，商品 3 折到 7 折不等。

问题 123. 如何设置秒杀活动？

就像平常发布宝贝一样，但是产品数量要根据自己可以承受的亏本范围来定。因为秒杀是肯定亏本的，不亏本根本吸引不了买家。

(1)设置秒杀宝贝的上架时间。比如"秒杀"时间为：2012 年 9 月 9 日 20：00～22：00，所以设置时间为 2012 年 9 月 9 日 20：00 点零分，以后按照秒杀时间以此类推，设置某日 20 点零分（如图 7.15 所示）。

(2)宝贝设置好后，在仓库里——所有等待上架的宝贝里是找不到宝贝的，这时宝贝是没有在仓库的，在定时上架里宝贝状态：选择定时上架（如图 7.16 所示）。

(3)宝贝下架设置。既然是秒杀的产品，必定是很短的时间内就会被抢光的，假设您设置 10 件宝贝，几秒钟就被抢光了，那么改宝贝就会自动下架。

(4)秒杀活动的海报设置。首先把海报放到网络相册里，然后编辑公告栏（如图 7.17 所示）。

问题 124. 我想策划小番薯秒杀的活动，有哪些技巧？

设计秒杀活动需要注意以下技巧：

◆ **秒杀宝贝的价格就必须够震撼**。一个不痛不痒的价格是无法吸引买家疯抢的，商品降价幅度要相当大，形成巨大的价格落差。这是秒杀活动的特征之一。原本成百上千的价格才卖几元钱，没有人对这种实实在在的天上掉馅饼的活动不心动的。

4. 其他信息

会员打折： ○ 不参与会员打折　● 参与会员打折

有效期： ● 7天　💡 即日起全网一口价宝贝的有效期统一为7天

开始时间： ○ 立刻

　　　　　 ● 设定 2012年9月9日 ▾ 20 ▾ 时 0 ▾ 分　您可以设定宝贝的正式开始销售时间

　　　　　 ○ 放入仓库

秒杀商品： ☐ 电脑用户　☐ 手机用户　💡 若此商品参加秒杀活动，在此期间内必须设为秒杀商品，以防止作弊

橱窗推荐： ☐ 否　➖ 您只有45个橱窗位，当前已经推荐45个，不能再推荐了哦

发布　　**预览**

图 7.15　发布宝贝页面

| **等待上架的宝贝** | 全部卖完的宝贝 | 待您处理的违规宝贝 | 将进入历史记录的宝贝 | 历史宝贝记录 |

宝贝状态： 定时上架的 ▾

宝贝名称：　　　　　　　　　商家编码：　　　　　　　　　一级类目：

价格：　　　到　　　　总销量：　　　到

图 7.16　定时上架的宝贝

图 7.17　设置秒杀海报

◆ **秒杀的宝贝最好是比较受欢迎的一类。**很难想象没什么人需要的宝贝能让大家去疯抢。因为即使你价格低,买家也会因为对其用处不大而没有兴趣参加秒杀,在这里推荐大家选择人们日常生活中经常用的宝贝。

◆ **在搞秒杀活动之前,提前公布、多方宣传消息。**因为每次做秒杀的产品肯定不会太多,既然是赔本赚吆喝,就一定要提前公布秒杀活动信息,通过论坛、聊天工具、微博等工具多方宣传,吸引广大顾客的眼球。在秒杀的当天,所有感兴趣的顾客都会蜂拥而至,即使没有成功拍到也会看看您店里卖不卖其他便宜的商品。

问题 125. 什么是满就送? 使用它有何好处?

"满就送"是指淘宝网给卖家提供一个店铺营销平台,通过这个营销平台可以给卖家更多的流量。卖家的店铺促销活动可以面向全网推广,将便宜优惠的店铺促销活动推广到买家寻找店铺的购物路径当中,缩减买家购物途径的购物成本。"满就送"包含几种类型:满就减,满就送礼,满就送积分,满就免邮费。

使用"满就送",有以下好处:

◆ **提升店铺流量。**参加淘宝促销活动,上促销频道推荐,上店铺街推荐。

◆ **提高转化率。**把更多流量转化成有价值的流量,让更多进店的人购买。

"满就送"是收费的营销工具。收费的最小单位是季度。费用:季度(24 元),半年(48 元),一年(96 元)。天猫的卖家是免费使用这个功能的。

问题 126. 如何设置满就送活动?

(1)进入卖家中心:"我的淘宝"—"我是卖家"—"营销中心"(如图 7.18 所示)。

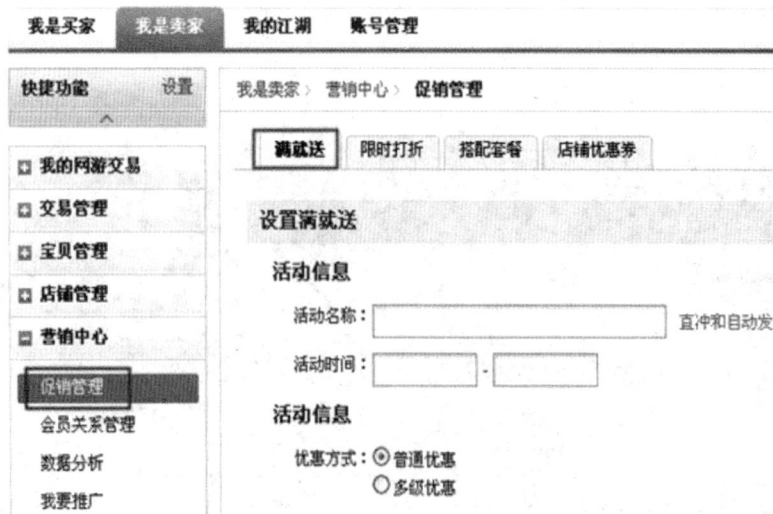

图 7.18   满就送页面

（2）进入满就送设置，就可以创建活动了。拓展版用户可以选择促销活动在淘宝店或者官方网店，管理更方便，设置更便捷（如图 7.19 所示）。

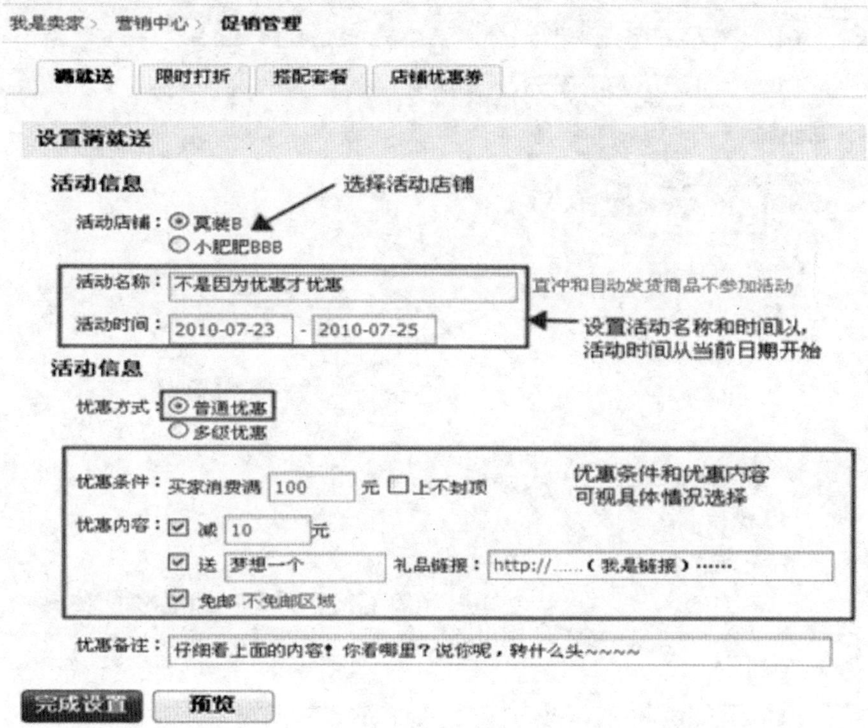

图 7.19 设置活动信息

（3）根据提示往下设置，可根据需求，设置多阶梯促销活动。多级优惠是指最多可同时设置 5 个不同的主题活动，促销方式更多样化。活动设置完成后，点击预览、完成设置（如图 7.20 所示）。

（4）已经设置好的活动，可操作更改或取消，同时也可将相关设置的代码复制到其他页面进行促销。同时，进入商品详情页面就可以显示具体满就送活动内容了（如图 7.21 所示）。

问题 127. 怎样设计包邮活动呢？

如果是包邮产品，按照 7 天无理由退换货的规则，非商品质量问题而由买家发起的退换货行为，商家包邮产品由双方分别承担发货运费。也就是说，由于买家一时的兴趣，购买了您的产品，回去后不是因为质量问题，而是觉得不顺眼不想要了，如果包邮产品，买家退货后商家不但没有做成生意，还要白白搭上运费，国内短距离的首付运费最低是 6 元，长距离的运费是 20～30 元。由于一般卖家是小卖家，快递量少，快递费是没有什么优惠的。像这样的邮费一两单还可以承担，多了对于小卖家来说，还真的"伤不

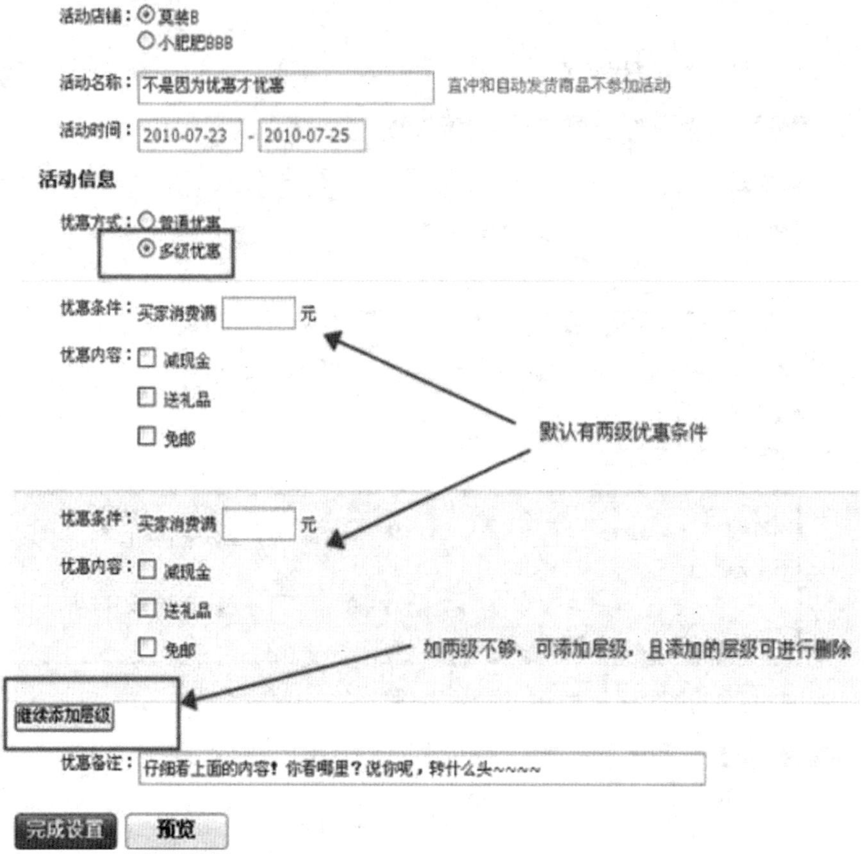

图 7.20　设置活动信息

起",本来生意就少,还要承担运费损失。

(1)图 7.22 是没有包邮的产品退货详情,不是因为质量问题退货的来回运费由买家承担。

(2)图 7.23 是包邮的产品退货详情,生意没有做成,发货时的运费也是由卖家承担的。

小卖家的淘宝路是跌跌撞撞地一路摸索着走来的,当我们搞活动做促销时,一定要先了解一下淘宝 7 天无理由退换货规则(如图 7.24 所示),做到有备无患,最大限度地减少我们的损失,保证我们小口袋里有限的人民币越赚越多。

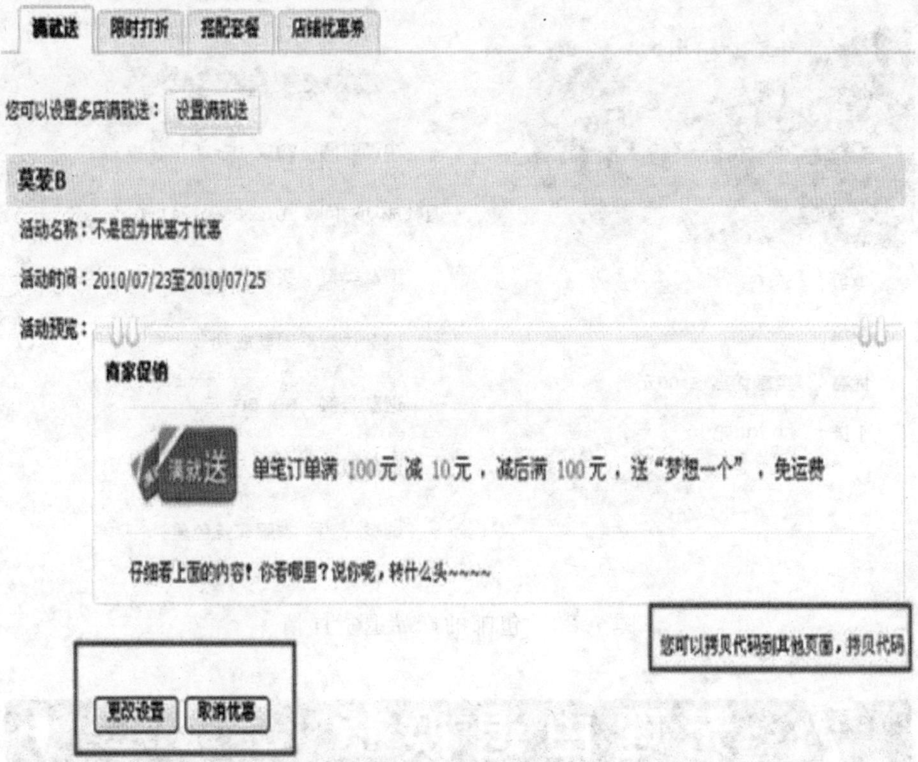

图 7.21 "满就送"活动信息

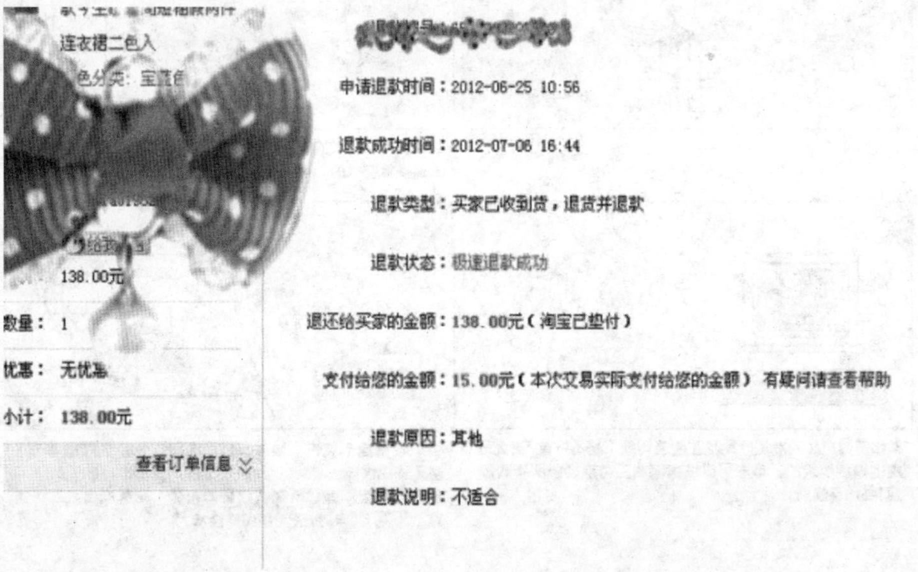

图 7.22 没有包邮的产品退货详情

单价： 65.00

数量： 1

优惠： 卖家优惠-5.00元

小计： 60.00元

查看订单信息 ⌄

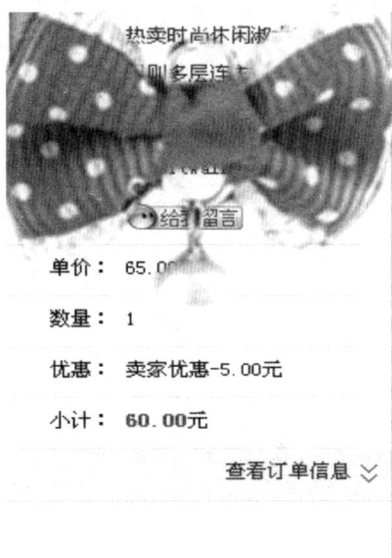

申请时间：2012-07-25 22:49

退款成功时间：2012-08-01 11:15

退款类型：买家已收到货，退货并退款

退款状态：退款成功

退款金额：60.00 元

退款原因：七天无理由退换货

退款说明：衣服有点色差

图 7.23　包邮的产品退货详情

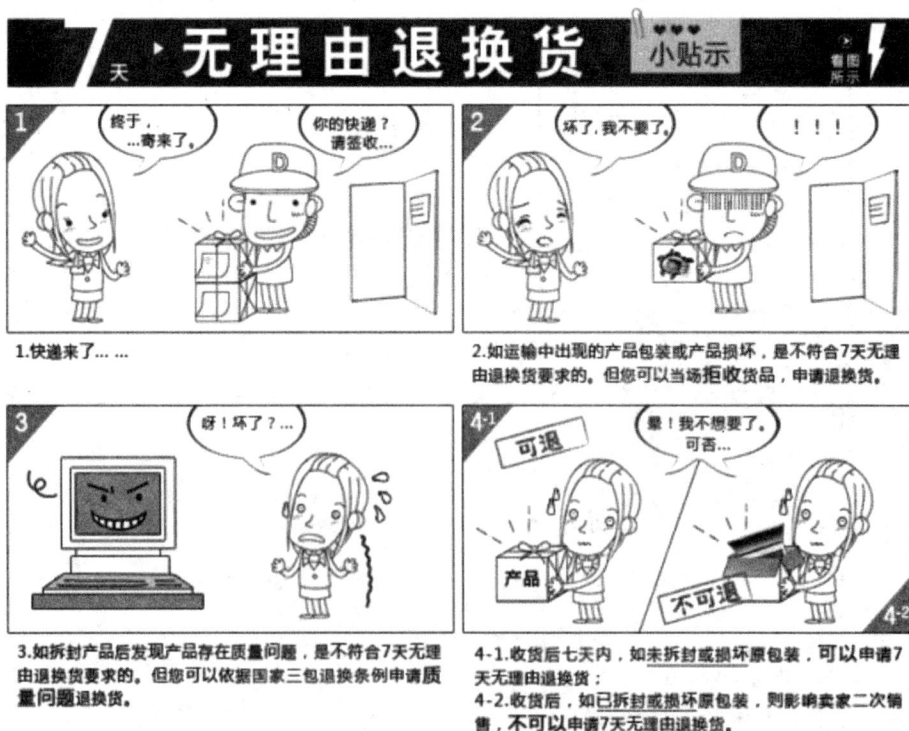

图 7.24　"7 天无理由退换货"漫画

第八章 有条不紊——订单处理

案例导读

由于不定期地开展了多种促销活动,进入王刚网店的顾客越来越多了,订单量越来越大。订单多了,王刚一时还忙不过来,偶尔会忙中出错。有的买家下单后不买了,有的要求修改送货地址,有的要求价格再优惠些,王刚一方面要接待其他买家的咨询,另一方面要处理这些需要修改的订单,他有些力不从心。还有些买家要求用指定的快递公司送货,还必须当天发货。他第一次发现原来订单处理的流程是非常繁琐的。

专家提醒他,很多卖家只知道到处推广网店、找订单,其实,一个网店想要长远地发展,熟练掌握订单的处理流程,也是保证用户购物体验的一个法宝。比如物流,卖家必须用最快的速度,并按照服务流程为客户提供优良服务。如果您承诺 24 小时之内送货上门,那就绝对不能 25 小时。买家周五晚上在网上下个订单,周六上午可能就会收到商品了。

问题 128. 买家拍下了山核桃,要求价格优惠 5 元,我该如何修改交易金额?

买家下订单后,卖家要在淘宝后台处理订单。如果要优惠 5 元,按照以下步骤操作就可以修改交易金额。

(1)登录淘宝"我是卖家"后台,单击"交易管理"下的"已卖出的宝贝"(如图 8.1 所示)。

(2)找到买家的订单,交易状态是"等待买家付款",单击"修改价格"(如图 8.2 所示)。

(3)在修改价格对话框里,在"涨价或折扣"的下方第二个空格里输入"-5.00",代表价格降低 5 元,然后单击"确定"(如图 8.3 所示)。

(4)图 8.4 显示山核桃的价格已经降低 5 元,买家仅需 75 元就可买下山核桃了。

问题 129. 买家拍下了几件小番薯,一直不付款,怎么办?

买家拍下小番薯后,一直不付款,卖家要根据实际情况来处理:

◆ **买家误拍**。有些买家是不小心误拍的,他拍了后觉得不是他要拍的商品,而他又

| 我是卖家 | 账号管理 | 官方信息中心 | 卖家地图 |

我是卖家 > 交易管理 > 已卖出的宝贝

快捷入口　　设置
∧

我购买的服务　　>

□ 交易管理
　　已卖出的宝贝
　　发货
　　物流工具
　　发货设置

宝贝名称：
买家昵称：
订单编号：

搜索　　批量导出

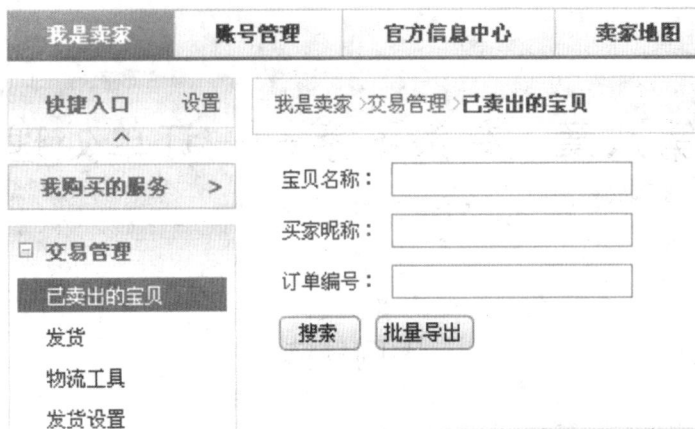

图 8.1　已卖出的宝贝

□ 订单编号：174040471031300　　成交时间：2012-09-02 08:54

浙江特产碧根果 美国山核桃225gx2　　80.00　　1　　fzzlcw ▽　　等待买家付款　　80.00
口味：奶油口味　　　　　　　　　　　　　　　　　王丹　　　　　详情　　（卖家包邮）
　　　　　　　　　　　　　　　　　　　　　　　和我联系　　关闭交易　　修改价格

图 8.2　买家的订单

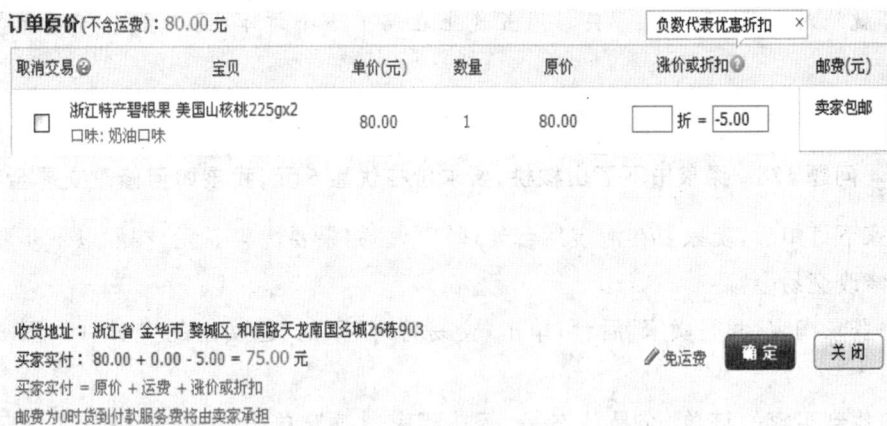

订单原价(不含运费)：80.00 元　　　　　　　　　　　　　负数代表优惠折扣　×

| 取消交易 ⊘ | 宝贝 | 单价(元) | 数量 | 原价 | 涨价或折扣 ⊙ | 邮费(元) |
| □ | 浙江特产碧根果 美国山核桃225gx2
口味：奶油口味 | 80.00 | 1 | 80.00 | 折 = -5.00 | 卖家包邮 |

收货地址：浙江省 金华市 婺城区 和信路天龙南国名城26栋903
买家实付：80.00 + 0.00 - 5.00 = 75.00 元　　　　　　　🖉 免运费　　确定　　关闭
买家实付 = 原价 + 运费 + 涨价或折扣
邮费为0时货到付款服务费将由卖家承担

图 8.3　修改价格

□ 订单编号：174040471031300　　成交时间：2012-09-02 08:54

浙江特产碧根果 美国山核桃225gx2　　80.00　　1　　fzzlcw ▽　　等待买家付款　　75.00
口味：奶油口味　　　　　　　　　　　　　　　　　王丹　　　　　详情　　（卖家包邮）
　　　　　　　　　　　　　　　　　　　　　　　和我联系　　关闭交易　　修改价格

图 8.4　山核桃的优惠价格

没有将订单关闭,那么在订单生成的3天内买家不付款的话,订单就会自动关闭。

　　◆ 买家余额不足或忘记了付款。有部分买家下完订单后才发现支付宝的余额不足,暂时不能进行支付,还有部分买家是网购新手,以为拍下来就算下订单了,不知道后面还要付款。这时,卖家要通过阿里旺旺、电话、移动旺信等方式联系买家,提醒他尽快付款。

　　◆ 买家恶意下订单。这样的买家根本就不打算买小番薯,其实是要恶意骚扰卖家的正常经营。比如说本来都谈好要买的,买家一拍完,卖家就赶快发货,可买家却拖了几天不付款,到最后来句"不好意思,我又不想要了"。尤其是有些买家将卖家某个宝贝全部买完,导致宝贝下架,影响网店正常经营。这样的买家没有任何信誉,最好投诉,以免祸害别的卖家。交易虽然在3天后关闭,但是会显示有"投诉"字样,点击进去,里面会自动显示投诉类型为"网上成交不买",卖家直接投诉即可。

　　问题130. 买家拍了山核桃和小番薯,后来买家不想买山核桃,我该怎样关闭订单中的山核桃交易?

　　(1)登录淘宝"我是卖家"后台,单击"交易管理"下的"已卖出的宝贝",找到买家的订单,单击"修改价格"(如图8.5所示)。

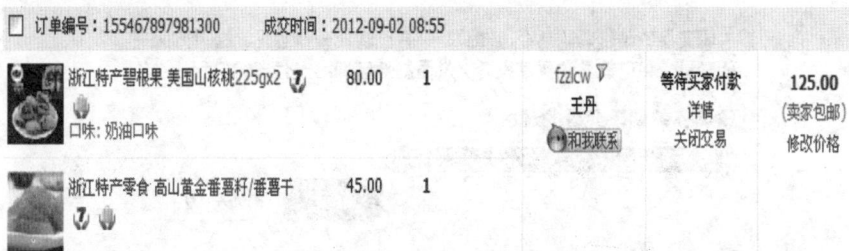

图8.5　买家的订单

　　(2)在订单编辑对话框里,勾选需要关闭的山核桃宝贝,然后在下拉列表里选择取消交易的理由,单击"确定"(如图8.6所示)。

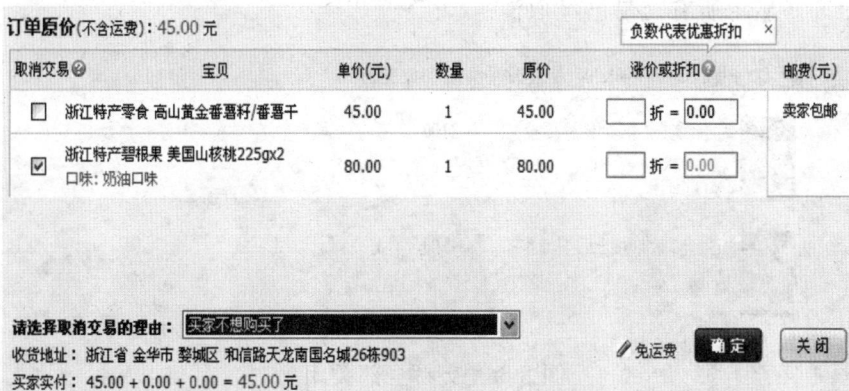

图8.6　关闭其中一个宝贝

(3)图8.7显示山核桃交易已经取消,买家只需付45元购买番薯干即可。

图8.7　关闭部分交易后的订单状态

问题131.买家拍了山核桃和小番薯,后来买家都不想买,我该怎样关闭订单的所有交易?

(1)登录淘宝"我是卖家"后台,单击"交易管理"下的"已卖出的宝贝",找到买家的订单,单击"关闭交易"(如图8.5所示)。

(2)在新弹出的对话框里,选择关闭交易的理由(如图8.8所示)。

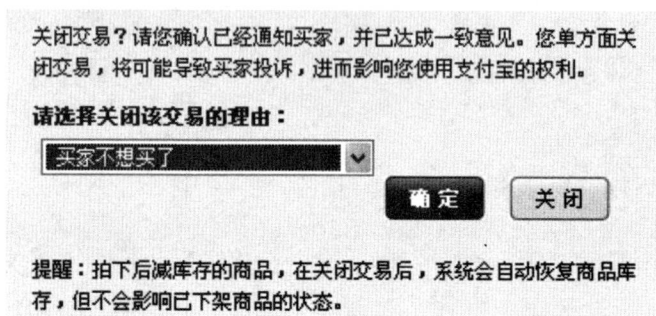

图8.8　选择关闭交易的理由

(3)图8.9显示所有交易已经取消。

图8.9　交易全部关闭

问题 132. 卖家如何修改运费?

(1)在交易状态为"等待买家付款"时,卖家可以登录到"我的淘宝"—"我是卖家"—"已卖出的宝贝"—"等待买家付款"中,找到对应的订单,点击"修改价格"(如图 8.10 所示)。

图 8.10　买家订单

(2)在"邮费"栏中直接添加需要修改的邮费金额,填写完成后点击"确定"即可。如果卖家包邮,也可以直接点击"免运费",即邮费金额为 0 元。注:卖家提交修改价格操作无次数限制(如图 8.11 所示)。

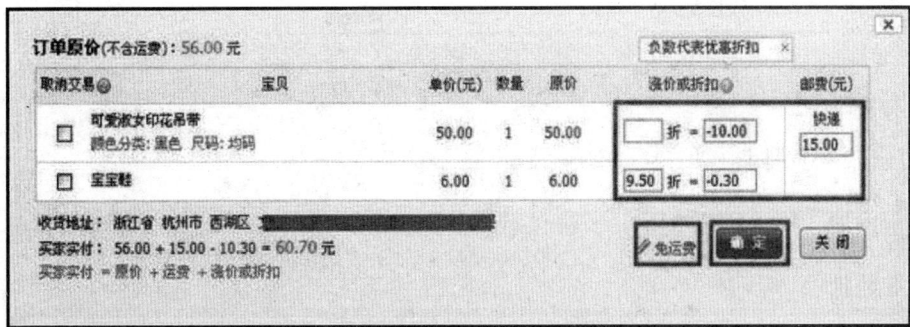

图 8.11　修改运费

友情提醒:在买家已付款的状态下,卖家无法修改交易价格,建议联系买家说明,在买家收到货以后申请部分退款即可。

问题 **133**. 买家拍下山核桃付款后,要求送到新的收货地址,怎样教买家修改收货地址?

　　如果买家提出配送到新的收货地址,卖家可以提醒买家在买家后台修改收货地址。

　　(1)登录淘宝"我是买家"后台,单击"设置"(如图 8.12 所示)。

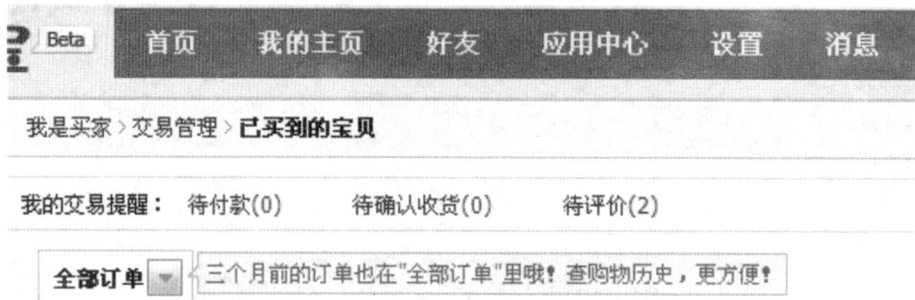

图 8.12　买家后台

　　(2)在"账号管理"下单击"收货地址"(如图 8.13 所示)。

图 8.13　账号管理页面

　　(3)修改收货地址(如图 8.14 所示)。

问题 **134**. 买家拍下山核桃付款后,要求送到新的收货地址,我该如何修改买家的收货地址?

　　如果买家不愿自己修改收货地址,卖家可在订单的备注里修改地址。

　　(1)在"已卖出的宝贝"里找到买家的订单,单击该订单右上角的备忘旗帜(如图 8.15所示)。

　　(2)在编辑备忘框里,输入买家新的收货地址,并选择一种颜色旗帜,单击"确定"(如图 8.16 所示)。

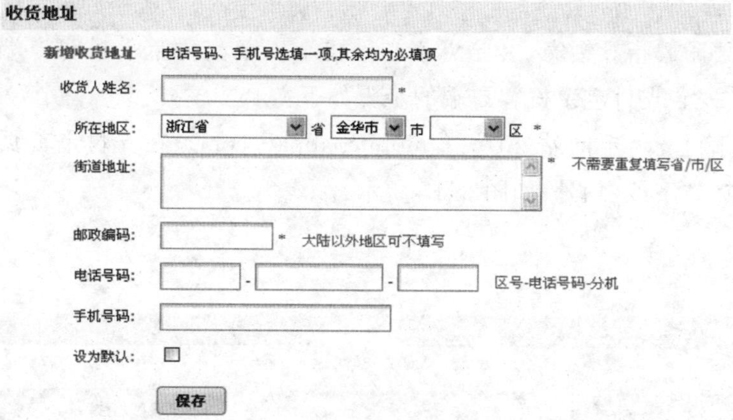

收货地址

新增收货地址　电话号码、手机号选填一项,其余均为必填项

收货人姓名：＊

所在地区：浙江省 省 金华市 市 区 ＊

街道地址：＊ 不需要重复填写省/市/区

邮政编码：＊ 大陆以外地区可不填写

电话号码：- - 区号-电话号码-分机

手机号码：

设为默认：

保存

图 8.14　修改收货地址

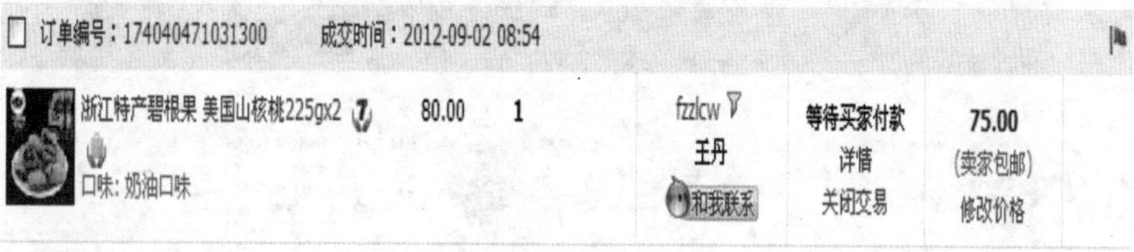

订单编号：174040471031300　成交时间：2012-09-02 08:54

浙江特产碧根果 美国山核桃225gx2　80.00　1　fzzlcw 王丹 和我联系　等待买家付款 详情 关闭交易　75.00 (卖家包邮) 修改价格

口味：奶油口味

图 8.15　买家的订单

浙江特产碧根果 美国山核桃225gx2　80.00　1　75.00 (卖家包邮)

口味：奶油口味

成交时间：2012-09-02 08:54

标记：

备忘信息：备忘信息作为你对这笔订单的备忘记录,仅自己可见。

确定

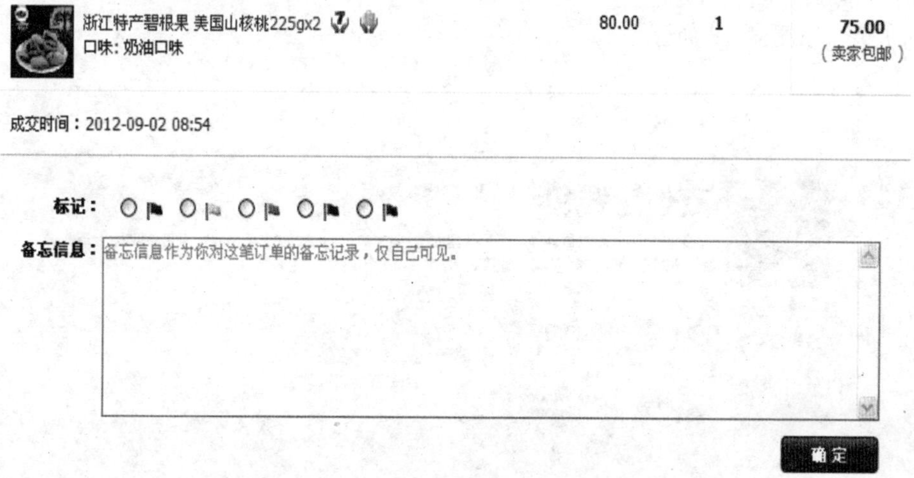

图 8.16　在备忘框里输入新的收货地址

问题 135. 买家是用手机淘宝下单的,他不会用手机支付,怎么办?

这时,您要耐心指导买家,引导买家在手机上安装支付宝手机客户端,利用手机完成订单支付。安装支付宝手机客户端的步骤如下:

(1)打开手机支付宝网站(http://mobile.alipay.com),在支付宝首页上点击"无线支付",然后点击"下载中心"(如图 8.17 所示)。

图 8.17　支付宝无线支付下载中心页面

(2)点击"支付宝手机客户端",进入支付宝钱包下载页面,可以按平台下载支付宝手机客户端(如图 8.18 所示)。

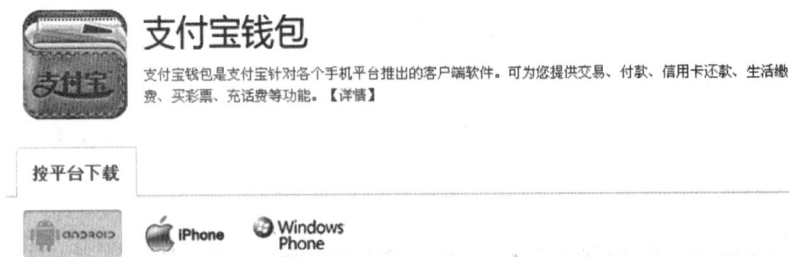

图 8.18　支付宝钱名下载页面

问题 136. 买家付款后我才发现山核桃缺货,而买家又不在线,该怎样及时联系买家?

买家付款购买缺货的宝贝后,卖家要第一时间跟买家取得联系,说明情况,要么退款给买家,要么提醒买家多等几天,等进货后再发。如果不能安慰好买家,那么可能会被买家投诉。因此,要采用各种方式与买家联系,如阿里旺旺、电话、移动旺旺、QQ 等(如图8.19、8.20、8.21 所示)。最好是同时采用多种方式联系,这样就能尽可能联系到买家。

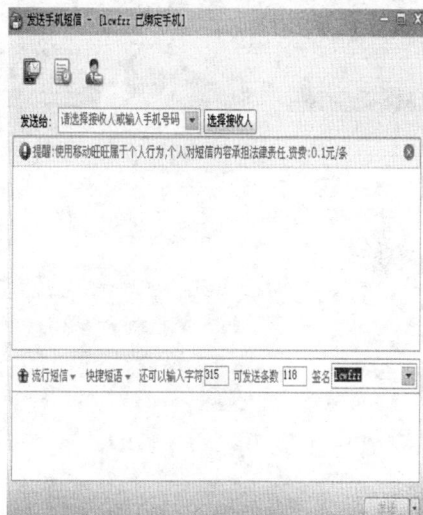

图 8.19 阿里旺旺   图 8.20 移动旺旺

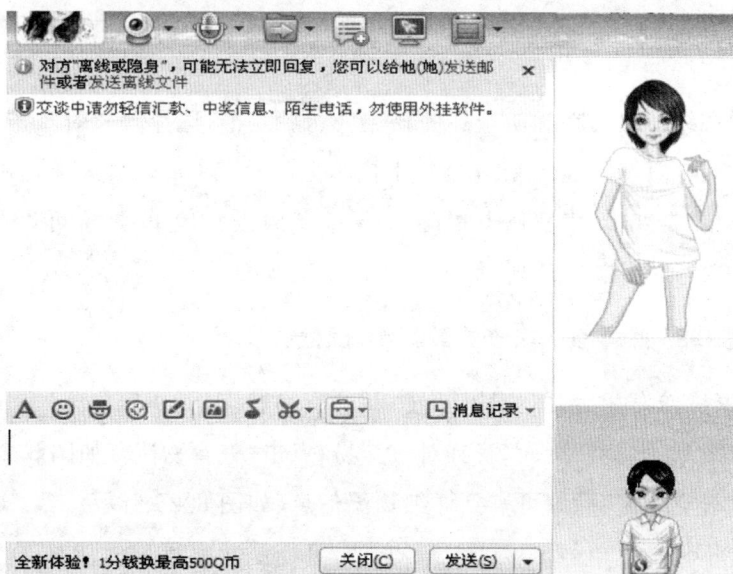

图 8.21 QQ

问题137. 买家付款后,如何使用淘宝网推荐物流在线下单?

(1)卖家登录到"我的淘宝"—"我是卖家"—"交易管理"—"发货"—"等待发货的订单",在具体的订单后点击"发货"(如图8.22所示)。

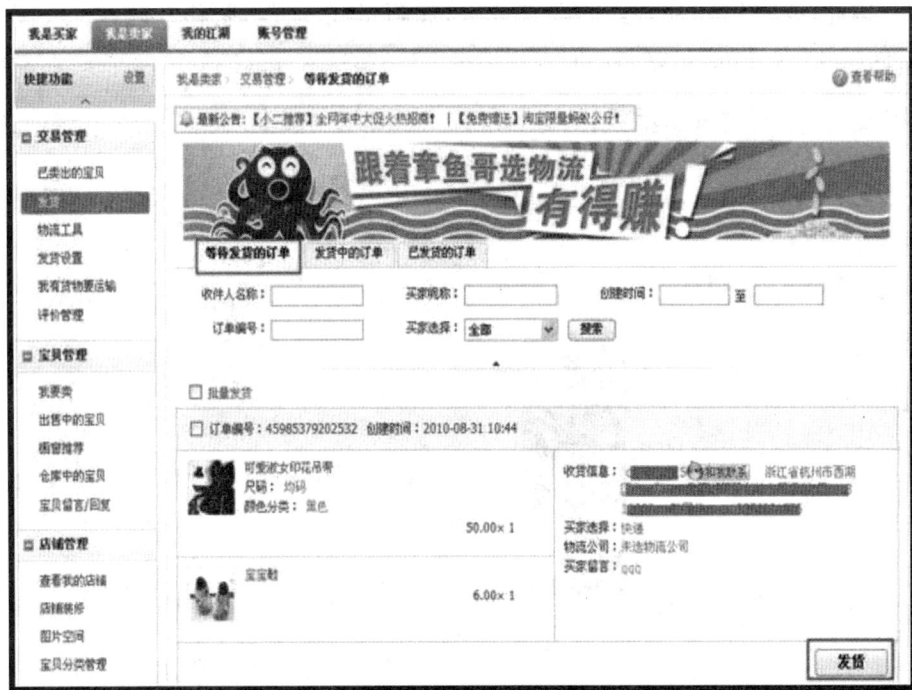

图8.22　等待发货的订单

(2)选择"在线下单",在您所选择的物流公司后点击"选择"(如图8.23所示)。

(3)点击"确认"后,将通知物流公司上门取货。注意:如果填写了正确的运单号后确认,交易状态就会变为"卖家已发货"。如果下单时没有运单号,也可以在物流公司取件后再填写运单号(如图8.24所示)。

问题138. 怎样教买家查看最新物流信息?

(1)在卖家操作发货后,即"卖家已发货"的交易状态下,买家进入"我的淘宝"—"我是买家"—"已买到的宝贝"页面,找到对应交易,点击"查看物流"(如图8.25所示)。

(2)点击"查看物流"后即可查到详细物流信息(如图8.26所示)。

如果查看不到物流单号,显示"无需物流",可能是卖家操作发货时选择了不需要物流;如果查看到的物流单号跟踪不到物流信息,可能是物流公司还没来得及录入或者卖家填写了错误的物流单号。

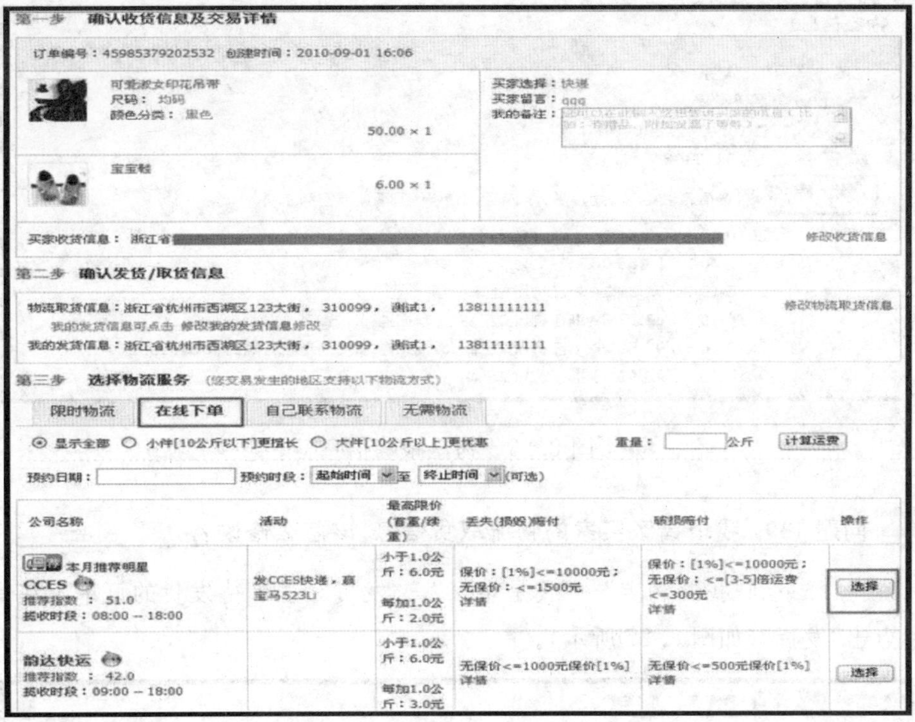

图 8.23　选择在线物流公司

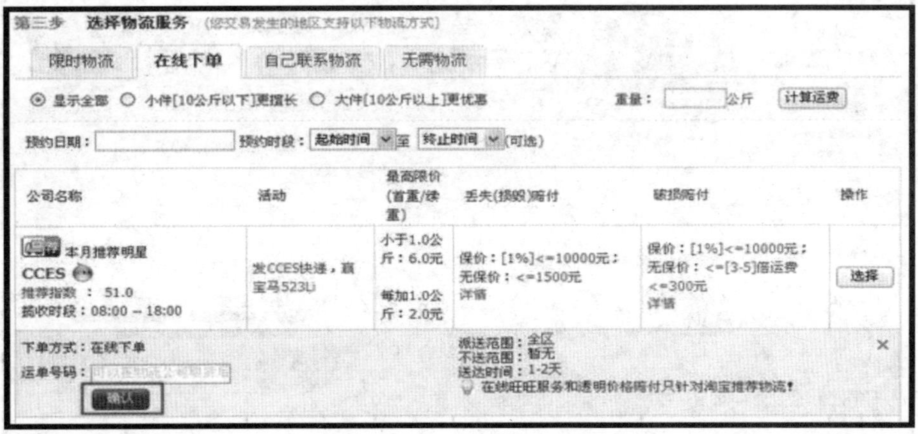

图 8.24　填写运单号码

图 8.25　已买到的宝贝

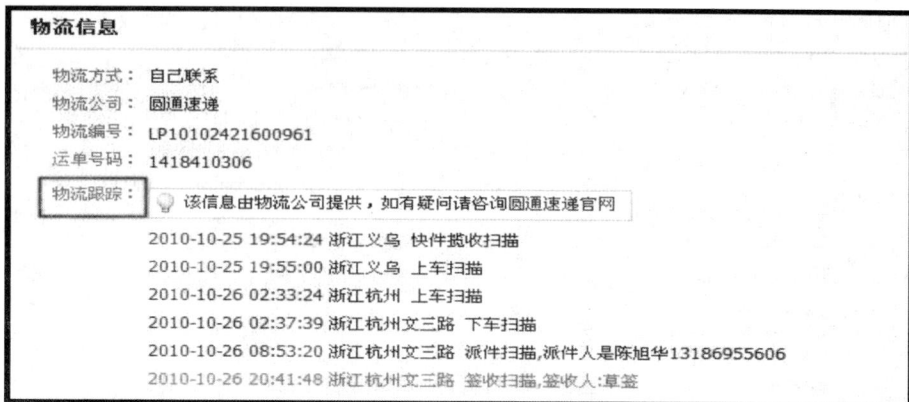

图 8.26　物流跟踪信息

問題 **139.** 我填错了买家的物流取货信息,该怎么修改?

(1)卖家登录到"我的淘宝"—"我是卖家"—"发货"—"等待发货的订单",在具体的订单后点击"发货"(如图 8.27 所示)。

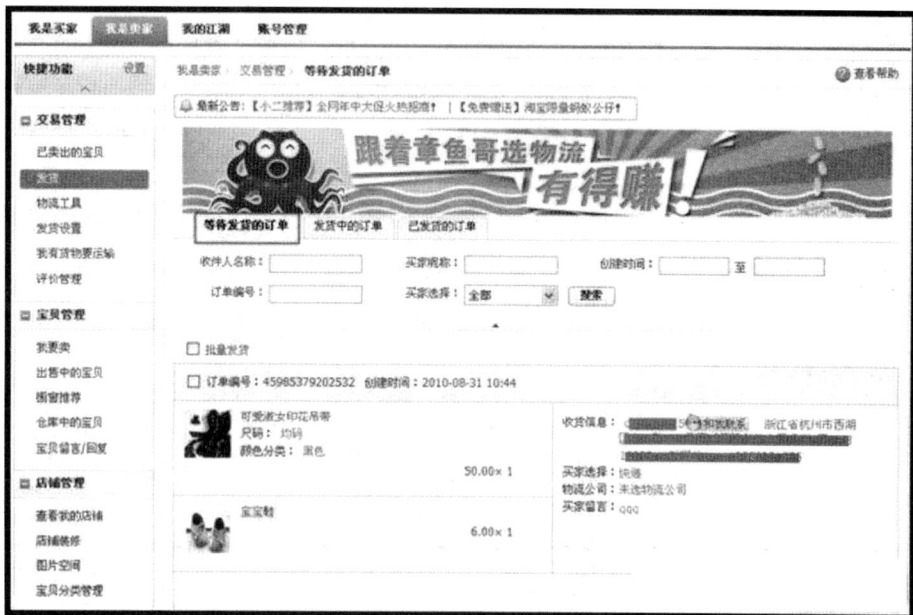

图 8.27　等待发货的订单

(2)点击"修改物流取货信息",选择需要更改的取货信息即可(如图 8.28 所示)。

問題 **140.** 山核桃发货后卖家多长时间可以收到货款?

卖家成功操作发货后,相关的订单交易状态为"卖家已发货",此时买家收到货以后点击"确认收货",订单交易状态为"交易成功",卖家可以立即在对应的支付宝账户中查

图 8.28　修改物流取货信息

询到相关交易款项。

如果买家一直不确认收货,在卖家声明发货之日起 1 天(自动发货商品)、3 天(虚拟物品)、10 天(快递、EMS、不需要运输)、30 天(平邮)内,买家逾期不确认收货也没有申请退款,将默认买家已收到货且货物质量符合交易双方的约定,交易成功,付款给卖家。同时建议卖家可以及时联系买家了解情况,做好服务。

问题 141.如何帮买家延长确认收货时间?

卖家如需延长买家的交易收货时间,可进入"已卖出的宝贝",找到需延长的交易,点击"延长收货时间"后选择延长的期限即可(如图 8.29 所示)。

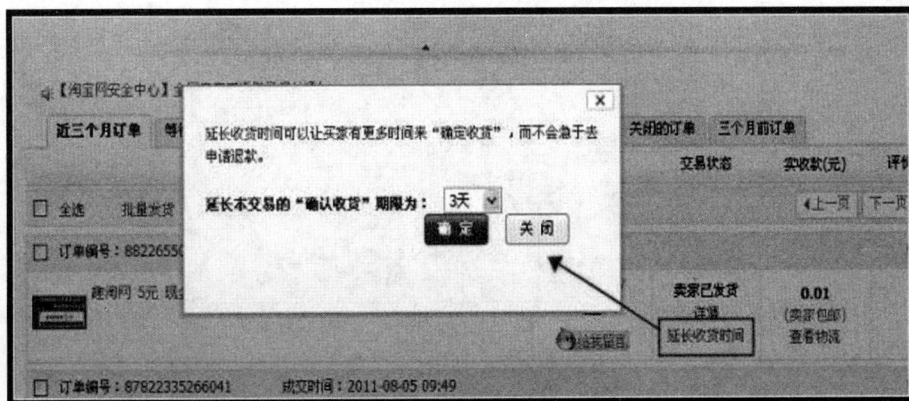

图 8.29　延长收货时间

提醒:卖家可以给买家延长交易收货超时时间,分别可延长 3、5、7、10 天,不限制次数!

💻 **问题 142. 买家收到山核桃后,怎样给卖家评价?**

只要买家确认收货后,买家就可以给卖家评价了。

(1)进入"我的淘宝"—"我是买家"—"已买到的宝贝"里,找到"交易成功"的交易(含货到付款的交易),点击"评价"(如图 8.30 所示)。

图 8.30　买家订单

(2)点击后,上面部分显示信用评分(可评论),下面部分显示店铺评分(无法评论)。好、中、差评选择好后,可以根据交易前、中、后的一些情况进行评论;店铺评分的四个选项,从左至右依次为 1 至 5 分,可根据实际情况点击小星星即完成打分(如图 8.31 所示)。

(3)填写完后,点"确认提交",即完成此评价。评价完成后店铺评分将无法再次修改。

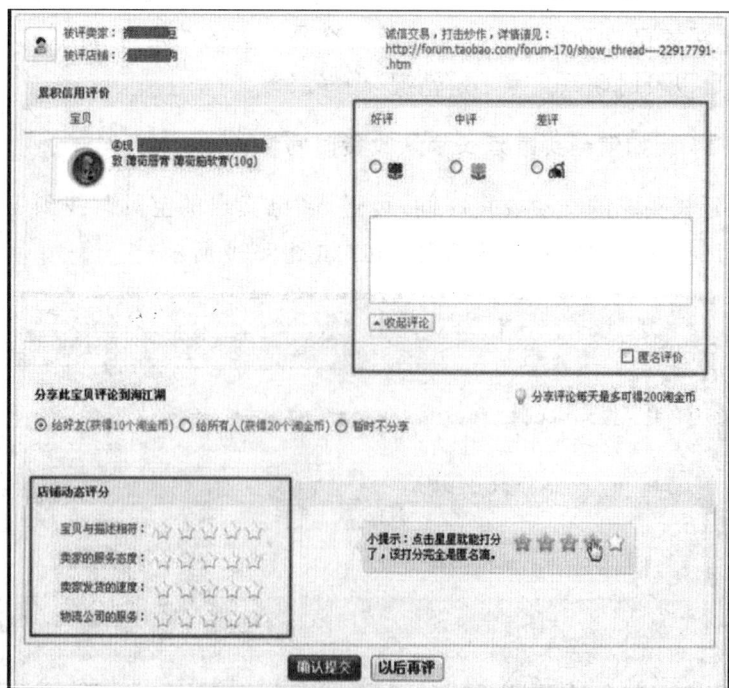

图 8.31　信用评价

问题 143. 我的网店信誉是 2 心，是什么意思？还要多少笔交易才能升为 3 心？

淘宝会员在淘宝网每使用支付宝成功交易一次，就可以对交易对象作一次信用评价。评价分为"好评"、"中评"、"差评"三类，每种评价对应一个信用积分，具体为："好评"加 1 分，"中评"不加分，"差评"扣 1 分。

在交易中作为卖家的角色，其信用度分为以下 20 个级别（如图 8.32 所示）。

积分范围	标识
4分~10分	❤
11分~40分	❤❤
41分~90分	❤❤❤
91分~150分	❤❤❤❤
151分~250分	❤❤❤❤❤
251分~500分	💎
501分~1000分	💎💎
1001分~2000分	💎💎💎
2001分~5000分	💎💎💎💎
5001分~10000分	💎💎💎💎💎
10001分~20000分	👑
20001分~50000分	👑👑
50001分~100000分	👑👑👑
100001分~200000分	👑👑👑👑
200001分~500000分	👑👑👑👑👑
500001分~1000000分	👑👑
1000001分~2000000分	👑👑👑
2000001分~5000000分	👑👑👑👑
5000001分~10000000分	👑👑👑👑👑
10000001分以上	👑👑👑👑👑

图 8.32　淘宝卖家信用级别

问题 144. 如何查看我的网店有多少好评、中评和差评？

卖家登录淘宝卖家后台，单击"交易管理"下的"评价管理"，即可看到店铺动态评分，以及所有买家给予的好评、中评和差评（如图 8.33、8.34 所示）。

问题 145. 双方已互评，为什么收到的好评不计分？

买家确认收货并完成了支付宝付款后，可以对相应的买家或卖家进行评价，但如果在评价前已完成了支付宝全额退款，就不能评价了。只有通过支付宝交易并且交易成功的评价才能计分。请看清楚状态是"交易成功"，并且每个自然月中，相同买家和卖家之间的评价计分不超过 6 分（以支付宝交易创建的时间计算），超出计分规则范围的默认好评将不计分。

店铺动态评分：

宝贝与描述相符	
★★★★★ **4.7**分	**4.7**
483人打分	

卖家的服务态度	
★★★★★ **4.8**分	**4.8**
481人打分	

卖家发货的速度	
★★★★★ **4.8**分	**4.8**
481人打分	

| 1分 | 2分 | 3分 | 4分 | 5分 |
| 非常不满 | 不满意 | 一般 | 满意 | 非常满意 |

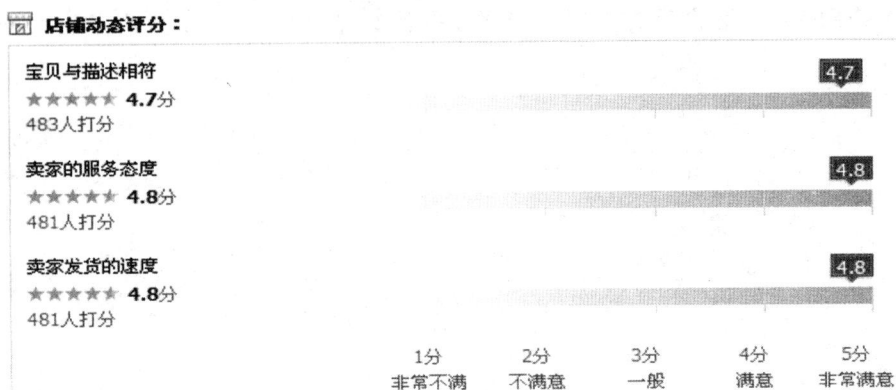

图 8.33　店铺动态评分

卖家累积信用：1154 💎💎💎　　　　　　　好评率：98.72%

	最近1周	最近1个月	最近6个月	6个月前	总计
好评	0	0	823	331	1154
中评	0	0	15	0	15
差评	0	0	0	0	0
总计	0	0	823	331	1154

图 8.34　卖家累积信用

第九章　后顾无忧——售后服务

案例导读

　　王刚网店的生意一天比一天好,赚的钱也渐渐多了起来,但随之而来的是售后问题也不断增加。他有点手足无措,以前从来没有想到会出现这些问题。有的买家要求退款,有的要求退货退款,而有的要求退款不退货,该怎么办?有的买家明显是恶意申请退款,甚至有的还故意给他中评和差评,偶尔也会遇到买家向淘宝恶意投诉,该怎么解决这些问题呢?有的买家没收到货,他还得联系快递公司,查看到底是哪个环节出了问题。面对买家的抱怨和质疑,王刚真是有苦说不出。

　　专家告诉王刚,售后服务是卖家在淘宝能长久发展的关键。售后服务是商品销售中重要的一环,不少商家认为商品销售出去后买家付过账交易就算完成了,其实不然,售后服务才是真正检验一个卖家是否合格的重要标准,也是消费者区分网店好坏的重要准则,所以淘宝店主懂得如何做好售后服务是相当重要的。

　　王刚请教专家后,基本掌握了售后服务的基本操作,终于明白了售后服务的重要性。自此之后,面对买家提出的售后问题,王刚异常关注,尽全力解决问题,赢得了买家的一致赞同;店铺的好评率越来越高了,口碑也越来越好了。

问题146. 卖家已经发货,此时买家申请退款,我怎样拒绝退款?

　　◆ **已发货**。若您实际已发货,只是网上忘记操作完成发货的动作,请您联系买家说明并点击"立即发货",待交易状态变更为"卖家已发货",买家之前进行的退款申请立即关闭。

　　◆ **未发货**。若您实际未发货,但想继续交易,不想失去这笔生意,请您先行联系买家协商,待买家同意您继续发货后,您再点击"立即发货",并保存好旺旺聊天记录,待交易状态变更为"卖家已发货",买家之前进行的退款申请立即关闭。

　　淘宝提醒:如您未经买家同意强行发货,若后续买家拒绝收货再次申请退款,后果需要您自行承担。

问题 147. 我还没有发货,如何退款给买家?

(1)在已卖出的宝贝中点击"买家申请退款",然后单击"退款申请"页面上的"同意退款"(如图 9.1 所示)。

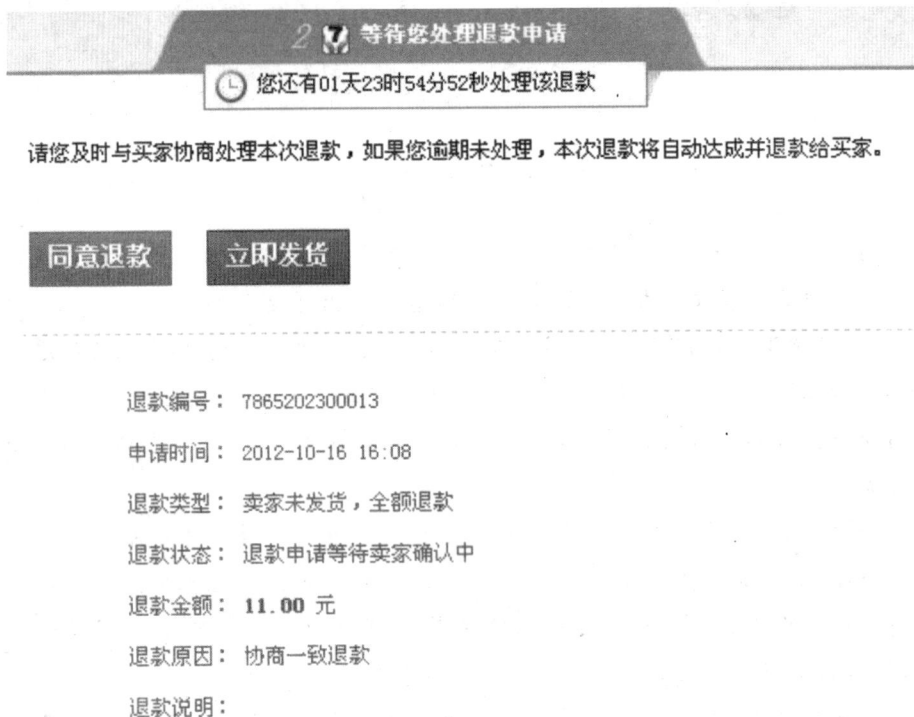

等待您处理退款申请

您还有01天23时54分52秒处理该退款

请您及时与买家协商处理本次退款,如果您逾期未处理,本次退款将自动达成并退款给买家。

同意退款　立即发货

退款编号: 7865202300013
申请时间: 2012-10-16 16:08
退款类型: 卖家未发货,全额退款
退款状态: 退款申请等待卖家确认中
退款金额: **11.00** 元
退款原因: 协商一致退款
退款说明:

图 9.1　同意退款申请

(2)输入支付宝支付密码(如图 9.2 所示)。

(3)确认退款后,系统会提示您同意买家的退款成功(如图 9.3 所示)。

问题 148. 发货后,买家申请退款,我同意退款,该怎么操作?

建议您优先关注交易的状态,按照交易状态进行操作。

◆ **修改退款协议状态**。若退款状态为"卖家不同意协议,等待买家修改",需要先由买家修改退款协议,将退款状态变更为"退款协议等待卖家确认中"才有"同意退款"的按钮。

◆ **未收到货或不退货退款状态**。若买家进行了未收到货或不退货退款的申请,您可以进入"退款管理"页面,找到对应的退款交易查看退款详情,在退款详情页面点击"同意退款"(如图 9.4 所示),输入支付宝账户支付密码,点击"同意退款协议"即可(如图 9.5 所示)。

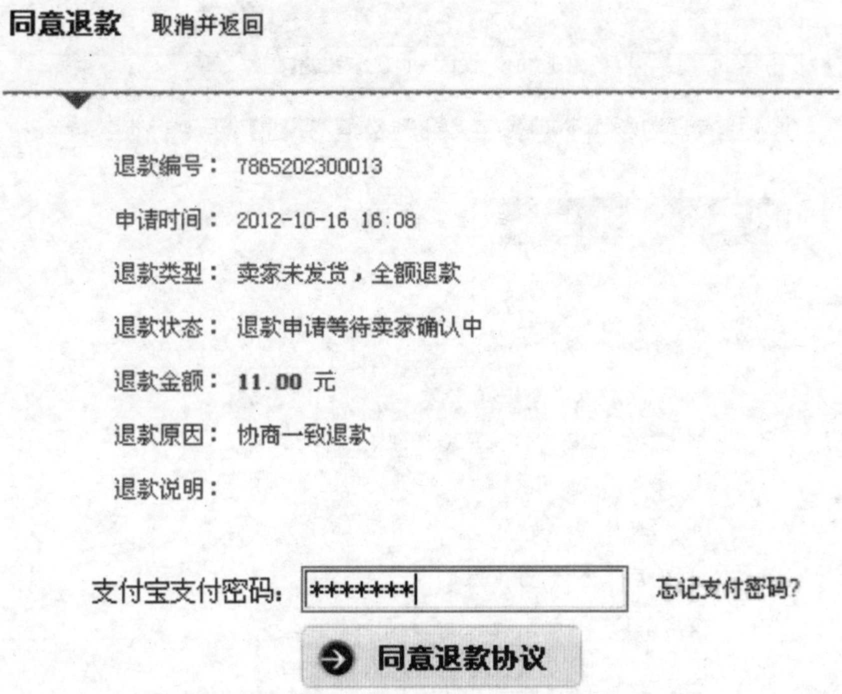

同意退款　取消并返回

退款编号：　7865202300013

申请时间：　2012-10-16　16:08

退款类型：　卖家未发货，全额退款

退款状态：　退款申请等待卖家确认中

退款金额：　**11.00** 元

退款原因：　协商一致退款

退款说明：

支付宝支付密码：　[*******]　忘记支付密码？

→ **同意退款协议**

图 9.2　同意退款协议

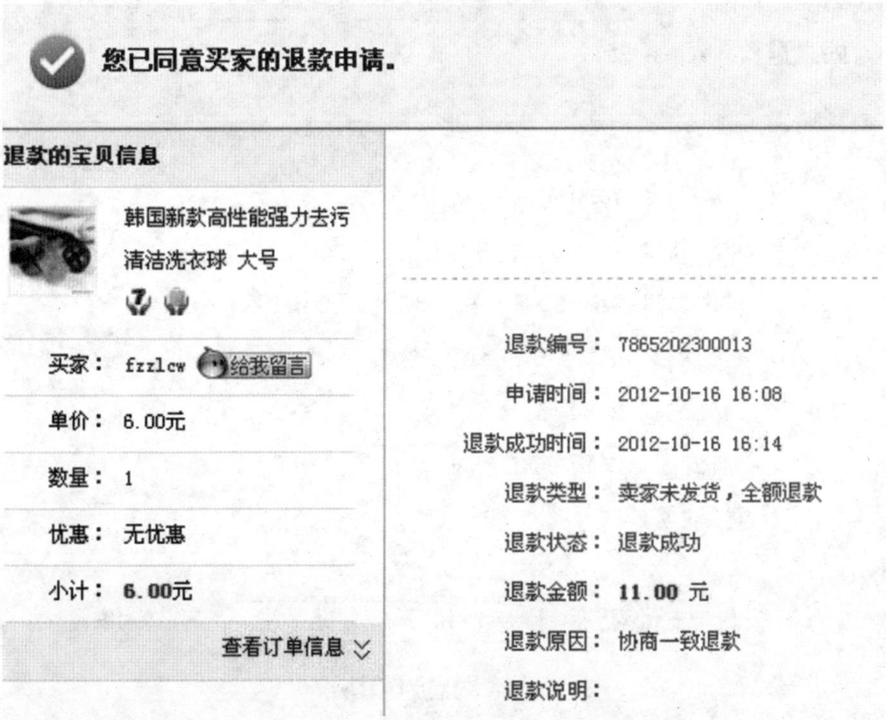

✔ **您已同意买家的退款申请。**

退款的宝贝信息

韩国新款高性能强力去污
清洁洗衣球　大号

买家：　fzzlcw　给我留言

单价：　6.00元

数量：　1

优惠：　无优惠

小计：　**6.00元**

查看订单信息 ⌄

退款编号：　7865202300013

申请时间：　2012-10-16　16:08

退款成功时间：　2012-10-16　16:14

退款类型：　卖家未发货，全额退款

退款状态：　退款成功

退款金额：　**11.00** 元

退款原因：　协商一致退款

退款说明：

图 9.3　退款成功

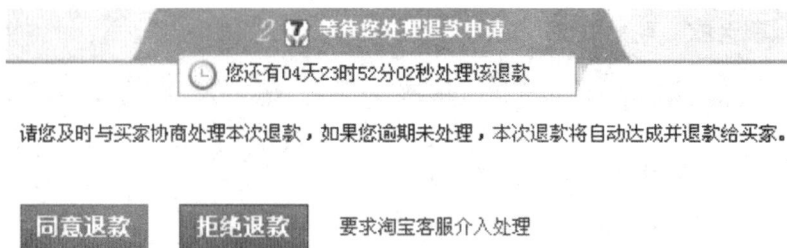

2 等待您处理退款申请

您还有04天23时52分02秒处理该退款

请您及时与买家协商处理本次退款，如果您逾期未处理，本次退款将自动达成并退款给买家。

同意退款　**拒绝退款**　要求淘宝客服介入处理

退款编号：7865167730013

申请时间：2012-10-16 16:09

退款类型：卖家已发货，买家未收到货，全额退款

退款状态：退款申请等待卖家确认中

退款金额：**9.80** 元

退款原因：未按约定时间发货

退款说明：

图 9.4　同意退款申请

2 等待您处理退款申请

您还有04天23时51分49秒处理该退款

同意退款　取消并返回

退款编号：　7865167730013

申请时间：　2012-10-16 16:09

退款类型：　卖家已发货，买家未收到货，全额退款

退款状态：　退款申请等待卖家确认中

退款金额：　**9.80** 元

退款原因：　未按约定时间发货

退款说明：

支付宝支付密码：******** 　　忘记支付密码？

同意退款协议

图 9.5　同意退款协议

问题 149. 已经发货,拒绝退款给买家,该怎么操作?

　　若您后续与买家沟通,买家表示还需要此商品,同意您发货,请您在保管好双方阿里旺旺聊天记录后再进行发货的操作。如果买家申请退款时,您实际已经通过快递发货,请务必联系买家说明情况后再在线发货。您完成在线发货后,买家的退款就会被关闭,根据卖家发货物流的情况进行交易超时计算。

　　此时,您需要在拒绝退款页面,填写拒绝说明并上传凭证,然后点击"拒绝退款申请"(如图 9.6 所示)。

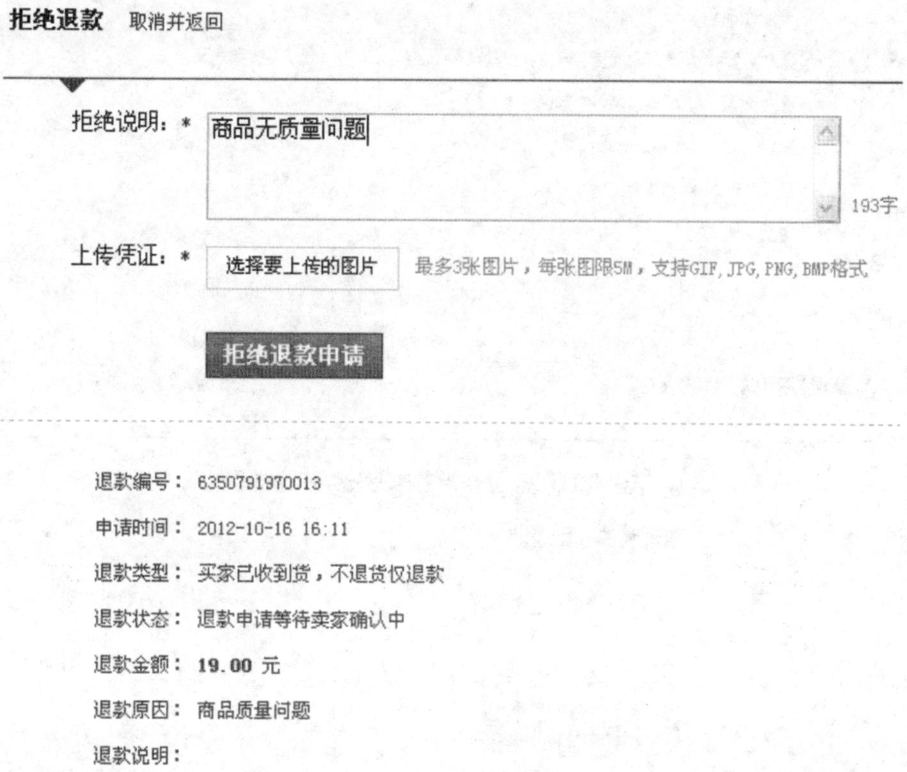

拒绝退款 取消并返回

拒绝说明：* 商品无质量问题

193字

上传凭证：* 选择要上传的图片　　最多3张图片,每张图限5M,支持GIF,JPG,PNG,BMP格式

拒绝退款申请

退款编号：6350791970013
申请时间：2012-10-16 16:11
退款类型：买家已收到货,不退货仅退款
退款状态：退款申请等待卖家确认中
退款金额：**19.00** 元
退款原因：商品质量问题
退款说明：

图 9.6　已发货拒绝退款

问题 150. 买家收到山核桃后不满意,申请退款退货,我该怎么操作?

　　(1)若买家进行了退货退款的申请,您可以进入退款管理页面,找到对应的退款交易查看退款详情,在退款详情页面点击"同意退款申请"(如图 9.7 所示)。

　　(2)确认退货地址,点击"提交并通知买家",此时退款状态变更为"退款协议达成,等待买家退货"(如图 9.8 所示)。

　　(3)待买家完成退货,退款状态变更为"买家已退货,等待卖家确认收货"后,点击"已收到退货,同意退款"确认后即可退款买家(如图 9.9 所示)。

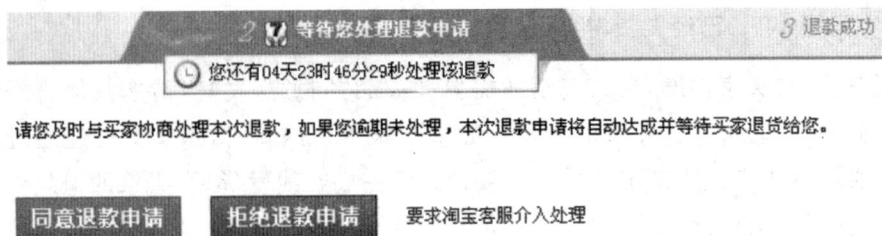

图 9.7　查看退款详情

同意退款申请　取消并返回

退货地址：* ⊙李丛伟 浙江省 金华市 婺城区金华职业技术学院

管理我的收货地址

留言：*

提交并通知买家

退款编号：　6350791970013

申请时间：　2012-10-16 16:11

退款类型：　买家已收到货，退货并退款

退款状态：　退款申请等待卖家确认中

退款金额：　**19.00** 元

退款原因：　商品质量问题

退款说明：

图 9.8　同意退款申请

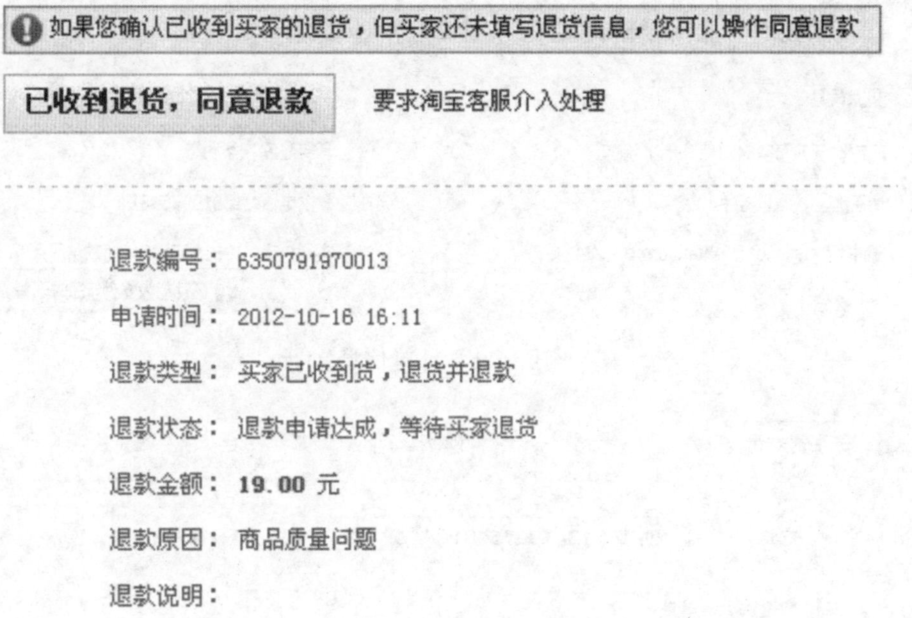

> ⚠ 如果您确认已收到买家的退货，但买家还未填写退货信息，您可以操作同意退款

已收到退货，同意退款　要求淘宝客服介入处理

退款编号：　6350791970013

申请时间：　2012-10-16 16:11

退款类型：　买家已收到货，退货并退款

退款状态：　退款申请达成，等待买家退货

退款金额：　**19.00** 元

退款原因：　商品质量问题

退款说明：

图 9.9　同意退款

特别注意：

如果卖家支持七天无理由退换货，买家申请退款选择已收到货，不论选择任何退款原因，退款创建后，卖家处理退款申请的超时时间都是 3 天。

🖥 **问题 151．在山核桃交易成功后，我该如何将 2 元的返利金额付给买家？**

(1)登录淘宝"我是卖家"后台，在"已卖出的宝贝"选择"成功的订单"，然后单击"详情"（如图 9.10 所示）。

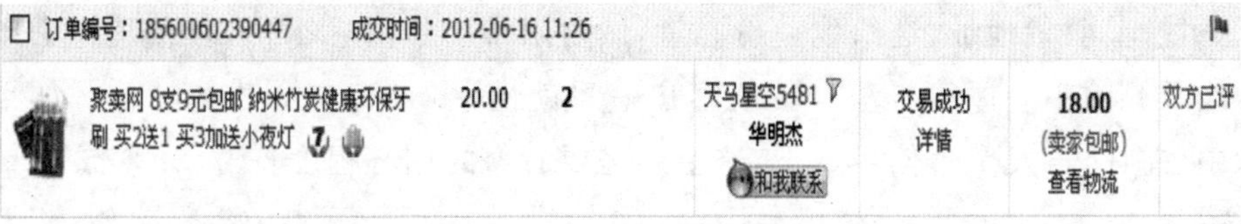

□ 订单编号：185600602390447　成交时间：2012-06-16 11:26						
聚卖网 8支9元包邮 纳米竹炭健康环保牙刷 买2送1 买3加送小夜灯	20.00	2	天马星空5481 华明杰 和我联系	交易成功 详情	18.00 (卖家包邮) 查看物流	双方已评

图 9.10　成功的订单

(2)在交易详情页面，单击"订单信息"下的"付款给买家"（如图 9.11 所示）。

(3)用支付宝付给买家 2 元（如图 9.12 所示）。

🖥 **问题 152．有个买家给我中评，我想向买家说明情况，该怎么操作？**

面对中差评，不管其严重程度如何，应敢于正视。哪怕有人给你 10 个中、差评，你也不能绝望，也要与买家取得联系，用最真诚的态度去挨骂，去接受批评，不要因评价内

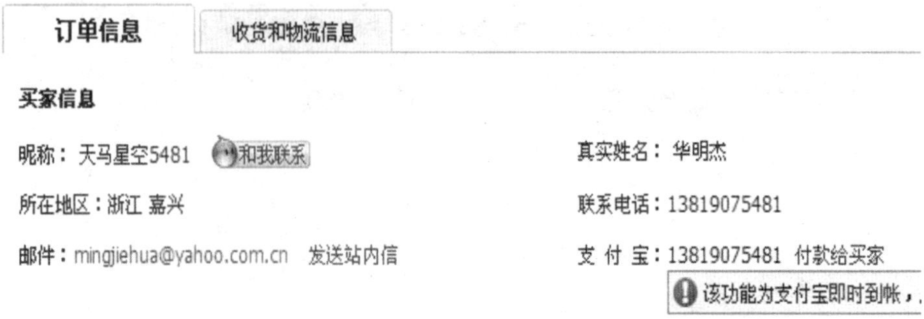

图 9.11   订单信息

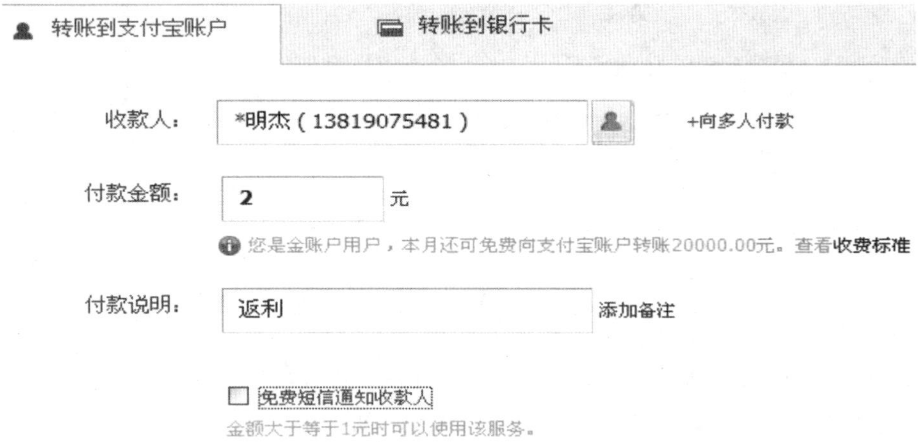

图 9.12   支付宝付款

容的恶劣而退缩!

　　如果多次沟通确实无效,而评价严重影响店铺的生意,短期内又没有把握删除成功的话,您可按其收货地址,送给他一份心意,然后附带上您的恳求信,在信里还必须告知客户修改及删除中差评的方法。一般客户一看就懂,多半客户会改掉评价。如果还没能删除中、差评,再发个短信恳请下,这个还是要看您的用心程度!

　　问题 153. 买家想将差评改为好评,我该怎么教他改?

(1)通过淘宝旺旺登录"已买到的宝贝"(如图 9.13、9.14、9.15 所示)。

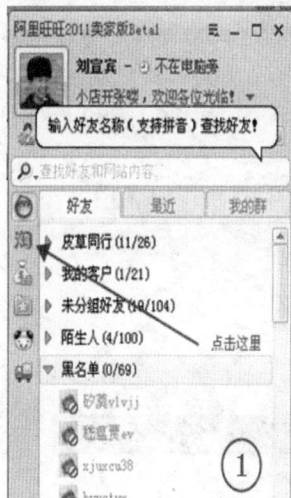

图 9.13 阿里旺旺

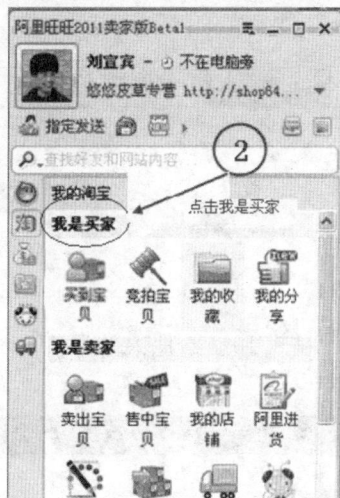

图 9.14 我是买家

图 9.15 买到宝贝

(2)在"已买到的宝贝"里单击"我的信用管理",然后单击"给他人的评价"(如图 9.16、9.17 所示)。

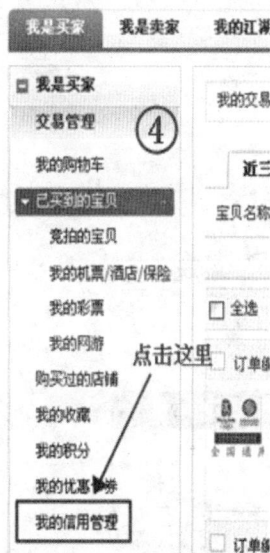

图 9.16 我是买家后台

图 9.17 我的信用管理

(3)点击"给他人的评价",在页面中找到中差评的那笔交易,然后点击"修改评价"或"删除评价"(如图 9.18 所示)。

(4)点击"修改评价"之后,出现的页面如下图所示,买家可以对卖家写评价内容,最后点击"修改"(如图 9.19、9.20 所示)。

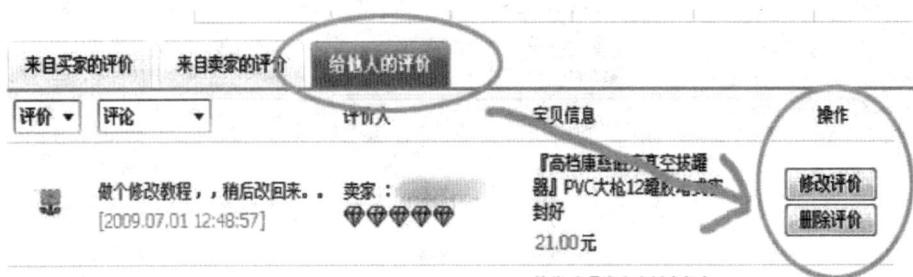

图 9.18 给他人的评价

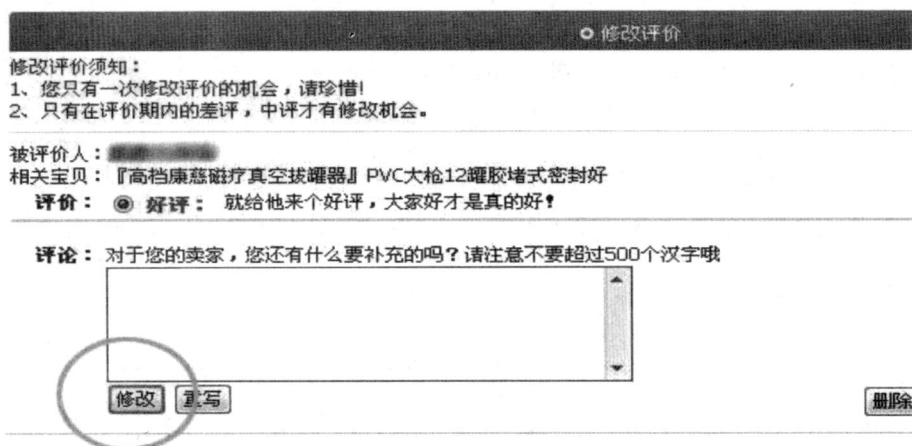

图 9.19 修改评价

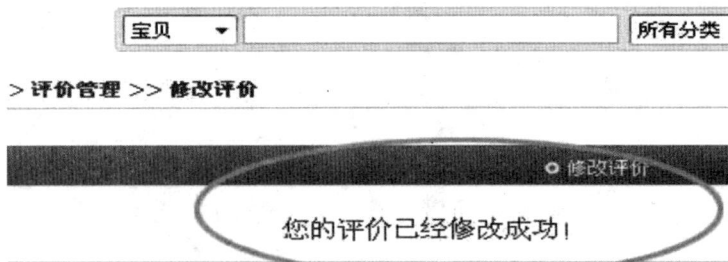

图 9.20 修改成功

问题 154. 我被买家恶意差评了,怎么办?

恶意评价是买家利用中、差评,对被评价人进行威胁或提出不合理的要求,如:

(1)商品存在质量问题,但评价人拒绝与被评价人协商解决,利用中、差评要求被评价人重新邮寄商品或给予赠品等。

（2）商品无质量问题，评价人因主观原因给予中、差评，且拒绝与被评价人协商解决，要求降价、不退货退款等。

（3）评价人以给予中、差评的方式谋取额外财物或其他不当利益的。

如果被恶意评价了，该怎么办？

若确认评价人所给出的为恶意评价，可在交易状态为"交易成功"后的 0～15 天内，且收到的评价为"中评"或"差评"已全网显示后，登录"我的淘宝"—"已买到的宝贝/已卖出的宝贝"点击"投诉维权"，发起"恶意评价"投诉并举证，淘宝会于 3 个工作日内帮助介入核实，原则上投诉受理期间为该评价双向生效后的 30 天。

温馨提示：若评价人作出的评价为中评或差评，在作出评价后的 30 天内有一次修改或删除评价的机会。

问题 155. 同意给买家退货，但是买家迟迟不发货怎么办？

◆ 退款中，买家一直不退货怎么办？

退款状态为"卖家同意退款协议，等待买家退货"，系统给予买家退货的时间是 7 天，逾期买家没有操作退货退款将会关闭（交易钱款仍在支付宝平台）。在交易成功之前买家还是能再次申请退款，若买家还是不退货，请先与买家协商，无法协商可选择申请客服介入。

◆ 交易成功后买家维权，但是一直不退货怎么办？

交易已经成功，维权状态为"卖家同意维权，等待买家退货"，买家退货没有系统时间限制，如买家不退货可联系买家协商，若无法联系到买家可致电淘宝要求客服介入处理。

提醒：买家如果是因为不可抗力因素无法及时退货的，也请及时在退款协议中留言说明。

问题 156. 买家不想退货，要我部分退款，怎么操作？

交易成功之后，买家在淘宝网上申请售后，售后要求选择了"不退货部分退款"。此时，卖家有 72 小时的时间和买家沟通协商，可以进入"卖家中心"—"售后管理"—"淘宝售后服务记录"中进行查看。

◆ 卖家同意部分退款买家

直接点击页面上的"同意退款"，输入支付宝支付密码，系统会向支付宝发出指令，从您的支付宝账户余额中扣除买家申请的金额（如图 9.21 所示）。

◆ 卖家不同意部分退款买家

您可以点击页面上的"拒绝售后申请"，后续等待买家在 7 天内修改售后申请或要求淘宝介入（如图 9.22 所示）。

图 9.21   不退货部分退款

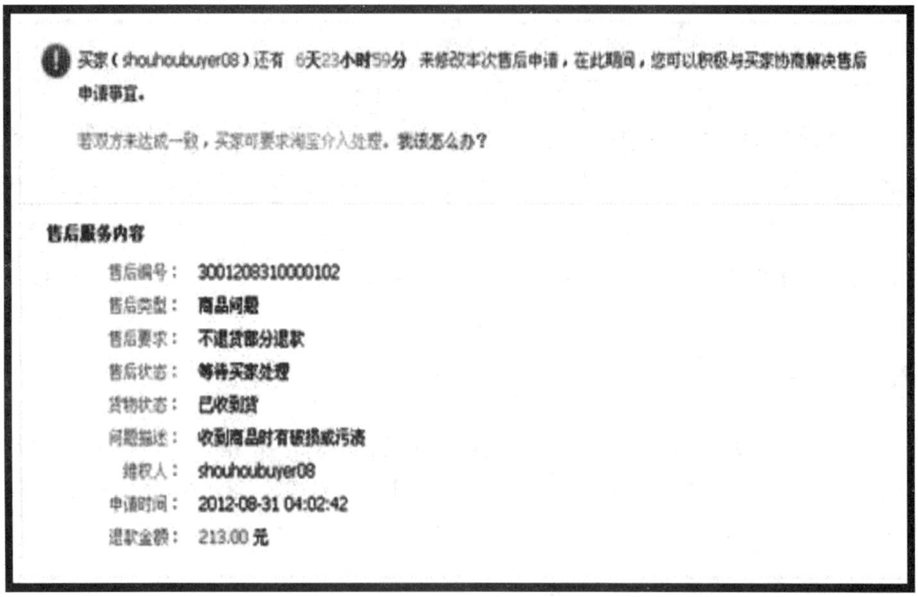

图 9.22   拒绝售后申请

问题 157. 买家购买了"7天无理由退货"的商品,申请退货的运费由谁承担?

非商品质量问题而由买家发起的退换货行为,运费承担分以下两种:

(1)商家包邮产品,买家只需要承担退货运费;

(2)非商家包邮产品,所有邮费均由买家承担。

温馨提示：7天无理由退换货是指消费者使用支付宝担保交易在天猫购物后，在签收货物后7天内，如因主观原因不愿意完成本次交易，可以提出"7天无理由退换货"的申请（部分商品及类目除外），并且买家退货的货物不得影响卖家的二次销售。

问题158．快递公司损坏商品，我该怎么处理？

如果快递公司在送货途中损坏商品，对卖家而言：

（1）发货时小心仔细，再三核对，确保数量和质量没有问题，同时注意包装牢固，防止运输途中损坏。

（2）尽可能地提醒买家们养成先验货再签收的好习惯，如在网店首页、宝贝详情页、旺旺自动回复、包装箱等各处对买家们进行提醒。

（3）出现问题时，要第一时间进行处理，迅速联系当地快递，在证据确凿的情况下，及时对买家进行赔偿或补发等安抚处理，勇于承担责任。即使损失已经无法挽回，也可以与买家友好协商，达到令双方满意的结果。

技巧篇

第十章　润物无声——客服技巧

案例导读

　　每天在旺旺上咨询王刚的顾客有很多,有一些买家下了订单,但总有一些买家咨询过后选择不下单购买。如果所有来咨询的顾客都下单,生意会很不错。为什么这些买家会流失掉? 为什么店里的回头客比较少? 有没有什么技巧让买家购买更多的商品? 如何留住新买家,扩大回头客的数量?

　　专家提醒王刚要提高客服的专业性。于是,王刚开始学习与买家沟通的技巧,留意自己在旺旺上的语言和表情的运用是否都恰到好处,尝试分析顾客的购买心理,并能够发掘顾客真正的购买需求。在与买家的交流中,学会了投其所好,并且让他们卸下了对自己的提防,在最短的时间内缩短双方之间的距离。

　　王刚的努力得到了回报,很多买家都称赞卖家服务热情、考虑周到,心甘情愿地下单购买,店里的回头客也越来越多了。

问题 159. 怎样导出阿里旺旺聊天记录?

您可以将聊天记录导出到指定的本地路径,方便进行查询,常见的有两种方法:

方法一:

(1)点击阿里旺旺主窗口的"聊天记录"按钮(如图 10.1 所示)。

(2)点击右上方的"导出"按钮。在弹出的窗口中选择聊天记录时间和信息类型,点击"确定"按钮(如图 10.2 所示)。

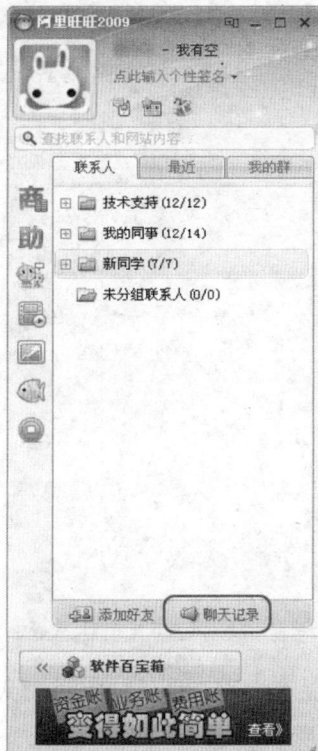

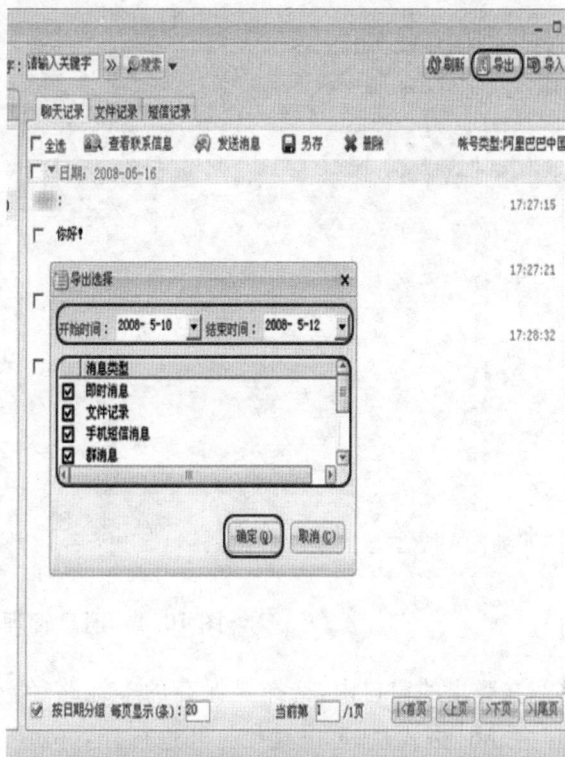

图 10.1　聊天记录　　　　　　　　　　图 10.2　导出聊天记录

（3）在弹出的窗口中，选择您要保存的本地路径，点击"保存"按钮。此时，聊天记录保存为 wmd 格式，您无法直接对其进行查看，只能作为聊天记录备份文件（如图 10.3 所示）。

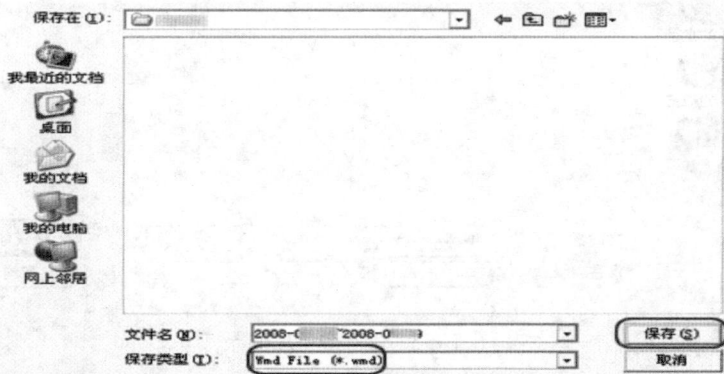

图 10.3　保存聊天记录

方法二：

（1）点击阿里旺旺主窗口的"消息管理器"后，点击上方的"另存"按钮（如图 10.4 所示）。

图 10.4　消息管理器

（2）在弹出的窗口中，选择要保存的本地路径，点击"保存"按钮即可。此时聊天记录保存为 mht 格式，您可以直接打开进行查看（如图 10.5 所示）。

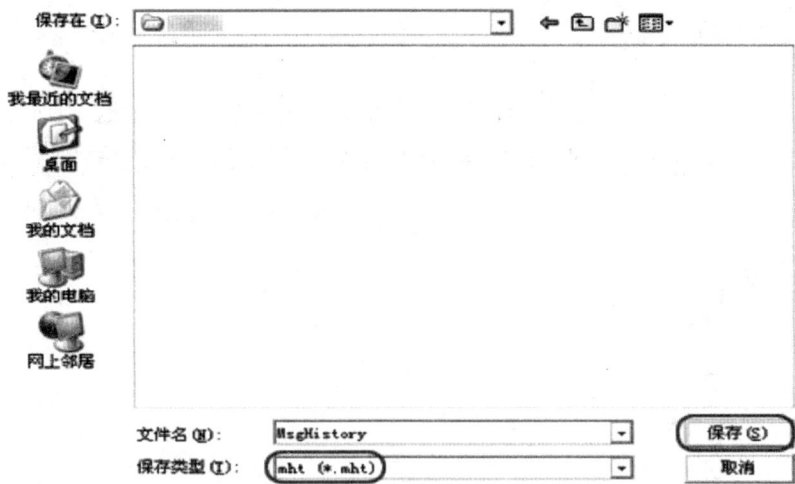

图 10.5　保存聊天记录

问题 160. 如何在我的网店里添加设置阿里旺旺在线客服？

设置阿里旺旺在线客服有利于与客户的沟通，提高店铺的销售转化。

（1）首先进入阿里旺旺的官方首页，地址栏输入 http://im.alisoft.com/info.html?flag＝3，在"功能介绍"栏目中，找到"旺遍天下"按钮（如图 10.6 所示）。

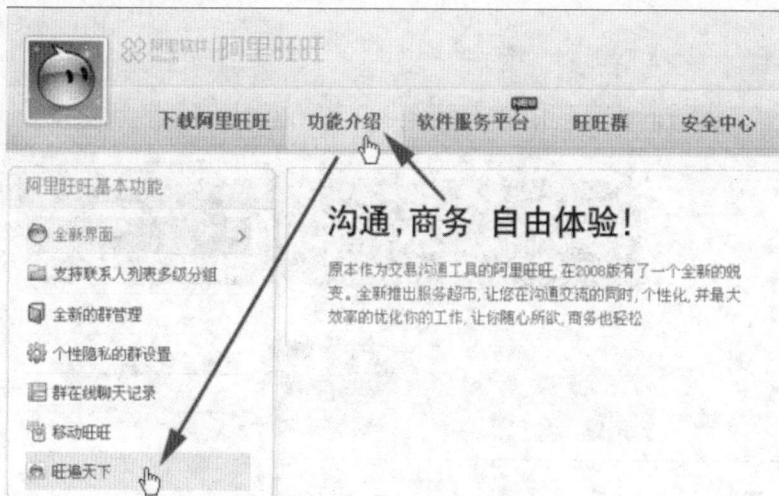

图 10.6 旺遍天下按钮

　　(2)在页面的左侧下面位置我们可以看到"旺遍天下"按钮,点击进入可以看到淘宝旺旺在线客服添加代码的步骤(如图 10.7 所示)。

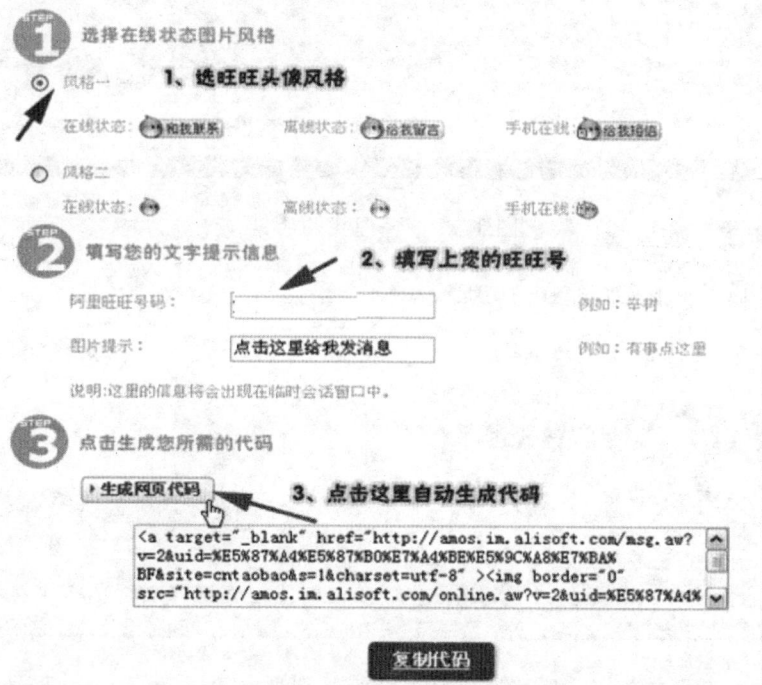

图 10.7 添加代码

　　(3)输入您想生成的淘宝旺旺在线客服代码后,点击"复制代码",完成代码复制(如图 10.8 所示)。

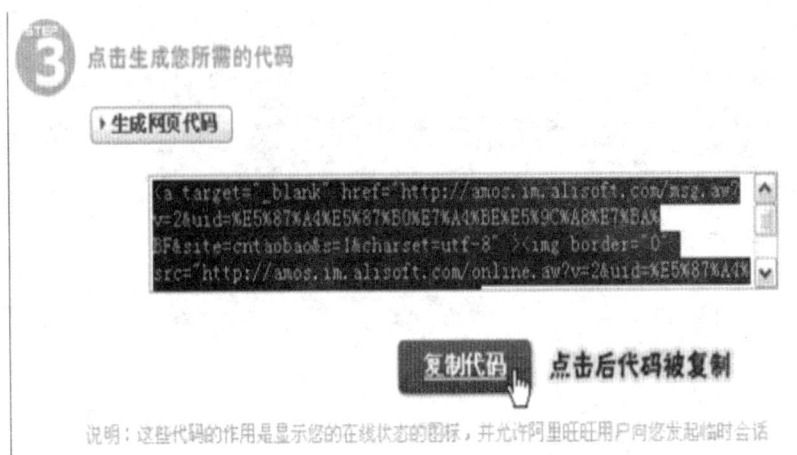

图 10.8 复制代码

（4）生成了淘宝旺旺在线客服代码，点击"复制代码"后，现在我们进入自己的网店（如图 10.9 所示）。

图 10.9 管理我的店铺

（5）进入店铺装修（如图 10.10 所示）。

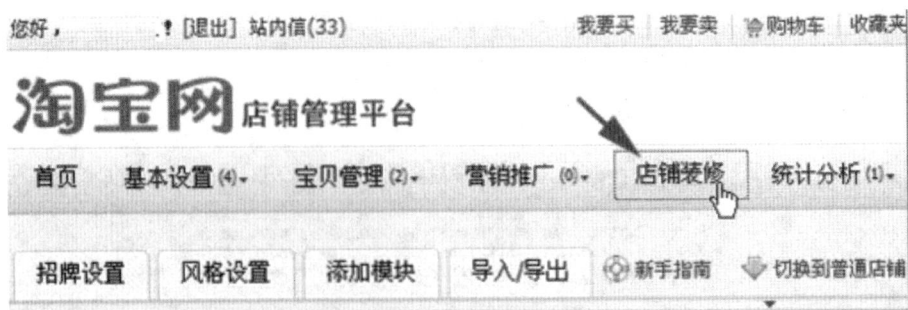

图 10.10 店铺管理平台

（6）在左边栏需要添加一个自定义模块（如图 10.11 所示）。

（7）再次点击"编辑 HTML 源码"按钮，返回可视化模式。添加多个淘宝旺旺在线客服也是同一个道理。

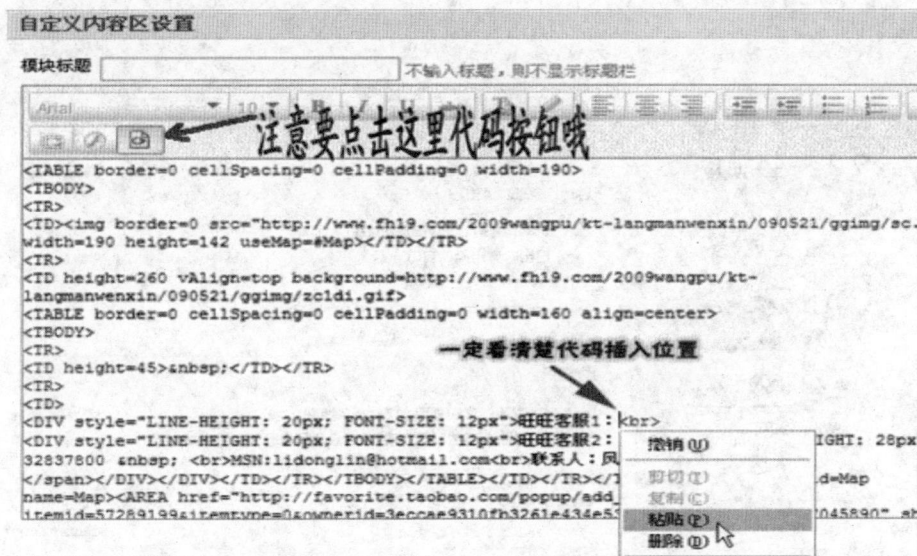

图 10.11　插入代码

问题 161. 怎样利用阿里旺旺远离钓鱼网站？

阿里旺旺如何设置屏蔽钓鱼网站呢？是否尝试使用阿里旺旺设置关键词屏蔽呢？这就要用到阿里旺旺的防骚扰功能。

（1）打开旺旺，单击"系统设置"（如图 10.12 所示）。

（2）在"系统设置"界面，单击"安全设置"（如图 10.13 所示）。

（3）设置过滤骚扰信息（如图 10.14、10.15 所示）。

（4）设置完成（如图 10.16 所示）。

问题 162. 如何在我的阿里旺旺里设置快捷短语功能？

（1）打开与某人的阿里旺旺聊天对话框，点击" 　 "快捷短语按钮（如图 10.17 所示）。

（2）点击"设置快捷短语"按钮（如图 10.18 所示）。

（3）点击"新增"按钮，设置快捷短语（如图 10.19 所示）。

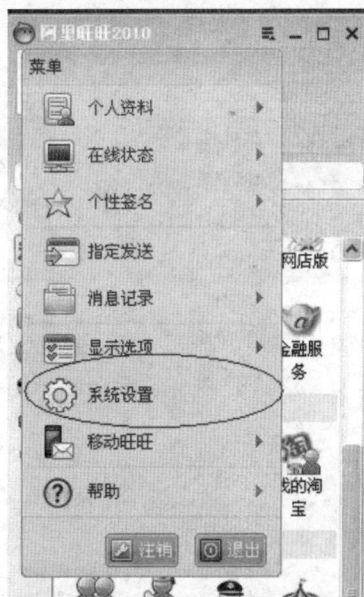

图 10.12　阿里旺旺

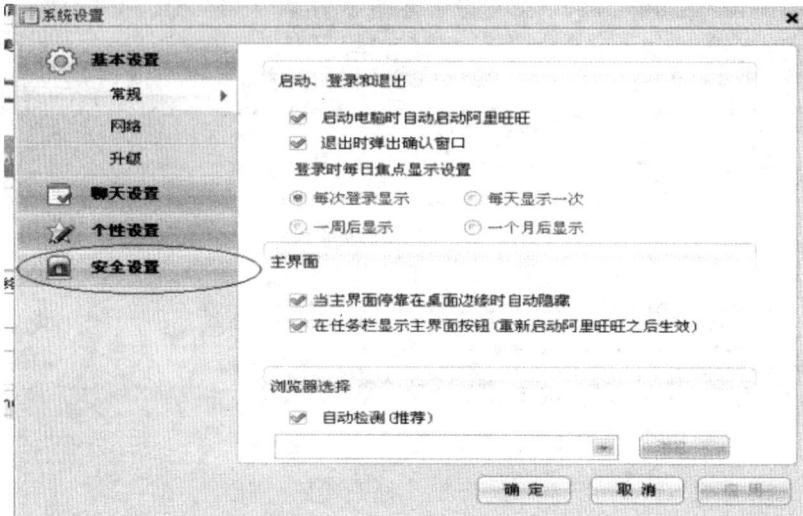

图 10.13　安全设置

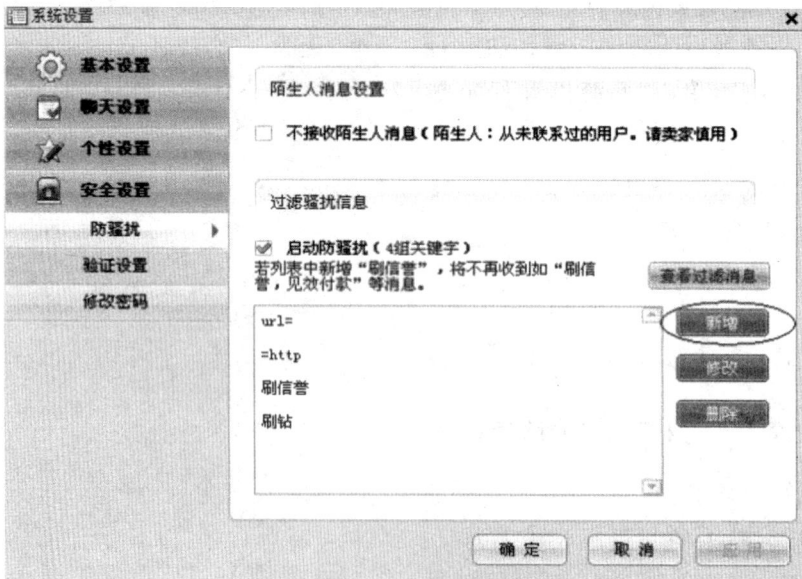

图 10.14　过滤骚扰信息

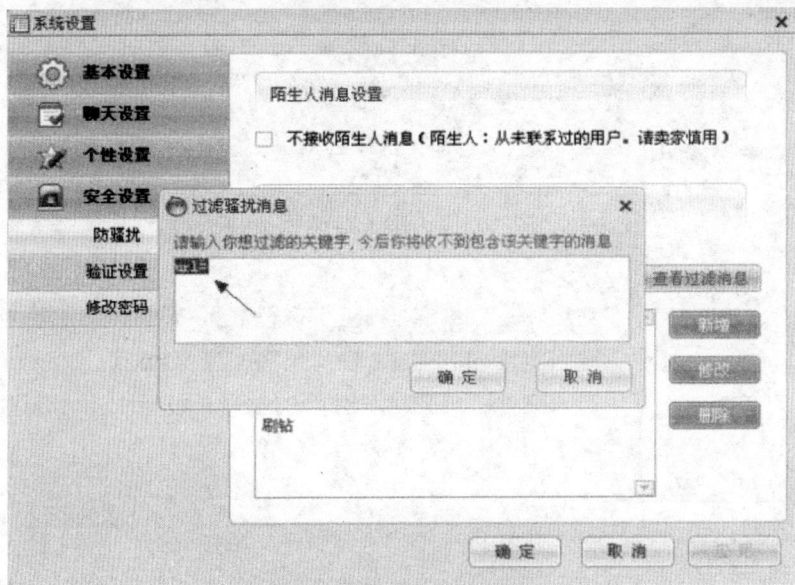

图 10.15 过滤骚扰信息

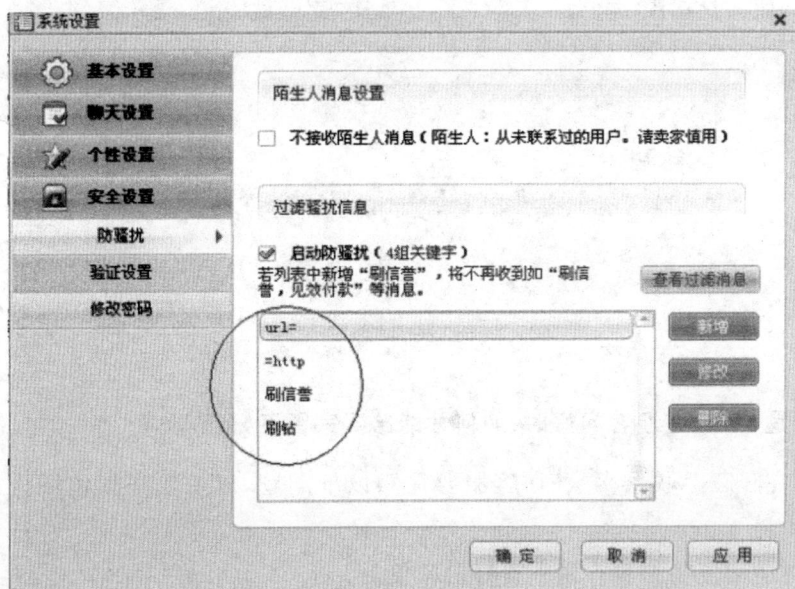

图 10.16 设置完成

图 10.17　聊天对话框

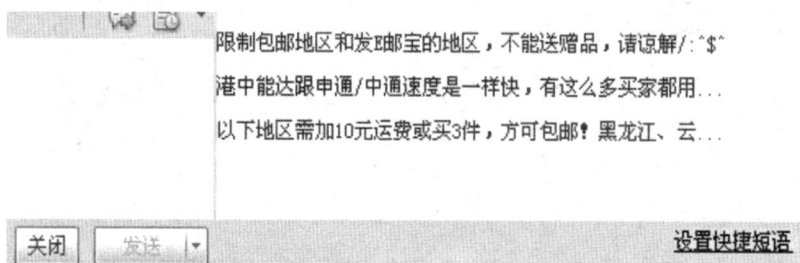

图 10.18　快捷短语栏

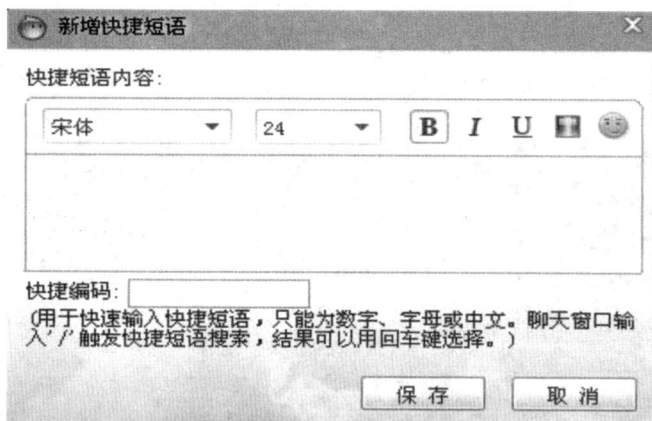

图 10.19　新增快捷短语

问题 163. 在迎客问好时,如何才能给买家留下好印象?

当买家在旺旺上联系卖家时,客服要注意以下问题,以便给买家留下良好的第一印象:

(1)及时的回复将给客户留下良好的印象。

(2)过于简单生硬的用语将影响服务体验。

(3)标准化的客服礼貌用语是必要的。

(4)建议配合恰当的旺旺表情效果更好。

第一句话如回复得不合适，会降低服务品质和成功率。图 10.20 中卖家的问好十分生硬冷漠，而图 10.21 中卖家则显得温馨很多，良好的沟通有利于达成交易。

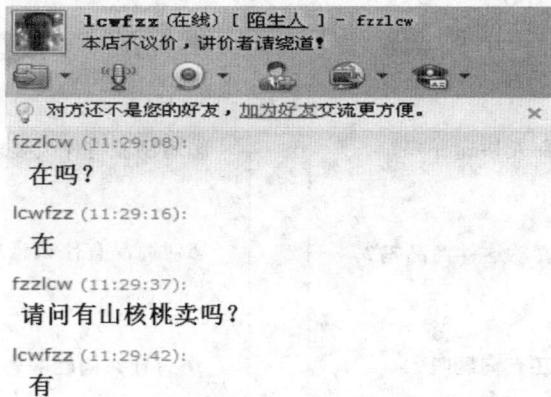

图 10.20　生硬冷漠的迎客问好

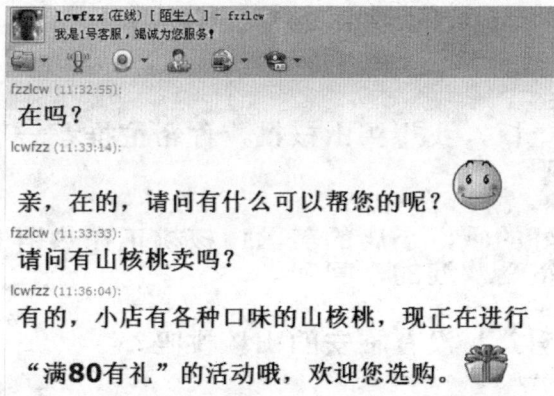

图 10.21　温馨礼貌的迎客问好

问题 164. 在与买家沟通时，我该怎样发起提问呢？

当对买家进行礼貌的迎客问好环节后，卖家要善于向买家发起提问，了解买家想要买哪些东西，同时需要注意以下技巧：

(1)要体察客户的意图，所以要七分听三分问。

(2)提问应是一种引导，并且语气忌简单生硬。

(3)要做到用提问激发客户的潜在需求。

(4)提问中如能穿插推荐，更容易促进销售。

(5)好的提问应该为下一步分析客户做准备。

另外,提问的时候要善于提封闭式的问题,而不要提开放式的问题。因为封闭式问题能有效引导客户的需求(如图10.22所示)。

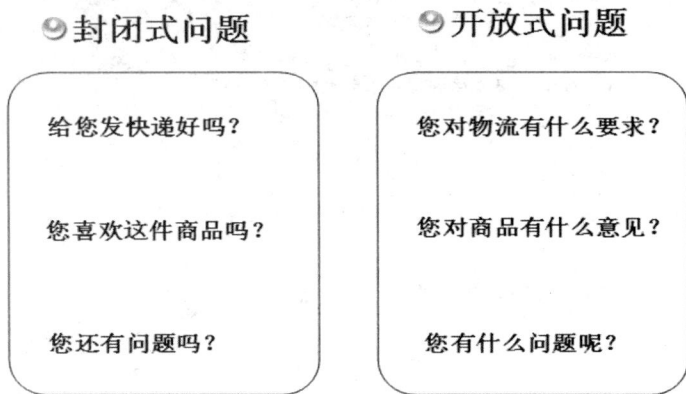

封闭式问题	开放式问题
给您发快递好吗?	您对物流有什么要求?
您喜欢这件商品吗?	您对商品有什么意见?
您还有问题吗?	您有什么问题呢?

图10.22　封闭式问题和开放式问题

在图10.23中,卖家没有了解清楚客户的意图,盲目推荐产品易错失良机。而图10.24则利用封闭式问题帮助客户选择。

fzzlcw (14:27:03):
老板,我想买山核桃,你帮忙推荐一下吧。

lcwfzz (14:27:46):
好的哦,小店的美国山核桃正在热销中,很受欢迎的,呵呵。

fzzlcw (14:28:02):
啊?！没有临安的山核桃吗?

lcwfzz (14:28:16):
哦,你要临安的啊。

图10.23　没有针对性的提问

问题165. 在与买家沟通时,怎样分析买家的真正需求?

与买家沟通时,卖家要注意从每个问题的字里行间里分析买家的真正需求是什么。为此,要做到以下几点:

(1)体察客户是为了知己知彼,判断局势。

(2)同时通过各方面的信息搜集,了解客户。

(3)我们对客户的了解不一定要让他清楚。

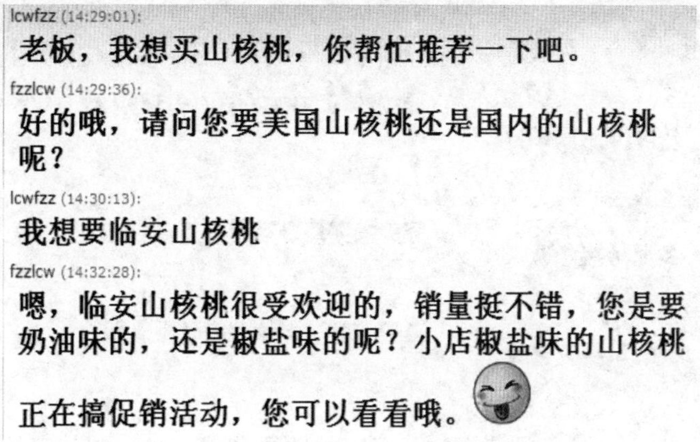

图 10.24　引导性提问

(4)一定要根据分析的结果去引导客户。

如图 10.25 所示,买家遇到了问题,这时卖家应该安抚客户,在解决问题前先分析问题。

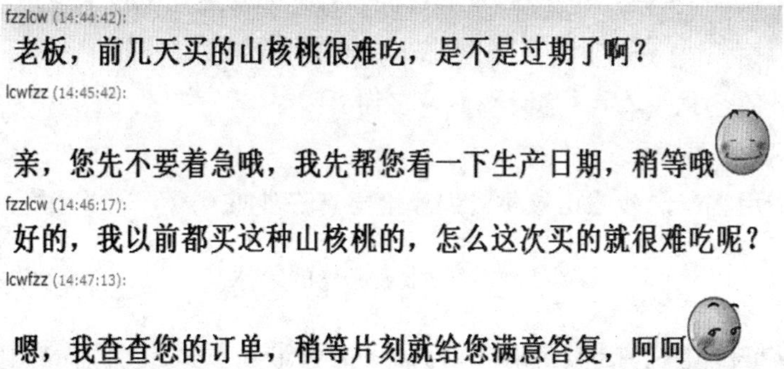

图 10.25　安抚遇到问题的买家

卖家在分析买家需求时,要先摸清客户的购物习惯,再分析问题发生的原因。如图 10.26 所示,购买记录多为高价产品,属于高端消费群,买家可能是位新妈妈。

如图 10.27 所示,只有迅速抓住问题的关键,才能既快速又准确地解决问题。

问题 166. 怎么向买家推荐其他农产品?

在与买家沟通时,卖家可以通过提问和分析,向买家推荐其他产品。推荐要做到主观引导为主,发掘客户的潜在需求为辅。

卖家在回答一个商品咨询的同时,要有意识地推荐顾客购买更多的商品,如推荐其

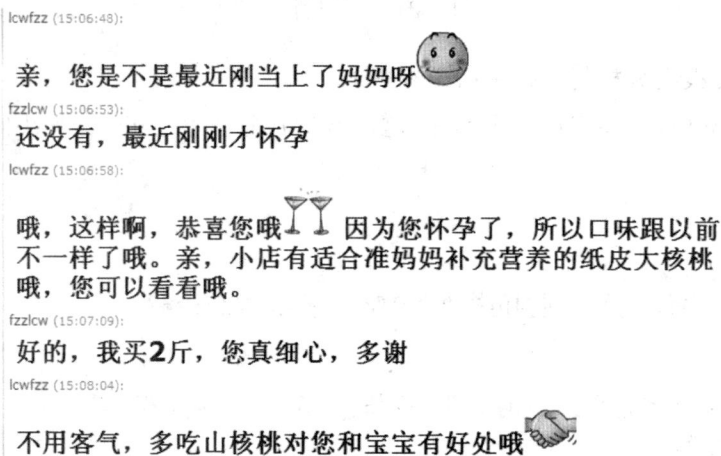

图 10.26 买家的购买记录

图 10.27 引导客户的需求

他商品给顾客以搭配建议、推荐促销活动商品、推荐最新款式或店铺的购物优惠政策等（如图 10.28 所示）。

问题 167. 买家说山核桃其他什么都好，就是价格太贵，我该怎么应对？

议价是在线谈判的中心内容，成功的议价能直接促成交易。对于议价问题可以根据具体情况酌情处理，如果不能接受议价，可以委婉地拒绝，或者将顾客的注意力转向买赠活动或者满就送之类的折中优惠方式，鼓励顾客多消费，切忌态度生硬、强势，避免引起争执（如图 10.29 所示）。

针对买家议价，卖家可采用如下方法应对：

◆ **卖家**：其实我觉得，买的时候我们主要在意价格，但是在整个产品的使用期间我们会更加在意这个产品的品质。所以我相信您会有正确的判断的。

fzzlcw (16:02:34):

老板，有没有奶油味的山核桃？

lcwfzz (16:02:42):

有的啦，奶油味的山核桃销量不错！亲，椒盐味的山核桃口

感也好，买家评价都不错哦。您可以吃吃看哦。

fzzlcw (16:02:48):

嗯，那我两种口味的都买下，呵呵。

lcwfzz (16:03:02):

山核桃用手剥比较麻烦，您需要山核桃夹子吗？我**7**折卖给
您哦

fzzlcw (16:03:22):

好的，多谢了

图 10.28 向买家推荐其他农产品

fzzlcw (2012-09-05 16:18:41):

老板，我要买**2**斤山核桃，可以打**5**折再包邮吗？

lcwfzz (2012-09-05 16:19:38):

亲，山核桃目前的价格已经是活动价，本身已经是没有多少
利润的哦

fzzlcw (2012-09-05 16:20:03):

如果不能优惠的话，我就不买了

lcwfzz (16:24:29):

亲，如果您在小店购物满**200**元，商品总价可以打**8**折再包
邮哦，很划算的，建议您试试

fzzlcw (16:25:17):

嗯，果然比较划算，算了，不为难你了，我再看看有没有其
他东西要买，凑足**200**，呵呵

图 10.29 议价

◆ **卖家**：我们都知道好货不便宜，便宜没好货，其实如果我们换一个角度来看，最好的产品往往也是最便宜的，因为您第一次就把东西买对了不用再花冤枉钱，而且用的时间久，带给您的价值也高，您说是吗？

◆ **卖家**：我可以问您个问题么？请问您以前购买过的产品都是淘宝上最低的吗？

问题 168．买家拍下了山核桃，我该如何跟进，防止丢单呢？

顾客在拍下产品后我们还要做下面这几件事：确认付款，告知发货，确认到货，询问感受，情感维护。

(1)确认付款。很多买家在拍下宝贝之后没有当即付款的习惯，可能过几天他又忘了。为防止这种情况的发生有几种办法：一是在产品描述页面善意提醒买家当即付款；二是在买家拍下后旺旺通知或短信告知，这样可以挽回 75% 左右的订单。

(2)告知发货。在买家付款后，比较关注的一件事就是什么时候能发货，如果您在

发货的时候通知一下买家,并告知大致到货时间,买家将印象深刻。

(3)确认到货。在到您之前告知的那个到货时间时,可以联系一下,询问是否到货,如果没有到就表示等下会帮他询问快递情况。

(4)询问感受。在大概一个礼拜左右,再次联系询问买家感受,并表示如有问题可以及时调换。

(5)情感维护。这是决定这个买家能否成为您的老客户的关键,您可以在其生日、节假日、店铺活动日通知他,并给予一定的优惠,如果您的店有一定的特点或吸引力,不怕他以后不光顾。

问题 169. 我可以从哪些方面入手,增强买家的购买欲望?

◆ **商品综合实力是基础。**商品的综合实力包括商品价格、图文描述、卖家信用、售出数量、售后评价等,只要其中有一项能打动买家,就会有成功交易的希望。因此,首先要做到的是保证自己的商品有足够的价格竞争优势,有漂亮的商品图片和资讯,并且店面布置简单明了。

◆ **卖家服务态度是关键。**买家在向您咨询商品信息时要给予热情回答,不能因为"宝贝描述"里有详情就让买家自己去看,"一问一答"的方式也不可取。在交流的时候,多用一些亲切的词语和笑脸表情拉近双方的距离,把对方当做认识已久的朋友一样。对于这样热情的卖家,很多买家就会买下商品了。

◆ **店铺承诺条款是保证。**为了让消费者更加有信心在您的店里消费,加入淘宝的一些联盟是有必要的,如"消费者保障联盟"等,给买家一定的心理保障。这样,买家就不用担心销售问题了,购买时的疑虑也就被这些保障条款化解了。

温馨提示:

(1)商品的购买记录越多,买家购买欲望越强烈。

(2)商品的图片和描述越详细,买家越容易产生信任感。

问题 170. 对于在线询问的新买家,我该如何留住他们?

(1)询盘顾客旺旺咨询。

针对以砍价开场的顾客,卖家不要生硬地回复"不议价不包邮",那样的话没几个愿意购买的,卖家要绕开价格话题,先帮顾客查询一下是否有库存,然后引导顾客深入了解产品,了解得多了,顾客觉得值了,再砍价的幅度也会降很多(如图10.30所示)。

(2)引导顾客坚定购买信心。

确定好后顾客自然会针对商品提出问题,虽然宝贝描述已经十分详细,卖家也不能让顾客自己去看描述,有时候顾客明明看到产品的成分、面料、尺码等描述,可还是习惯去问卖家,特别是女性顾客,这个时候卖家一定不能搪塞,针对顾客的提问作出中肯的答复,让顾客感到您对商品很有信心,并且很负责有耐心(如图10.31所示)。良好的开

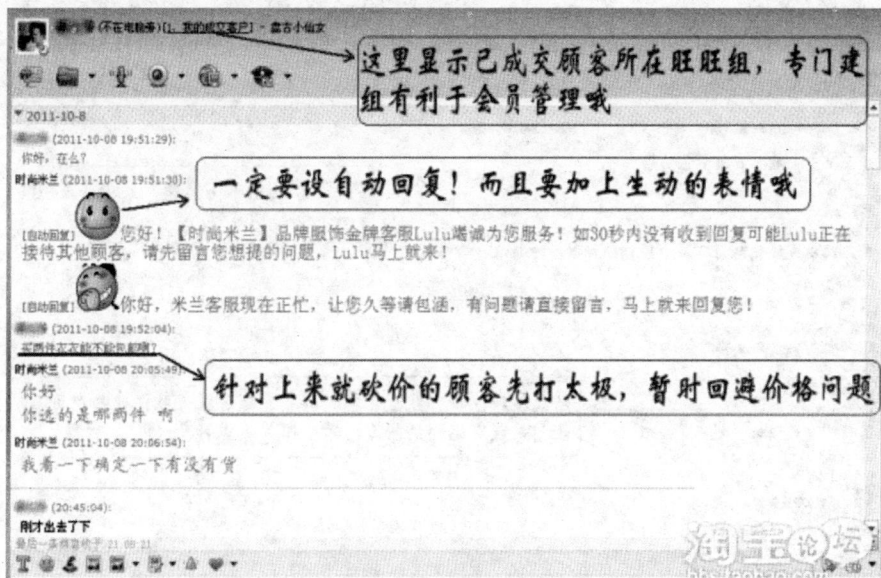

图 10.30　询盘

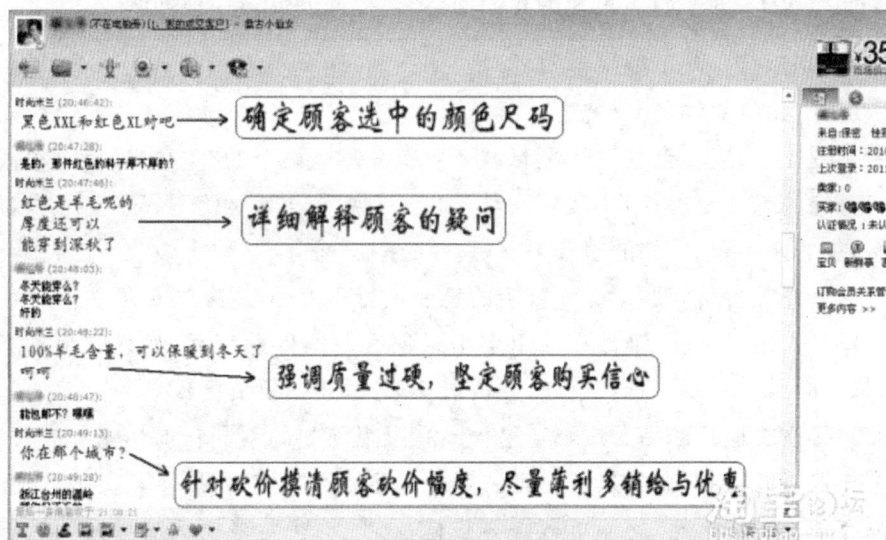

图 10.31　坚定购买信心

端奠定了下一步继续沟通的基础。

（3）已拍下也不能掉以轻心，绷紧弦跟进顾客完成付款。

顾客成功拍下商品后，发现有几毛钱的零头，要求抹零，不伤筋动骨的砍价何不让顾客满意到底呢，几毛钱换个爽快大方的印象也不错哦。如果顾客不懂操作进入付款流程就无法抹零了，这个时候可以诚实交代的确想抹零可系统不允许的事实，这时顾客一般是不会生气的（如图 10.32 所示）。

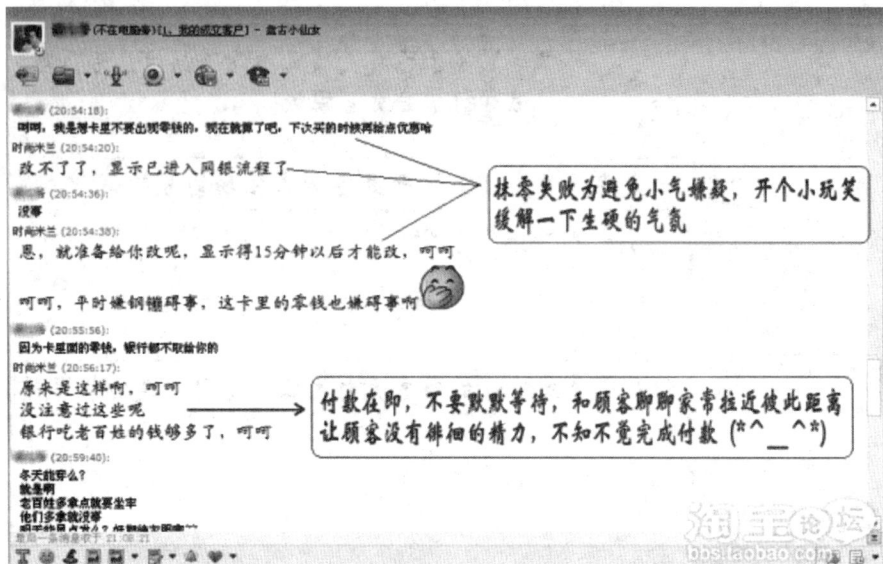

图 10.32　跟进顾客付款

问题 171. 对于打算再次购买的回头客,我该如何留住他们?

要想在淘宝立足,除了要懂得引导、推广、运营,懂得精准维护老客户才是真正的生存之道。那么,如何留住老客户?

◆ **顾客是上帝,对上帝您除了要真诚还要有爱。** 网络上的客户忠诚度是很浅薄的,但是他们对您的忠诚要求却很高,一次体验不好,说不定下次就不来了。所以,想要他们记得您,您的产品要好,您的服务更要好。

关键的就要数售后问题了。一家店的售后做得不好,就是不想要回头客,就是要绝自己的后路。卖出一百、一千件产品里会出现那么一两件瑕疵品,如果避免不了,出现了问题怎么办?第一,要负责!第二,要负责!第三,还是要负责!

产品不喜欢?退!产品有瑕疵?退!产品跟想象中的不同?退!完善的售后保障是您的客户购物的强心丸,如果连您自己都对自己的产品实物没信心,又怎样让您的客户对产品有信心呢?当然,您还可以跟客户协议,只要您妥善地解决售后问题,就可以化危为机,让您的公司更上一层楼。

◆ **把客户当朋友,定期要联系,维持感情。** 一家店铺,如果客户不常来,很容易就会把您给忘记,所以对于老客户,您需要有定期的店铺活动,包括优惠活动和其他有趣的活动。

问题 172. 有哪些技巧可以帮我提高客户的忠诚度,让他们再来买呢?

顾客忠诚是指网民喜欢光顾您的网店,并愿意在您的网店购买商品和服务。客户的忠诚主要来自于对网店的服务的满意程度(如图 10.33 所示),而一个客户的满意又会招来许多潜在的客户。

◆ **提供满意服务以留住顾客**。在实现货物快速发送的同时,对顾客询问订货情况的电子邮件应作出快速反应。最好是在他们提出问题前就给他们此类信息,或者为每次订货提供一个跟踪号码,让顾客自己能在网上用此号码随时了解自己订货的发送情况。

◆ **注意联络感情以稳定顾客**。成功地把商品卖给顾客并不表示工作已做到了家,还必须努力让顾客再次来买其他商品。设法记住每一位顾客的名字和需求,并适时通过多种方式(如微博)询问他们商品使用情况及征求对网店的意见,会让顾客感受到关心和亲切。这是一种维系顾客的好方法(如图10.34所示)。

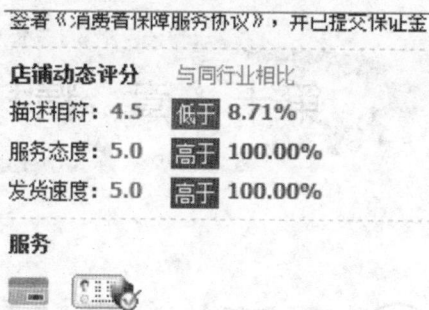

签署《消费者保障服务协议》,并已提交保证金

店铺动态评分	与同行业相比
描述相符:4.5	低于 8.71%
服务态度:5.0	高于 100.00%
发货速度:5.0	高于 100.00%

服务

图 10.33　店铺服务满意度

图 10.34　网店的微博

问题 173. 买家在支付环节遇到问题时,我该如何跟他沟通?

◆ **迟迟未付款**。一部分新手买家,可能会在支付操作过程中遇到一些问题,无法及时达成支付,这时候,您需要主动联系顾客,以关心的口吻,了解顾客碰到的问题,给予指导,直到顾客完成付款。

如果迟迟未见买家付款,可以这样说:"亲,您好,是支付上遇到问题了吗? 有不清楚的地方,可以告诉我,或许我能帮到您+表情笑脸。"

◆ **等待卖家修改价格**。部分需要优惠运费的订单,在跟买家达成一致后,需要等买家拍下订单,然后修改价格,买家再进行支付。可以这样跟买家说:"您好,您拍下来后,先不要进入支付页面,我修改好运费后,您再支付。"

◆ **买家已付款**。在顾客完成支付后,您可以说:"亲,已经看到您支付成功了,我们会及时为您发货,感谢您购买我们的商品,有任何问题,可以随时联系我们,我是客服8号。"

第十一章　精打细算——业绩评估

案例导读

　　经过几个月的摸爬滚打,王刚渐渐掌握了网上开店的基本操作,网店打理得井井有条。农产品卖出了不少,可到底赚了多少钱,他自己也说不清楚。每天进店的浏览量是多少?这些访客经常关注的是哪些宝贝呢?哪些宝贝最受青睐,哪些没人关注?常来咨询购买的买家有什么消费特点?有多少浏览量最后转变成订单量呢?在直通车和淘宝客上的投入和效益分别是多少呢?他都无从知晓,他对自己说,不能再这样糊里糊涂地经营网店了。

　　后来,为了解决王刚的疑虑,专家推荐他使用量子恒道统计工具。专家认为,在很多卖家的意识里,他们只需要知道今天有多少人来了就行了;但实际上,仅仅关注有多少浏览量和访客量,这是远远不够的,应该灵活运用量子统计工具强大的功能。这个工具不仅可以统计分析店铺里每天的浏览量,还能对销售效果和推广效果进行分析。

　　王刚听取了专家的建议,慢慢地学会了使用量子恒道统计工具,终于能明明白白地打理网店了。

问题174. 如何查看我的网店最近有多少点击量?

　　如果要查看网店的最近点击量,可以安装店铺统计软件。这些软件可以统计分析店铺的相关信息,量子恒道统计工具是其中最知名的一款。很多卖家在店铺装修的时候就添加量子恒道统计软件功能。量子恒道统计是淘宝量子统计团队最新推出的,为淘宝店铺量身打造的专业数据统计分析系统。它通过对店铺的被访及经营状况等数据进行分析、解读,帮助掌柜更好地了解店铺的优缺点,为店铺经营决策提供充分的数据支持,是掌柜经营店铺的必备工具。

　　下面我们来介绍如何在淘宝网店安装量子恒道统计功能。

　　(1)登录店铺装修页面,在页面左侧栏底端,单击"在此处添加新模块"(如图11.1所示)。

　　(2)在"添加模块"对话框里选择"基础模块",单击量子统计图标的"添加"按钮(如图11.2所示)。

超爱浙江特产美味山椒
￥33.00元
已售出 0 笔

纸皮大核桃/生核桃 淮
￥49.00元
已售出 0 笔

坚果特产山核桃临安椒盐野生
山核桃235g

一口价　65.90元

查看本店其他宝贝

友情链接

爱折扣家居生活馆

在此处添加新模块

浙江美食天目笋干 天目烤笋开
袋即食

图 11.1　店铺装修页面左侧栏

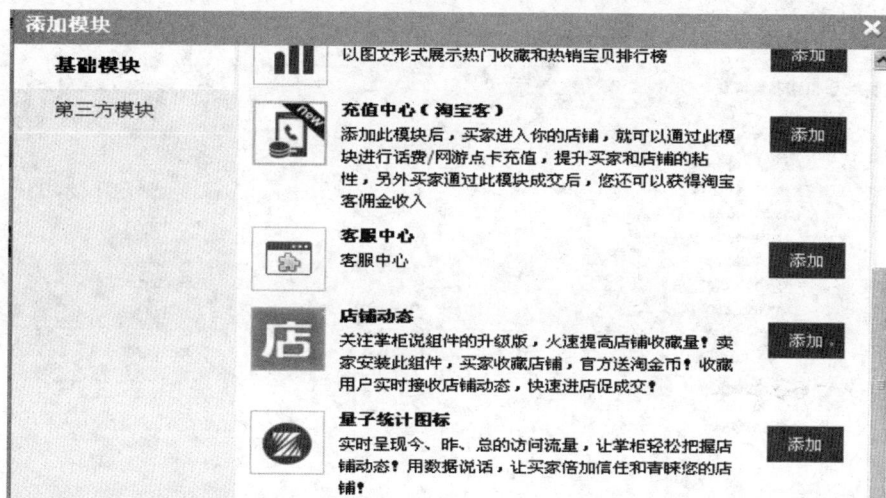

添加模块

基础模块

第三方模块

以图文形式展示热门收藏和热销宝贝排行榜　　添加

充值中心（淘宝客）
添加此模块后，买家进入你的店铺，就可以通过此模块进行话费/网游点卡充值，提升买家和店铺的粘性，另外买家通过此模块成交后，您还可以获得淘宝客佣金收入　　添加

客服中心
客服中心　　添加

店铺动态
关注掌柜说组件的升级版，火速提高店铺收藏量！卖家安装此组件，买家收藏店铺，官方送淘金币！收藏用户实时接收店铺动态，快速进店促成交！　　添加

量子统计图标
实时呈现今、昨、总的访问流量，让掌柜轻松把握店铺动态！用数据说话，让买家倍加信任和青睐您的店铺！　　添加

图 11.2　添加模块

量子统计-店铺浏览量

数据读取中……

更多数据请点击
在此处添加新模块

图 11.3　已添加量子统计模块

（3）在店铺装修页面就可以看到量子统计模块已添加，然后单击页面右上角的"发布"按钮。

　问题 175. 如何查看我的网店今天有多少流量和访客？

（1）在店铺页面点击左侧栏的量子统计模块的

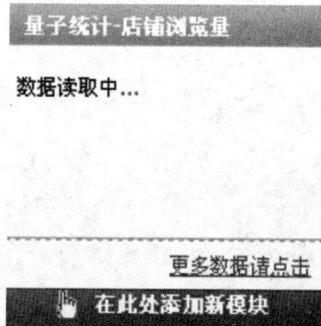

"更多数据请点击"(如图 11.3 所示)。

(2)在新弹出的"量子恒道统计"页面,单击左侧"流量分析"里的"流量概况",就可以知道今天的浏览量和访客数(如图 11.4 所示)。

	浏览量(PV)	访客数(UV)	平均访问深度	人均店内停留时间(秒)	浏览回头率
今日	4,992	2,273	2.06	457.00秒	11.31%
昨日	10,633	4,781	2.04	542.00秒	11.17%
上周同期	10,801	4,975	1.99	531.00秒	10.53%
前7天日均	12,004	5,481	2.01	517.18秒	9.64%

图 11.4　流量概况

(3)按小时流量分析。您可以查询店铺内某一天的流量情况,24 小时分时段的数据报表,各时段用户浏览量和访客数一目了然,为您安排店内人手和宝贝上线时间提供了参考。"流量对比"功能,可以让您同时对比任意两天的浏览量和访客数信息(如图 11.5、11.6 所示)。

时间	浏览量	访客数
17:00 - 18:00	115	71
16:00 - 17:00	617	314
15:00 - 16:00	530	277
14:00 - 15:00	703	295
13:00 - 14:00	812	393
12:00 - 13:00	707	361
11:00 - 12:00	549	293
10:00 - 11:00	546	255
9:00 - 10:00	380	160
8:00 - 9:00	168	100
7:00 - 8:00	62	27
6:00 - 7:00	12	8
5:00 - 6:00	23	8
4:00 - 5:00	12	12
3:00 - 4:00	23	14
2:00 - 3:00	27	19
1:00 - 2:00	29	29
0:00 - 1:00	220	99
总计	5,548	

图 11.5　按小时流量分析

(4)按天流量分析。您可以自定义查看不同日期的统计数据,也可以快速查看当月、最近 3 个月、最近 6 个月和最近 12 个月的统计数据,帮助您最简单、直接地了解店铺一定时期内顾客的浏览量和访客数。当鼠标放置在图表区域以外时,还可以显示您选择时段内浏览量和访客数的最高值与最低值。另外,"流量对比"功能,可以对两个不同月份各天的店铺浏览量和访客数进行对比(如图 11.7、11.8 所示)。

时间	2012-03-19	2012-03-20
23:00 - 24:00	583	594
22:00 - 23:00	932	944
21:00 - 22:00	959	938
20:00 - 21:00	965	847
19:00 - 20:00	838	619
18:00 - 19:00		602
17:00 - 18:00	724	681
16:00 - 17:00	729	529
15:00 - 16:00	741	697
14:00 - 15:00	594	579
13:00 - 14:00	707	775
12:00 - 13:00	831	787
11:00 - 12:00	662	449
10:00 - 11:00	569	507
9:00 - 10:00	505	337
8:00 - 9:00	135	270
7:00 - 8:00	44	51
6:00 - 7:00	12	8
5:00 - 6:00	28	16
4:00 - 5:00	11	8
3:00 - 4:00	19	51
2:00 - 3:00	17	52
1:00 - 2:00	78	74
0:00 - 1:00	170	218

2012-03-19 vs 2012-03-20 浏览量详细报表　下载　打印

任意2天的对比

图 11.6　按小时流量对比分析

当月 数据详细报表　下载　打印

日期	浏览量	访客数
2012-03-21	5,785	2,668
2012-03-20	10,633	4,781
2012-03-19	11,491	5,118
2012-03-18	14,481	6,380
2012-03-17	14,131	6,504
2012-03-16	10,974	5,269
2012-03-15	11,517	5,338
2012-03-14	10,801	4,975
2012-03-13	10,358	4,814
2012-03-12	10,812	5,130
2012-03-11	13,186	5,905
2012-03-10	14,031	6,441
2012-03-09	11,007	5,229
2012-03-08	11,410	4,949
2012-03-07	10,844	4,835
2012-03-06	10,294	4,708
2012-03-05	10,928	4,988
2012-03-04	16,241	7,383
2012-03-03	17,375	8,058
2012-03-02	13,695	7,041
2012-03-01	13,324	6,613
总计	253,318	

每月每天

图 11.7　按天流量分析

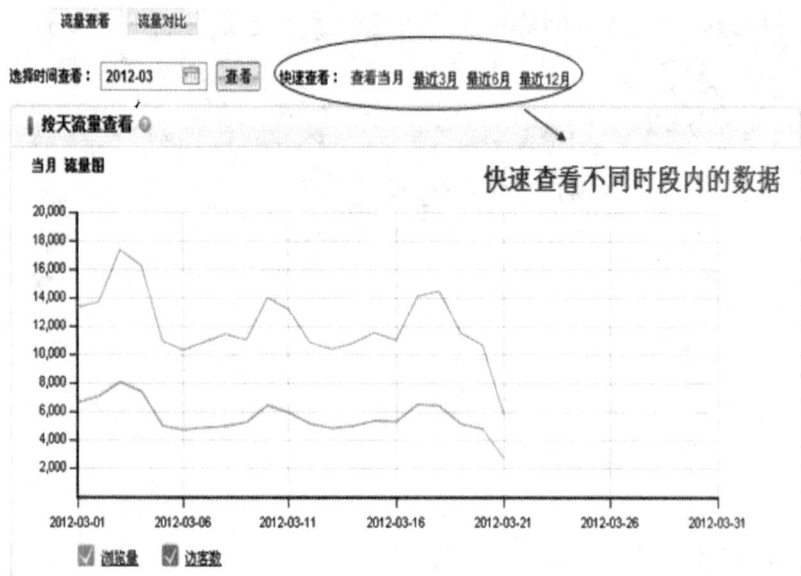

图 11.8　按天流量分析

问题 176. 如何查看客户访问我的网店的时间、来源以及访问了什么宝贝？

在"量子恒道统计"页面,单击左侧"流量分析"里的"实时客户访问",这样就可以知道有哪些客户访问了您的网店,进入店铺的来源,以及每个客户访问了哪些宝贝,哪些是回头客,还可以显示店铺当前的被访问情况。系统每分钟更新客户的访问数据,包括访问时间、入店来源、被访页面、访客位置、是否回头客,让您时刻了解店内客户访问情况。

同时,可以使用"顾客跟踪"功能,详细了解客户的访问轨迹、访客地区、进店时间、停留时间、入店来源,探索客户的关注范围和行为规律(如图 11.9 所示)。

问题 177. 怎样查看我的网店哪些宝贝关注度最高？

在"量子恒道统计"页面,单击左侧"流量分析"里的"宝贝被访排行",这样就可以知道店铺宝贝的总浏览量和平均浏览量、查看总次数等,以及店铺里买家访问次数最多的前 15 个宝贝,每个宝贝被查看的次数等。

您可以自定义查看不同时间段的统计数据,也可以快速查看最近 30 天、本周、本月等不同时段的统计数据(如图 11.10 所示)。

在宝贝较多时,您还可以通过按分类或按宝贝进行相应的宝贝查询,快速了解宝贝的情况(如图 11.11 所示)。

图 11.9 实时客户访问

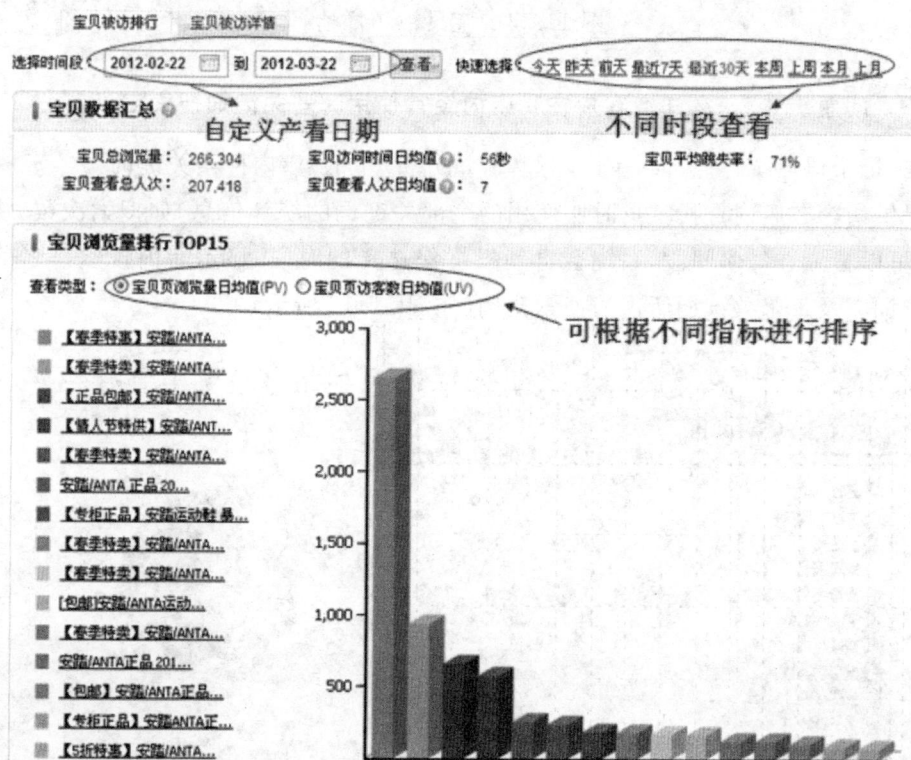

图 11.10 宝贝被访排行

图 11.11　宝贝被访详情

问题 178. 怎么知道客户在我店内经常使用哪些关键词搜索宝贝？

在"量子恒道统计"页面，单击左侧"流量分析"里的"店内搜索关键词"。

提供访客在店内查找宝贝时所使用的全部关键词的统计信息，如搜索次数、跳失率等，您可以自由选择时间段，系统会自动根据您选择的时段，显示店内搜索排名前十位的关键词以及每个关键词所占的搜索比例（如图 11.12 所示）。

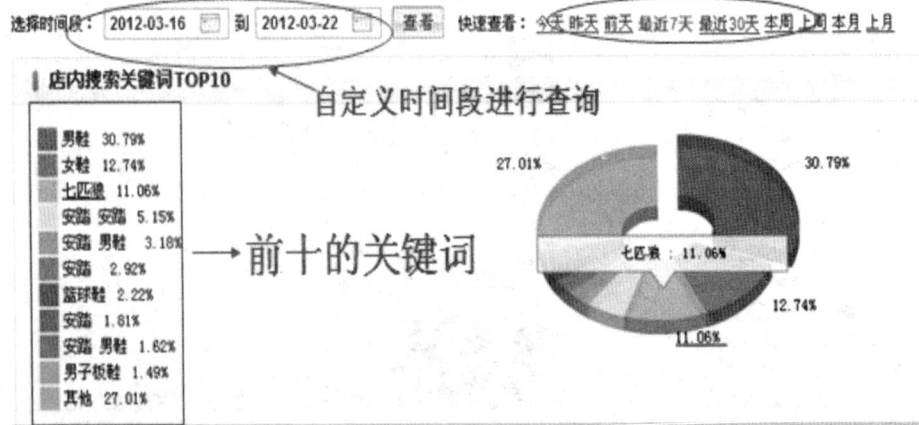

图 11.12　排名前十的关键词

另外，可以用“趋势查看”功能查看随着时间的变化，每个关键词的到达页浏览量、搜索次数及跳失率的变化趋势，为您及时优化宝贝的名称以便能够被高效地搜索到提供参考（如图 11.13 所示）。

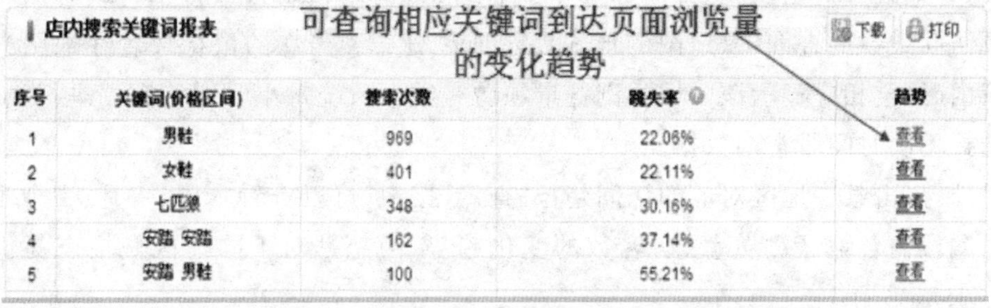

店内搜索关键词报表　下载　打印

序号	关键词(价格区间)	搜索次数	跳失率	趋势
1	男鞋	969	22.06%	查看
2	女鞋	401	22.11%	查看
3	七匹狼	348	30.16%	查看
4	安踏 安踏	162	37.14%	查看
5	安踏 男鞋	100	55.21%	查看

图 11.13　店内搜索关键词报表

问题 179. 如何知道访问我店铺的访客是从哪里进入的？

在“量子恒道统计”页面，单击左侧“推广效果”里的“流量来源构成”。

来源构成中总结了店内所有浏览的来源情况，比如某来源的到达页浏览量及其所占的百分比（如图 11.14 所示）。

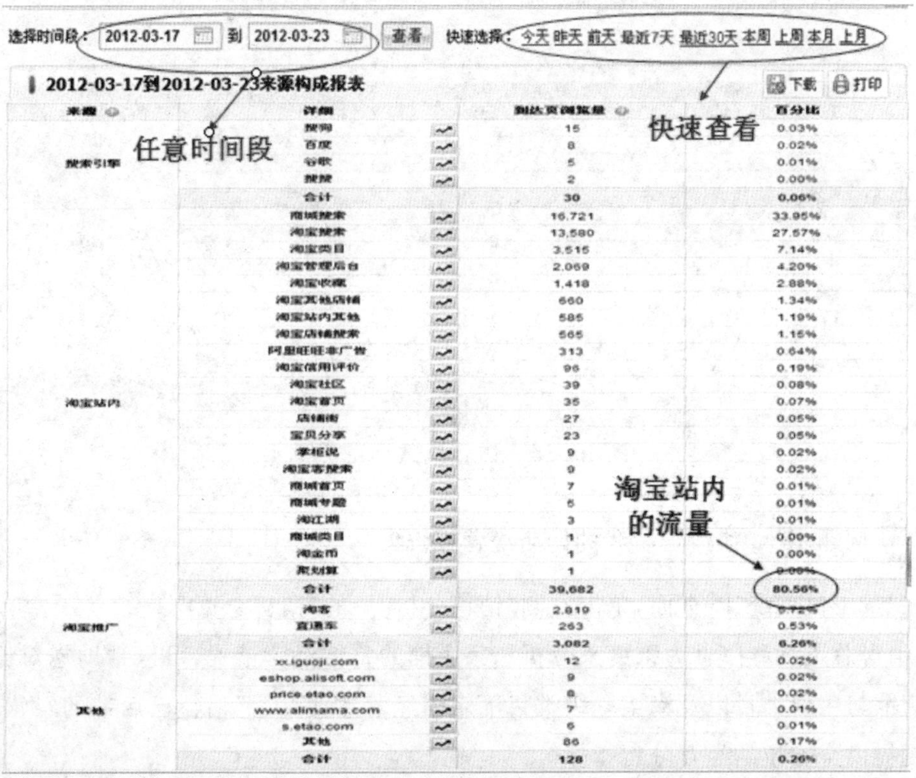

选择时间段：2012-03-17 到 2012-03-23 查看　快速选择：今天 昨天 前天 最近7天 最近30天 本周 上周 本月 上月

2012-03-17到2012-03-23来源构成报表　下载　打印

来源	详细	到达页浏览量	百分比
搜索引擎	搜狗	15	0.03%
	百度	8	0.02%
	谷歌	5	0.01%
	搜搜	2	0.00%
	合计	30	0.06%
淘宝站内	商城搜索	16,721	33.95%
	淘宝搜索	13,580	27.57%
	淘宝类目	3,515	7.14%
	淘宝管理后台	2,069	4.20%
	淘宝收藏	1,418	2.88%
	淘宝其他店铺	660	1.34%
	淘宝站内其他	585	1.19%
	淘宝店铺搜索	565	1.15%
	阿里旺旺非广告	313	0.64%
	淘宝信用评价	96	0.19%
	淘宝社区	39	0.08%
	淘宝首页	35	0.07%
	店铺街	27	0.05%
	宝贝分享	23	0.05%
	掌柜说	9	0.02%
	淘宝客搜索	9	0.02%
	商城首页	7	0.01%
	商城专题	5	0.01%
	淘江湖	3	0.01%
	商城类目	1	0.00%
	淘金币	1	0.00%
	聚划算	1	[illegible]
	合计	39,682	80.56%
淘宝推广	淘客	2,819	[illegible]
	直通车	263	0.53%
	合计	3,082	6.26%
其他	xx.iguoji.com	12	0.02%
	eshop.alisoft.com	9	0.02%
	price.etao.com	8	0.02%
	www.alimama.com	7	0.01%
	s.etao.com	6	0.01%
	其他	86	0.17%
	合计	128	0.26%

图 11.14　流量来源分析

问题 180. 我从哪里能知道所有访客是哪些省份的客户？

在"量子恒道统计"页面,单击左侧"客户分析"里的"访客地区分析"。

"访客地区分析功能"支持国际和中国各省、自治区、直辖市、特别行政区内城市浏览量及访问人数的查询,以地图的形式展示地区分布。当您的鼠标放置在地图当中某一区域内时,会相应显示该区域的浏览量和访客数。系统每小时对该数据进行更新,您可以选择不同时间段查询数据。

另外,点击某一地区对应的访问趋势"查看"按钮,可以查看本周、一月、一个季度等不同时间段内各地区浏览量、访客数的变化趋势,为您针对不同地区做推广提供决策(如图 11.15 所示)。

中国 - 所有地区详细数据 (2012-03-16 至 2012-03-22)　　点击查看趋势变化　下载　打印

地区	展现量	点击量	点击率	花费	平均点击花费	详细
总计	137,416	358	0.26%	¥239.86	¥0.67	趋势
广东	18,560	70	0.38%	¥43.28	¥0.62	趋势
河南	9,072	34	0.37%	¥23.72	¥0.70	趋势
山东	8,363	34	0.41%	¥24.05	¥0.71	趋势
江苏	10,828	32	0.30%	¥20.47	¥0.64	趋势
浙江	7,759	24	0.31%	¥17.17	¥0.72	趋势
福建	27,884	22	0.08%	¥15.73	¥0.72	趋势
河北	7,588	20	0.26%	¥13.60	¥0.68	趋势
湖南	4,110	15	0.36%	¥10.61	¥0.71	趋势
安徽	4,541	15	0.33%	¥10.37	¥0.69	趋势
湖北	3,212	14	0.44%	¥10.28	¥0.73	趋势
天津	2,724	11	0.40%	¥5.85	¥0.53	趋势
上海	4,441	10	0.23%	¥6.31	¥0.63	趋势
重庆	2,190	10	0.46%	¥6.88	¥0.69	趋势
黑龙江	4,924	10	0.20%	¥7.08	¥0.71	趋势
四川	5,290	9	0.17%	¥6.03	¥0.67	趋势
北京	8,636	8	0.09%	¥4.89	¥0.61	趋势
陕西	3,406	8	0.23%	¥5.84	¥0.73	趋势
山西	2,847	8	0.28%	¥5.70	¥0.71	趋势
甘肃	1,041	4	0.38%	¥2.00	¥0.50	趋势

图 11.15　访客地区详细数据

问题 181. 如何查看我的网店经营概况？

在"量子恒道统计"页面,单击左侧"销售分析"里的"销售总览"。

"销售总览"以月/日为维度来分析您家店铺的整体经营情况,可以帮助您对比分析自家店铺与主营类目以及淘宝一级类目下店铺经营数据,以评估自己店铺的经营状况,同时更提供全方位的经营分析指标。

(1)数据指标分析。数据指标分析从三个最为重要的维度来为您提供一个便于理解的经营思路,即访客数、全店成交转化率、客单价(如图 11.16 所示)。

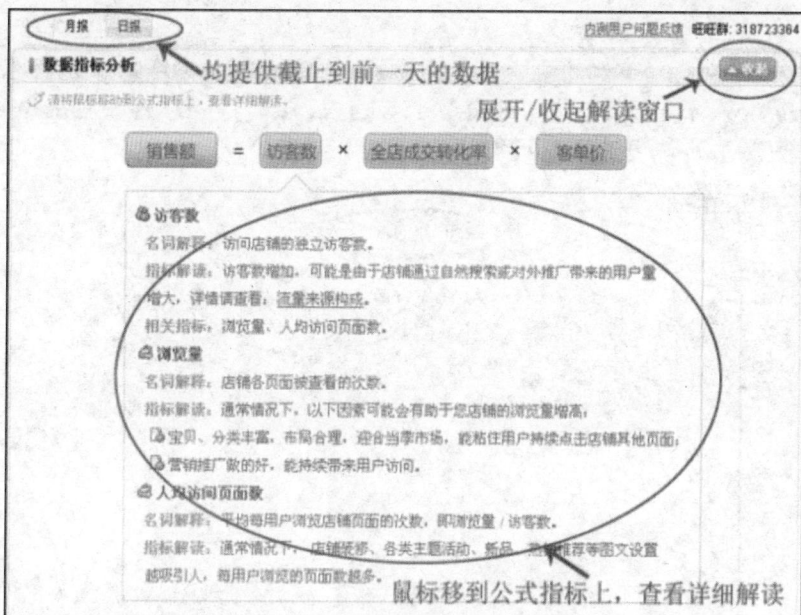

图 11.16　店铺销售数据指标

　　(2)店铺经营概况。在"店铺经营概况"中,您可以看到按月或按日的汇总经营状况,使您首先在总体情况上有所把握。部分指标前标注的"u",表示"去重计算"(如图11.17 所示)。

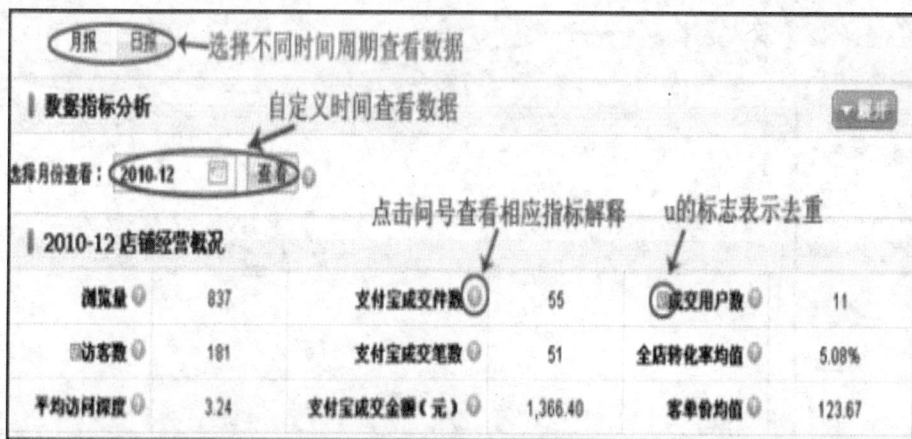

图 11.17　店铺经营概况

　　(3)店铺经营趋势/店铺经营对比。在"店铺经营趋势"中,您可以看到按月或按日的经营趋势分析。系统默认展示"访客数"、"支付宝成交件数"、"成交用户数"三项指标趋势图。您可以通过自定义选择需对比的经营数据类型,并通过对比趋势图进行店铺运营分析(如图 11.18、11.19 所示)。

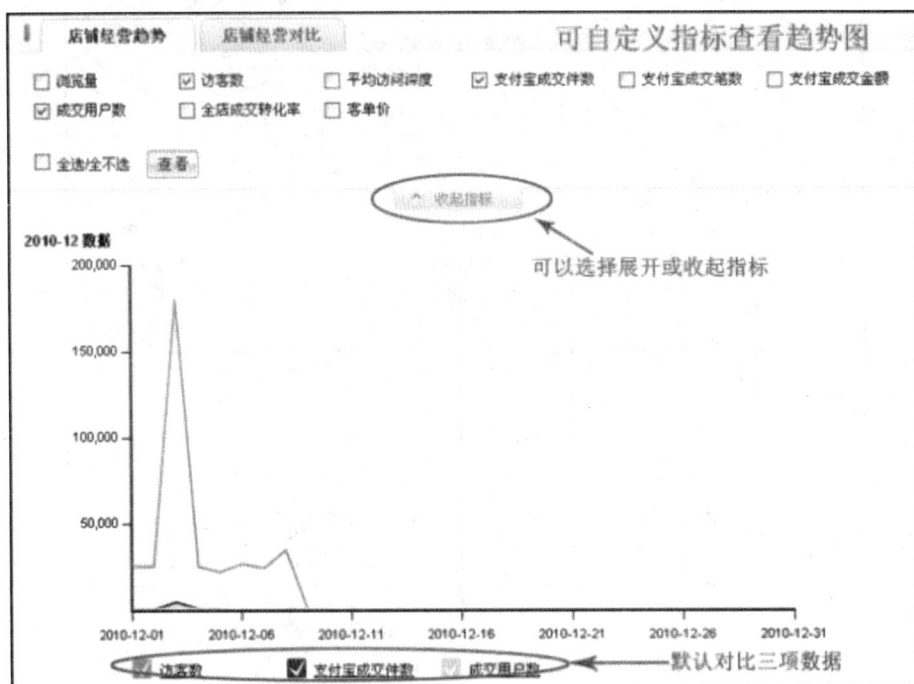

图 11.18　店铺经营趋势

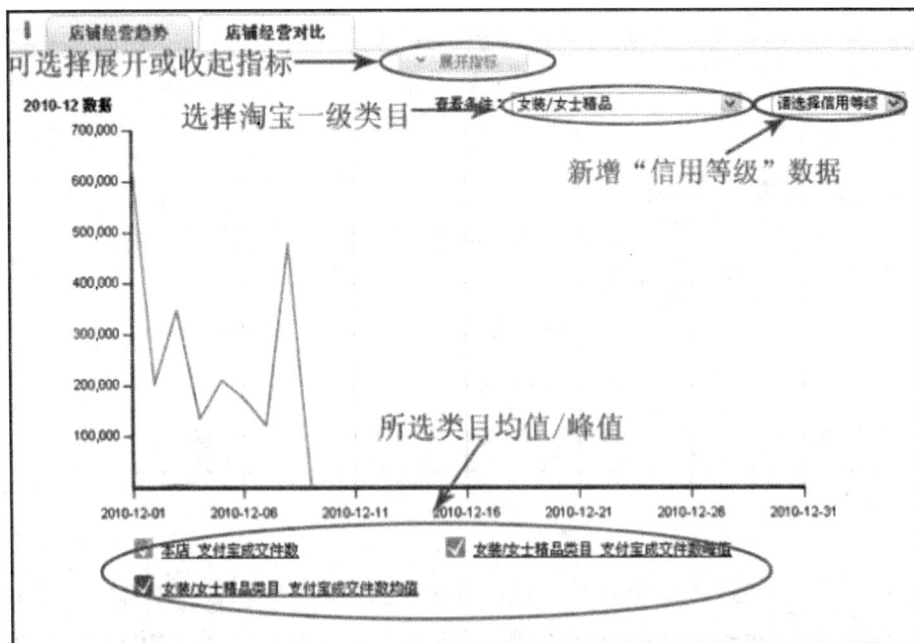

图 11.19　店铺经营对比

(4)店铺经营明细。在“店铺经营明细”中,您可以看到当前所选时间段或日期的经营详细报表,并对其中涉及的数据指标实现排序、隐藏功能,以便于用户做数据查看及分析。您还可以选择“下载”、“打印”明细表(如图 11.20 所示)。

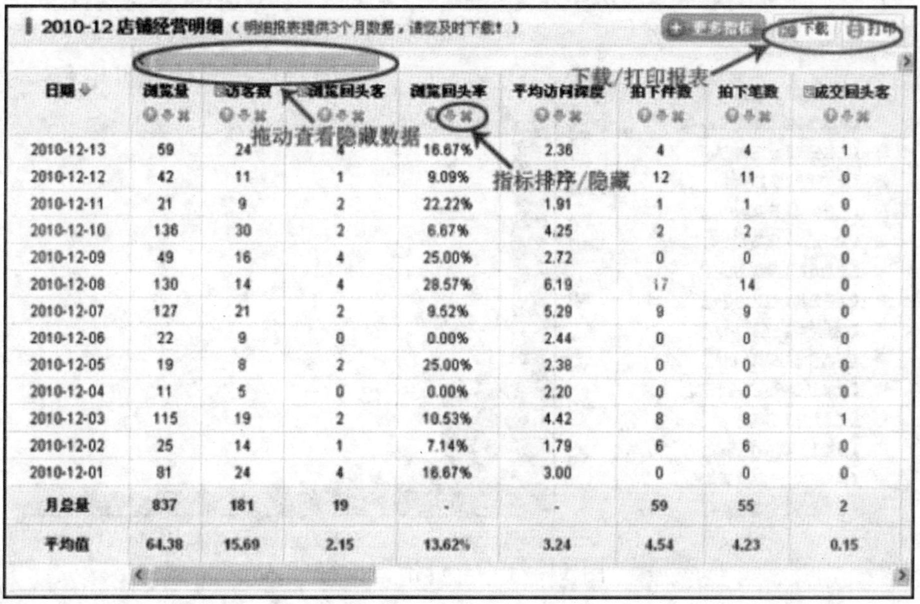

日期	浏览量	访客数	浏览回头客	浏览回头率	平均访问深度	拍下件数	拍下笔数	成交回头客
2010-12-13	59	24	4	16.67%	2.36	4	4	1
2010-12-12	42	11	1	9.09%		12	11	0
2010-12-11	21	9	2	22.22%	1.91	1	1	0
2010-12-10	136	30	2	6.67%	4.25	2	2	0
2010-12-09	49	16	4	25.00%	2.72	0	0	0
2010-12-08	130	14	4	28.57%	6.19	17	14	0
2010-12-07	127	21	2	9.52%	5.29	9	9	0
2010-12-06	22	9	0	0.00%	2.44	0	0	0
2010-12-05	19	8	2	25.00%	2.38	0	0	0
2010-12-04	11	5	0	0.00%	2.20	0	0	0
2010-12-03	115	19	2	10.53%	4.42	8	8	1
2010-12-02	25	14	1	7.14%	1.79	6	6	0
2010-12-01	81	24	4	16.67%	3.00	0	0	0
月总量	837	181	19	-	-	59	55	2
平均值	64.38	15.69	2.15	13.62%	3.24	4.54	4.23	0.15

图 11.20 店铺经营明细

问题 182. 怎样查看本月我的网店最畅销的宝贝是哪些?哪些宝贝没有卖出去?

在“量子恒道统计”页面,在左侧“销售分析”里的“销售详情”下,单击“宝贝销售排行/零成交宝贝”。

(1)宝贝销售排行/零成交宝贝。在“宝贝销售排行”中,您可以看到当前所选时间段的宝贝数据汇总及排行,使您首先对宝贝信息有个整体的了解(如图 11.21 所示)。

(2)在下方的明细报表中输入宝贝名称,也可以直接对宝贝进行查询。点击查看详情,便可以查看具体每件宝贝的销售趋势,同时可以自定义选择各数据指标的多项组合查看(如图 11.22 所示)。

(3)零成交宝贝。在“零成交宝贝”中,您可以看到所选时间段或日期的成交量为零的宝贝数据(如图 11.23 所示)。

问题 183. 如何查看买家在我的网店的购买详情?

在“量子恒道统计”页面,在左侧“销售分析”里的“销售详情”下,单击“买家购买分析”。

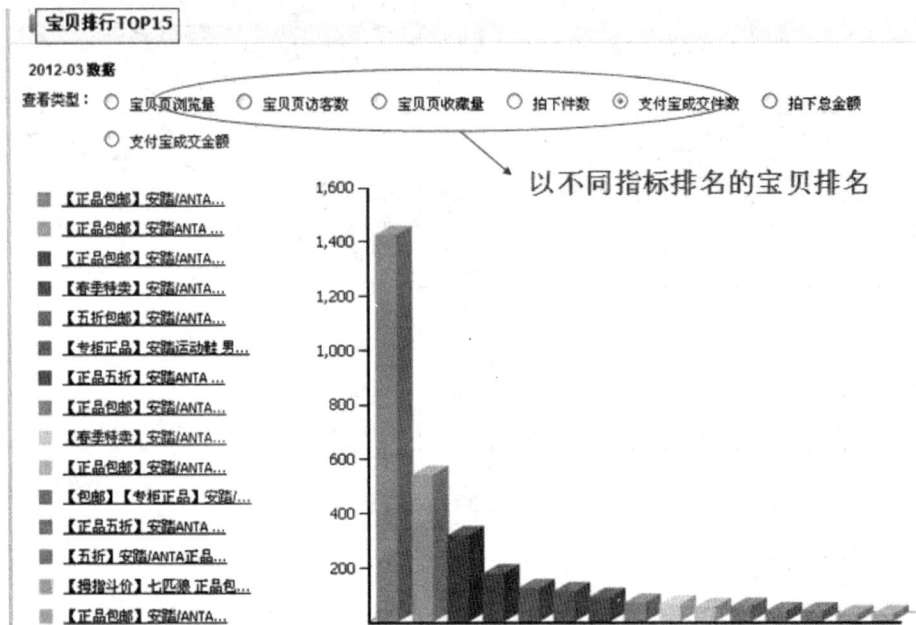

图 11.21　宝贝销售排行

图 11.22　宝贝销售明细

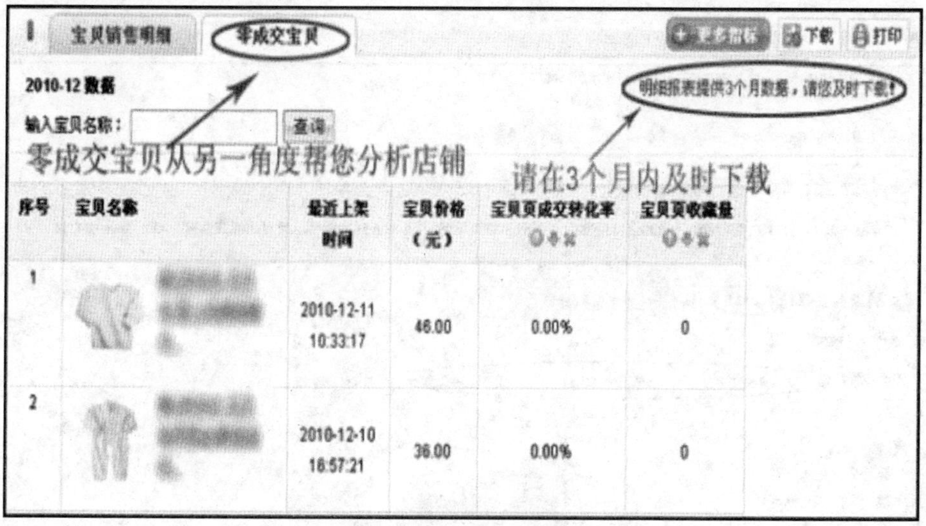

图 11.23　零成交宝贝

在"买家购买分析"中,您可以看到当前所选某天、某周或某月的买家购买详情报表,也可以根据需要查看各数据指标的排名情况。买家购买明细中提供大 TOP25 的买家 ID,便于分析您的忠实用户。其中,前 TOP15 的买家可以查看其近期的购买状况趋势(如图 11.24 所示)。

问题 184. 怎样分析运用的促销手段中,哪种效果最好?

在"量子恒道统计"页面,在左侧"销售分析"里的"销售详情"下,单击"促销手段分析"。

在"促销手段分析"中,您可以看到所选时间段的促销手段效果概况,同时为您提供按促销手段分类的数据汇总,也可以根据需要查看各数据指标的促销宝贝排行情况(如图 11.25 所示)。

问题 185. 我的山核桃参加了直通车推广,怎么查看推广费用?

在"量子恒道统计"页面,单击左侧"推广效果"里的"直通车数据"。

在"账户数据简报"里,可以详细查看直通车账户花费分布、花费趋势以及账户详细报表等(如图 11.26 所示)。

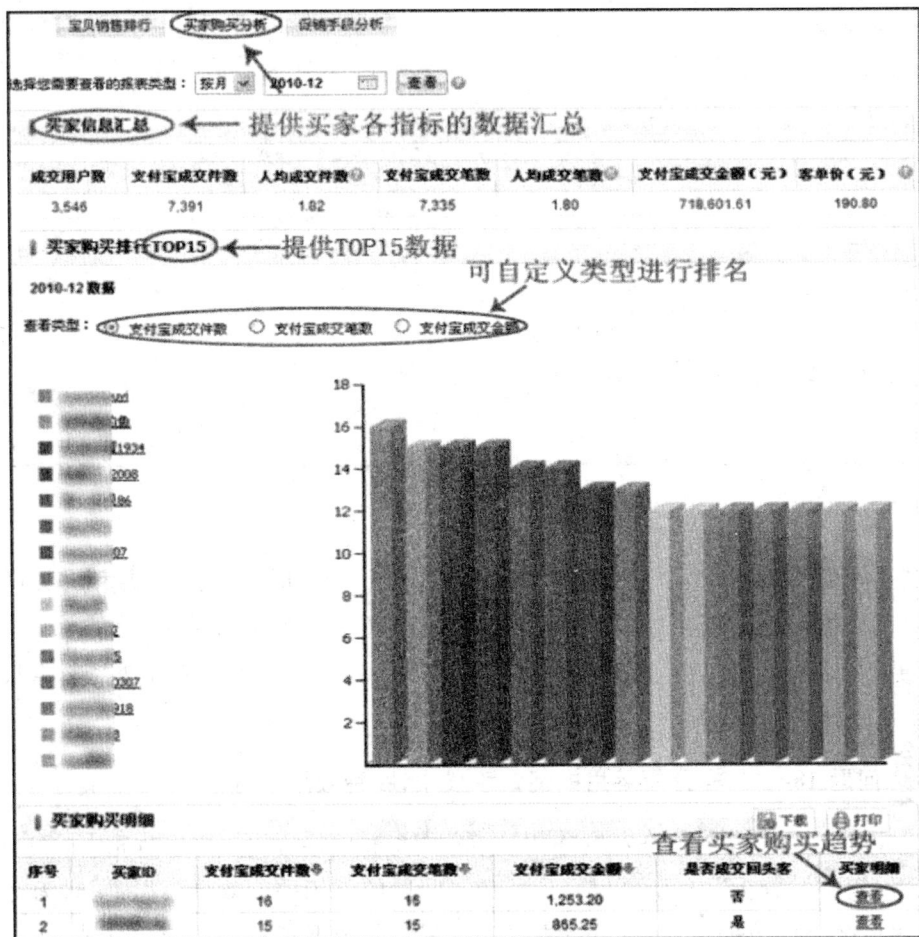

图 11.24　买家购买详情

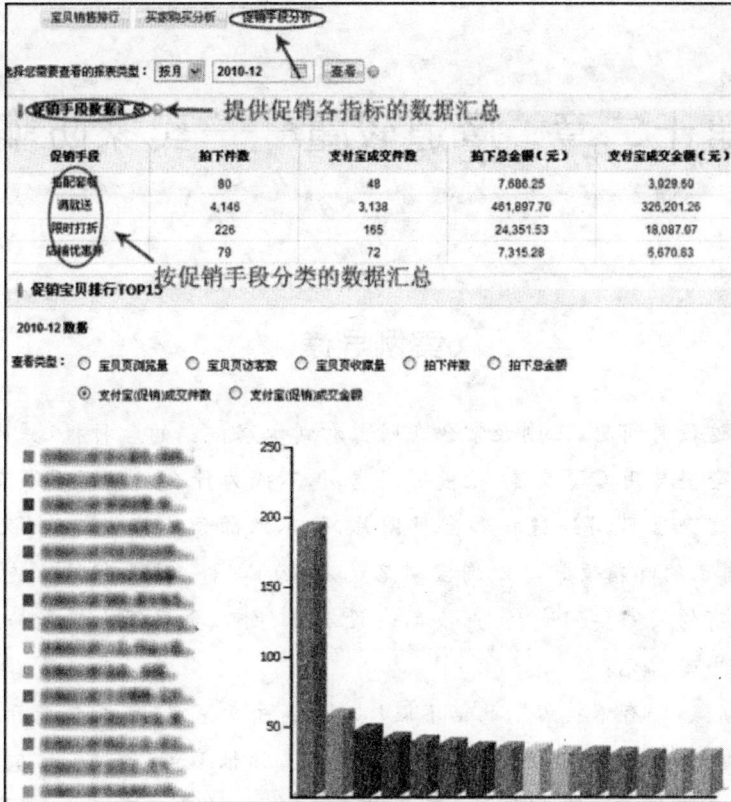

图 11.25 促销手段分析

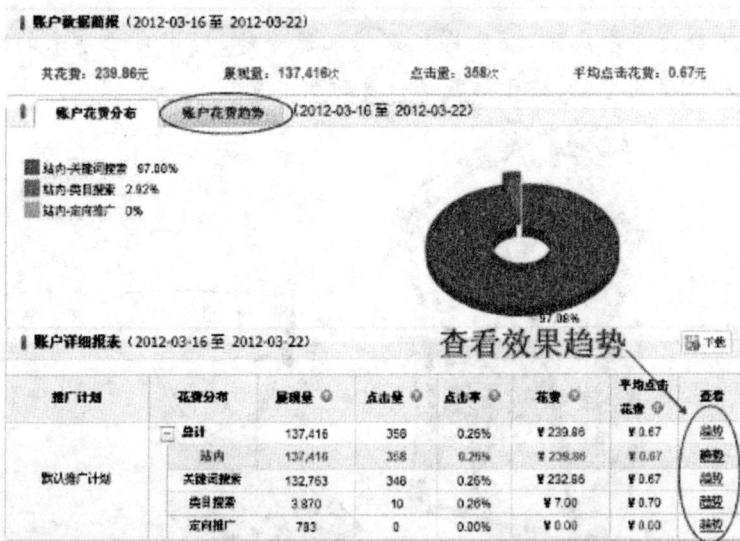

图 11.26 账户数据简报

第十二章　魔道较量——卖家防骗

案例导读

在开店的这段时间里,王刚经常会在网上看到卖家被骗的各种报道,他感觉似曾相识。有时买家会坚持用 QQ 交流,他没有同意,但不知为什么不能用 QQ 交流? 有时买家会在旺旺上发来宝贝网址链接和宝贝图片,他不敢随便点击链接,但又害怕错过生意,怎么办? 自己的邮箱里常有以淘宝网名义发来的邮件,里面有网址链接,到底要不要打开看看? 有的买家要同城交易,有的说没有支付宝,要用网上银行转账,自己到底该怎么防止上当受骗呢?

"人在江湖飘,哪有不挨刀",此话不假! 对于新手卖家来说,店铺能开张,对自己来说,无疑是个重大的里程碑! 所以,骗子利用这点,让很多新手卖家血本无归,欲哭无泪。为什么还有这么多的新手卖家上当? 究其原因,大多数新手卖家都是注册后就开店,一些关于防骗的知识一点也不知道,只知道怀揣着淘宝开店赚钱的美梦,才让淘宝上的骗子钻了空子。

王刚再也不会急于求成了,他变得越来越沉着冷静,利用自己学来的防骗技巧,经历了各种诱惑和陷阱的考验,终于练就了一身防骗本领。

问题 186．买家说已经通过银行转账付款，并将付款图片发给我，该怎么办？

买家索要了您的账号后很快就告诉您转账成功，要求尽快发货。当您登录网银查账却发现系统提示密码输入次数太多，今日已经不能登录！

正在这时候，买家发来一个转账成功的截图，再次催促您尽快发货。这个时候，有的卖家就会信以为真，并且禁不住对方的催促发货了。如果您发货了，那就上当了！

事实上，正是骗子在得到您的账号后不停地用错误密码登录，让您无法查账。至于转账成功的截图，自然是伪造的。同时，骗子还会一再表示自己着急要这批宝贝，请您赶紧发货。

问题 187．买家要我把银行账号和宝贝的链接发到他的邮箱里，该怎么办？

对方留言说要买某件宝贝，并且留下自己的邮箱，希望您把银行汇款账号连同宝贝的链接发到他的邮箱里。

一天或者两天后，邮箱里便多了这样一封信。标题是：有一笔跨行支付等待您收款。信件里会有一个链接，表示是某银行的网站。如果您点击链接，看到的也许就是跟招行网银大众版几乎一模一样的页面。陷阱在哪里呢？就在要您激活所谓银联功能的地方，包括开卡地选择、卡号、密码、用户名，一旦输入了您的这些重要的个人信息，您账号里的人民币就会一分不留地被骗子取走了！

识破骗局关键点：

第一，发来这封邮件的地址一般是个普通注册邮箱。

第二，链接网站里若干安全链接是无效的。因为假冒的网站是不能使用该行的安全超文本传输协议的。

再次提醒您：陌生网站切忌输入自己的银行账号信息。一旦被盗，损失的可是您银行账户里所有的钱财！

问题 188．买家说已经用支付宝付款，并将付款图片发给我，我能相信吗？

当您听到"叮咚"的旺旺系统提示音时，千万不要激动，请看系统提示。这只是拍下的提示图（还没付款），一般的新手卖家都是这一步被骗的（如图 12.1 所示）。

如果买家已经付款，还会有进一步的提示（如图 12.2 所示）。

您要查看买家是否付款也可以到店铺去看（如图 12.3、12.4 所示）。

问题 189．网页突然弹出 QQ 消息提示我中奖了，是不是真的呢？

诈骗术中排名第一的，绝对就是"中奖消息"了！虽然已经是老掉牙的骗术，但是还是有人不断上当！

"恭喜您在×××活动中得到了特别奖"之类，让您到某个网站去确认，同时加上客服 QQ××××××，网站上的联系电话是 08－988－××××××。一步步地去联

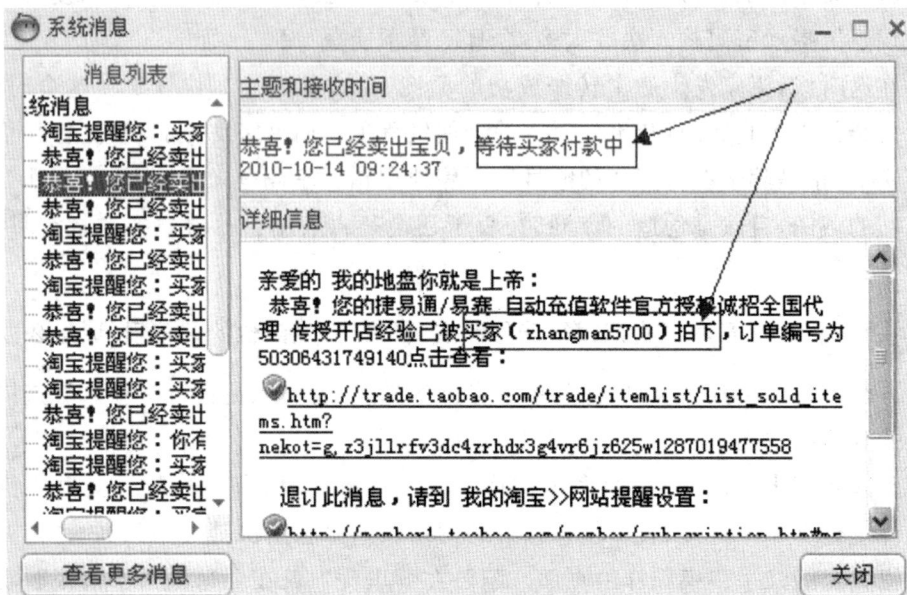

图 12.1　买家已拍下宝贝

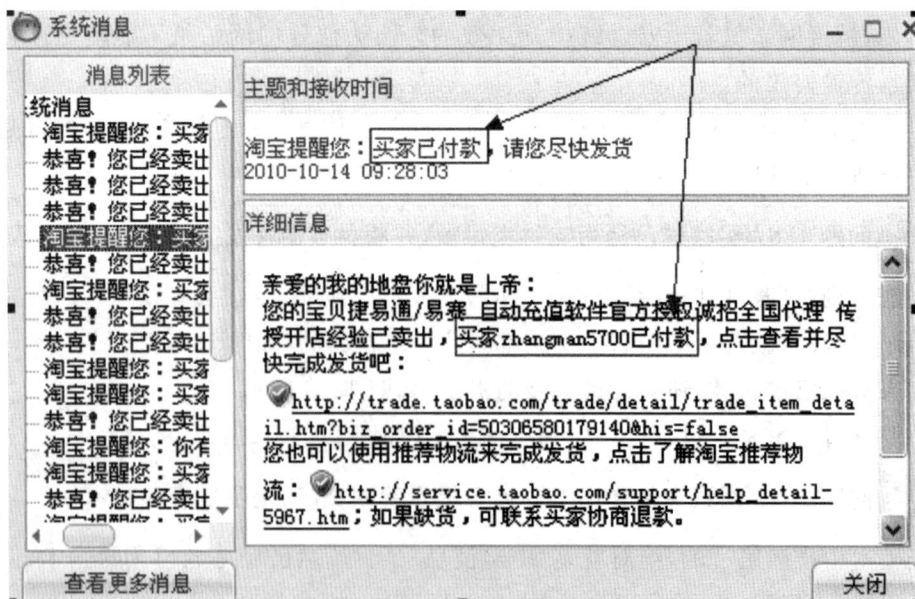

图 12.2　买家已付款

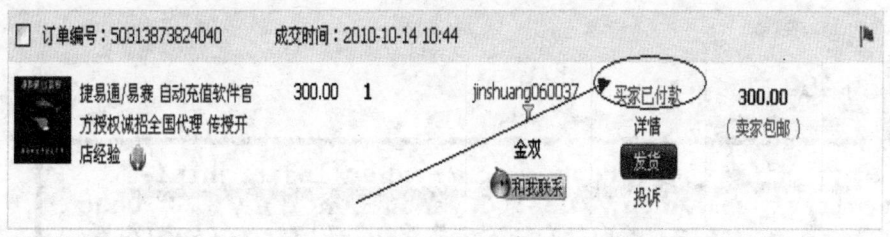

图 12.3　已付款

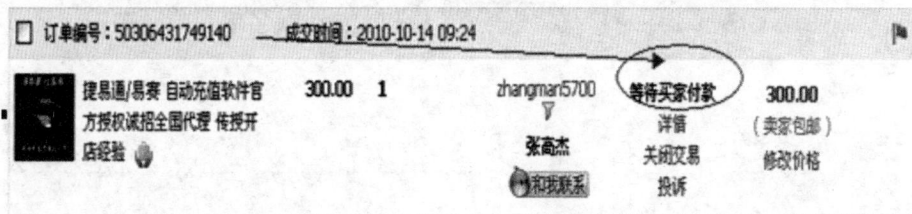

图 12.4　未付款

系,就是告诉您中了大奖,需要交纳××××元的税金才能拿到奖品。

此骗术说白了也就是流行了很多年的"中奖骗局"的翻版而已,发送这类信息的 ID 都是刚刚注册的。

特别提醒:淘宝网的任何官方消息会通过站内信发给用户,发信人为"淘宝网",而且淘宝的任何活动也不可能让您用 QQ 联系! 淘宝的官方网站是 www.taobao.com,淘宝的客服电话是 0571－88157858。别相信天上会掉馅饼!

问题 190. 买家在旺旺上发给我一个宝贝网址,我是否该打开这个网址链接?

我们发现一个非常逼真的木马链接,这个链接的界面做得跟淘宝几乎一模一样,非常逼真! 大家如不留意,就很容易中招,特别是新手卖家,起步难,遇到有客人要买东西,有时容易兴奋激动,警惕性低。

可能很多人看到打绿色钩的链接,就会掉以轻心。现在骗子手段越来越高明了,大家要特别小心。很明显,这链接里怎么会不是商品链接一贯的"item"开头的,而是"member、login"这些有"会员名"、"登录"等英文的链接(如图 12.5 所示)。

如果您点击这个网址,会出现如图 12.6 所示的界面。

这个木马页面做得非常逼真,但也犯了一个很低级的错误。稍微细心点的人就应该发现,页面上方还显示着用户名。既然显示了用户名,就是处于登录状态的,为什么这边又提示要输入密码呢?! 显然就是仿冒的盗号木马网页!!

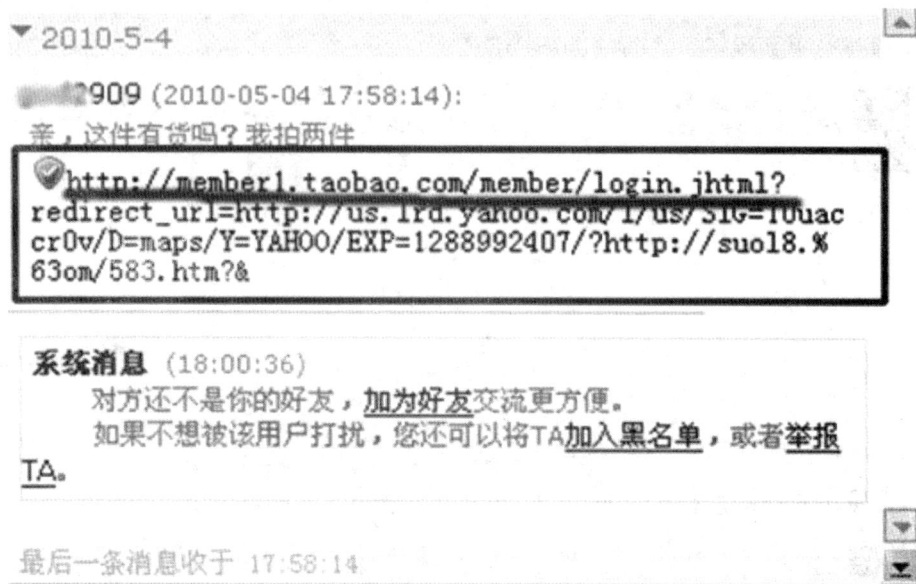

图 12.5　买家发的宝贝网址链接

图 12.6　会员登录界面

　　大家注意，所有人用旺旺发给您的商品链接，都应该如图 12.7 所示，以"item"开头的，才是正确的链接。

　　而不是如图 12.5 所示，链接里有包含"member"（用户名）或"login"（登录）这些内容的链接。

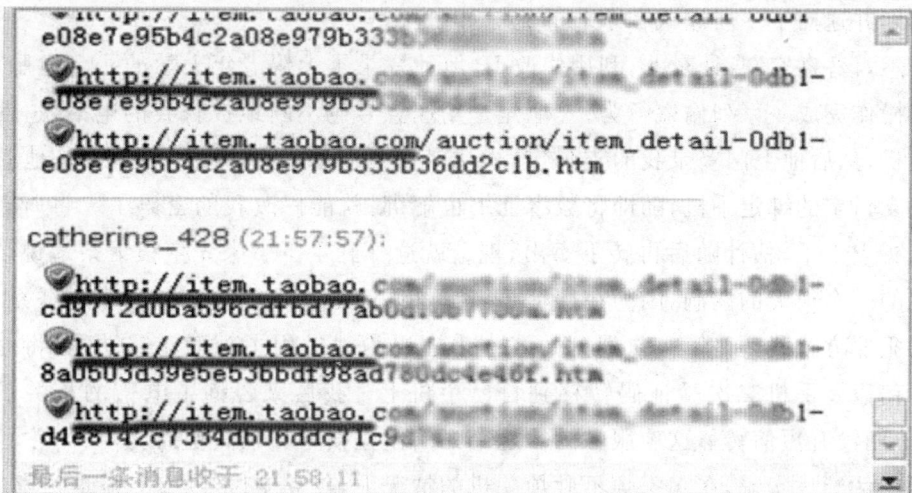

```
http://item.taobao.com/...item_detail-0db1-
e08e7e95b4c2a08e979b333...
http://item.taobao.com/...item_detail-0db1-
e08e7e95b4c2a08e979b333...
http://item.taobao.com/auction/item_detail-0db1-
e08e7e95b4c2a08e979b333b36dd2c1b.htm

catherine_428 (21:57:57):
http://item.taobao.com/...item_detail-0db1-
cd9712d0ba596cdfbd77ab0...
http://item.taobao.com/auction/item_detail-0db1-
8a05d3d39e5e53bbdf98ad780dc4e46f.htm
http://item.taobao.com/...item_detail-0db1-
d4e8142c7334db0bddc71c9...

最后一条消息收于 21:58:11
```

图 12.7　正确的宝贝网址链接

💻 **问题 191. 买家不断打电话骚扰我,我该怎么办?**

朱先生是网店销售厨房用具的一名卖家,前段时间遇上了一个高智商盗窃分子,导致其支付宝内 5 万余元一夜之间归零,真是欲哭无泪。"当时我们几个人在开会,我连续接到很多个没有显示号码的电话,我接了但是对方一点声音都没有。电话打了很多次,我嫌烦,就把手机关掉了。"朱先生起初以为这只是骚扰电话而已,万万没有料到,当他晚上登录支付宝时发现登不上了,一查支付宝中账户余额竟没有了,朱先生这才想到那个蹊跷的电话(如图 12.8 所示)。"我马上报了警,并且与支付宝取得联系,支付宝工作人员查出我那 5 万元钱被别人转移去买游戏币了。"最终通过无锡网警的全力侦查,

图 12.8　支付宝钱被盗光

终于找到并逮捕了一名深藏在东北的犯罪分子。

据悉,该"盗客"身处东北,利用修改IP地址登录了无锡老年大学的一台电脑,并远程控制操作完成一系列偷盗行为。"他先是用任意号码不断地拨打我的电话,迫使我们卖家关机,然后他上网登录我的支付宝,由于他不知道我支付宝的密码,于是他就先解除了我支付宝的绑定手机,随即将数字证书也解绑,就能修改我的密码了。将所有的钱都用来买点卡了,估计随后再转手卖出,现金就这样到手了。"朱先生很无奈地说,"这是支付宝的一个很大的漏洞,因为在网上买家都可以知道卖家支付宝的名字与联系方式。这样的犯罪方式我还是第一次遇到。我本来还以为他运用了短信转移功能,将修改密码的短信以及手机二次验证码转移到自己手机上。我后来咨询了电信的相关工作人员,说他们没有短信转移这项服务的。这个人的偷盗技术真是高智商。"

用电话骚扰卖家,在卖家烦不胜烦关机的情况下,攻克支付宝账户,盗走卖家的钱。

问题192. 买家选择货到付款,收到的却不是自己要买的商品,怎么办?

如今网购诈骗的骗子越来越聪明,也越来越无孔不入了。最新出现的货到付款诈骗连那些淘宝钻石买家都防不胜防,因为这骗局太缜密了(如图12.9所示)。

图12.9 买家被骗

西安市民郭先生在网上购买了一款浪琴手表(仿制品),价格328元,与卖家约好货到付款。当天下午3点多,郭先生正在上班,突然接到了快递员的电话,让他到单位楼下取货,"上海发的货,这么快就到了?"郭先生心存疑虑,但还是匆匆下了楼。对方自称是申通快递的工作人员,包裹上写的物品名也与自己上午所购的产品一致,寄货地址也无误,这让郭先生放松了警惕。郭先生正准备付款,可一掏口袋,发现钱包落在办公室了,便转回办公室取钱,路上再细细琢磨,记得卖家上午和他说要两天后才会发货,怎么会这么快呢?

回到办公室,郭先生打开了网购卖家的发货信息,却根本查不到自己所购物品的发货记录。郭先生再次下楼,强烈要求快递员"先看货再付款",快递员一再推说自己赶着送货,不同意先看货,但郭先生表示如果不验货就不付款,快递员这才同意验货。"这根本就不是我买的那款手表,你搞错了吧!"郭先生发现,快递物品虽也是手表,但却是一款地摊货,最多值三四十元,快递员当即以送错了为由很快骑车走了。

昨天,郭先生特地与卖家再次进行了联系,对方明确表示货物还在快递公司,并没有送出。郭先生这下已经确定,这是有人冒充卖家在给他发货,幸好自己强烈要求"先看货再付款",才避免被骗。

警方提醒,郭先生遇到的情况是一种网络购物的新骗局,骗子主要通过网上购买非法渠道获得的网购信息,抢在正规快递前扮作快递员送假货上门,以假货骗钱。民警提醒市民,这种骗术关键是掌握时间,骗子往往会与快递公司抢时间,如果快递送到的时间"过早",就要引起警惕。同时,骗子在行骗时往往会穿着快递公司员工的服装,降低了收货人的警惕性,其快递单子也是通过电脑软件修正后打印出来,几可乱真,因此市民很难识别真假。最简单有效的办法便是当面验货,再付款,一旦收货人当着骗子的面把包裹打开,骗局就露馅了。如果对方一定要求先付钱,消费者可向 12315 投诉。

问题 193. 我收到一封淘宝网的邮件,是否应该打开邮件链接?

如果您收到的所谓淘宝网的邮件有如下特征,说明这是一封诈骗邮件,请不要单击邮件链接。

◆ **要求您验证您的账户。**对于这一点,请一定要注意,淘宝和其他商业性的机构,不会要求您在邮件中提供登录密码、账号等敏感信息。请对要求提供个人信息的邮件提高警惕,即使请求看似合法。

◆ **请您尽快点击以下链接,更改您的账户信息。**欺诈性电子邮件可能会采用一种礼貌及平和的措辞,但是这些邮件通常会传达一种紧迫感,因此您可能在不加思考的情况下就立刻进行回复。另外,它可能威胁关闭或冻结您的账户,或甚至说由于您的账户已经签署协议而要求回复。收到这样的电子邮件,请不要回复,要及时联系淘宝或者相应的商业机构核实。

◆ **尊贵的客户。**欺诈性电子邮件通常大量发送,并且不包含您的姓氏或名字。虽然职业骗子很可能获得此信息,但请您注意,淘宝在给会员的邮件中,是以"会员名＋您好"的方式称呼,多数其他的合法公司(但并非所有公司)也会按姓氏或名字发送电子邮件。

◆ 单击下面的链接可以访问您的账户。格式为 HTML 的邮件可能包含链接,或者包含您可以填写的表格,正如您在网站上填写表格一样。要求您单击的链接通常用包含真实公司的全部或部分名称加以"掩饰",这意味着您看到的链接将不能链接到目标地址,而是其他地址,通常是一个假冒网站。

问题 194. 有人在阿里旺旺上说要租赁我的店铺,租金很高,可以租给他吗?

骗子骗取账户有什么用?原来,骗子骗取账户是为了发布低价商品,蒙骗其他消费者。同时,淘宝网不允许店铺出租的行为。骗子往往给出丰厚的回报,让您很难拒绝。以下为骗子借口租用店铺,骗取卖家账户信息的全过程(如图 12.10 所示)。

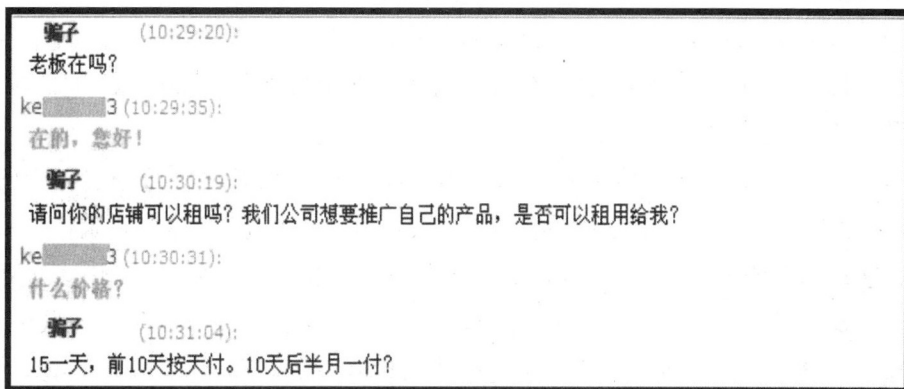

图 12.10　骗子租赁店铺

卖家提出质疑的时候,骗子会使用各种借口掩盖行骗事实(如图 12.11 所示)。

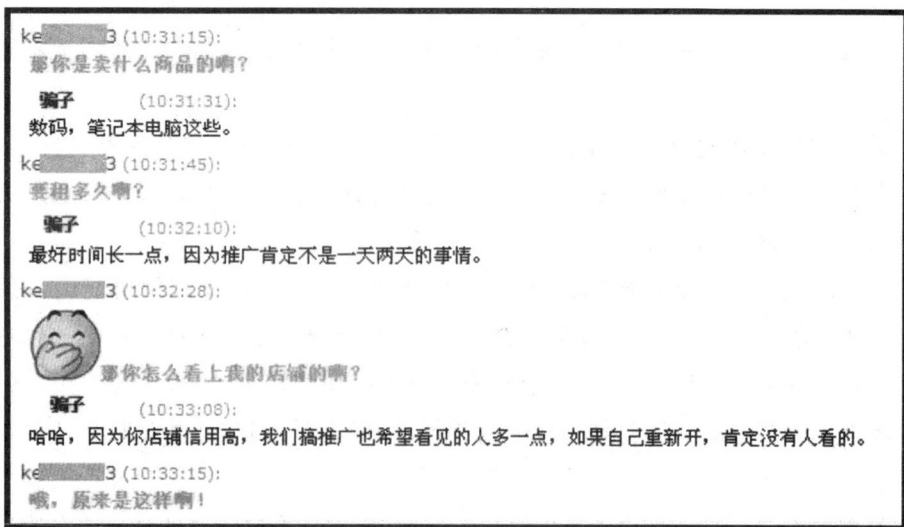

图 12.11　骗子的借口

问题195. 同一时间突然有多个买家询问，如何防止忙中出错？

这是一个老骗术了。骗子一般同时会来两三个，一个拍下商品，另一个向您不停地询问，拍下的这个 ID 又不停地催促您赶快发货。用一个接一个的"阅读确认"来干扰您的思路，这样的骗子往往口气都很大，一下子拍下几十件。而且说"我付款了！快发货，要不然投诉你"。

新手卖家往往手忙脚乱，乱中出错，发货之后发现上当了，对方根本没有付款！

对策：无论对方如何催促，一定要进入卖出宝贝，查看交易状态，即可看到对方是否付款。

问题196. 我接到了 0571－88156688 的支付宝服务电话，他要我告诉他密码和校验码，怎么办？

很多卖家因为接到了显示为"0571－88156688"的电话，就以为是支付宝客服，所以把密码、校验码都告诉了对方。其实这是欺诈者利用篡改号码的软件，将显示的号码更改的缘故。而且，无论是银行还是第三方支付机构，所有的工作人员都不会也不被允许向用户索要账号密码、校验码等敏感信息。当您接到这样的电话时，可以判断对方是一个骗子。

防范方法：真正的工作人员一定不会向您索要校验码、密码等敏感信息，请不要将接收到的手机校验码告诉任何人。

问题197. 怎样识别钓鱼网站？

鉴别淘宝钓鱼网站之前，我们要先知道什么是淘宝钓鱼网站？所谓的钓鱼网站，是指让用户误以为自己目前浏览的就是淘宝网，从而输入自己的用户名和密码进行登录，达到盗取用户的用户名和密码的假冒淘宝网的网站。该类钓鱼网站具备以下特点：

(1)域名多包含 taobao，使用户误以为是淘宝网。

(2)网页内容与淘宝网十分相似，几乎可以以假乱真。

(3)淘宝掌柜的旺旺处于下线状态。

(4)淘宝买家评论以及宝贝信息长时间不更新。

那么我们了解了钓鱼网站的特点，进而来了解一下为什么会出现这些特点：

(1)域名主要目的是使浏览者产生错觉，觉得自己在淘宝网上，通常这种钓鱼网站域名比较长，这样可以使用户没有过多地留意网址，网址的前面包含 taobao.com，但是这是二级域名，而真正的域名在最后，比如 www.taobao.com.abc.cn，这种网址就是典型的钓鱼网站网址，真正的域名是 abc.cn，而前面的 www.taobao.com 是该域名下的二级域名，所以，大家可以留意域名的最后一部分是否是 taobao.com，如果不是，则要多加小心。

（2）页面如果不与淘宝网一样，则获取不了用户的信任。

（3）由于钓鱼网站与淘宝没有任何关系，所以旺旺不会以在线的状态显示。

（4）由于只是一个误导页面，所以更新不会频繁。

问题198. 如何远离钓鱼网站的陷阱？

以上内容让我们充分了解了钓鱼网站的特点以及原因，下面我们谈一谈怎样来预防在钓鱼网站被骗：

（1）养成从 taobao.com 官方网站登录的习惯，如果要购物，首先去官方网站登录，您再去浏览淘宝导购网站的时候，如果您发现页面与淘宝一样，但是还要输入密码，这个网站百分之百是钓鱼网站。因为我们登录淘宝后，一般会保留半个小时左右的登录状态，如果已经登录了，还让您登录，那说明您去的这个网站根本就和淘宝网没有任何关系，所以养成从 taobao.com 官方网站登录的习惯，可以有效防止被钓鱼网站钓鱼。

（2）养成观察域名的习惯，主域名必须以 taobao.com 结尾，否则需要慎重对待。

（3）在网络上保持警惕，不要见到用户名密码输入就输入，防止被骗。

（4）如果有旺旺图标，建议点击进去看看是不是真有这个旺旺。

淘宝网购物现在越来越热，骗子的手段越来越多，最近出现很多的钓鱼网站和山寨淘宝网，这些网站乍一看和淘宝网首页没什么区别，各位淘友一定要学会鉴别淘宝钓鱼网站。

问题199. 买家要求同城交易，我该注意哪些细节？

有的买家与卖家同城交易后，却申请支付宝退款，理由是"没有收到货"，卖家自然是无法提交发货凭证的，只好吃哑巴亏。

还有买家联合快递来行骗，让快递到卖家处取货，等卖家把东西一交，骗子立刻在支付宝申请退款，说没发货。

提醒卖家：为了杜绝任何受骗的可能，同城交易时最好让对方写下收据，并防止假钞。

问题200. 买家坚持用 QQ 交谈，有什么风险吗？

阿里旺旺是阿里巴巴公司和淘宝网的即时交谈工具，而 QQ 是腾讯公司的交谈工具。

骗子为什么不用旺旺而用 QQ 呢？因为旺旺交谈时，淘宝和支付宝公司后台有个监控，交谈记录也是提供骗子犯罪事实的依据。而当卖家用 QQ 交谈上当受骗后，淘宝网无法看到买卖双方的聊天记录，您的维权行动也就宣告失败。

您只要记住一句话绝对不会上当受骗：天上不会掉馅饼！